La Cour des Dames - 1
La régente noire

Du même auteur
aux Éditions J'ai lu

LA COUR DES DAMES

1 – La régente noire

N° 8665

2 – Les fils de France

N° 8947

3 – Madame Catherine

N° 9238

AU CŒUR DE L'HISTOIRE

N° 10092

LE BAL DES IFS,
MÉMOIRES DE MME DE POMPADOUR

N° 10215

DU SANG SUR L'HISTOIRE

N° 10471

L'OMBRE DES ROMANOV

N° 11128

FRANCK
FERRAND

La Cour des Dames - 1

La régente noire

ROMAN

J'AI LU

À Christophe.

« Ne savez-vous pas que Platon, qui à la vérité n'était pas très ami des femmes, leur donne la garde des cités, et aux hommes toutes les autres fonctions guerrières ? Ne croyez-vous pas qu'on en trouverait beaucoup qui sauraient gouverner les cités et les armées aussi bien que font les hommes ? »

Baldassar CASTIGLIONE
Le Livre du courtisan, 1528.

NOTICE

Par sa stature et son tempérament, François Ier offre une image flatteuse du monarque de la Renaissance. N'a-t-il pas protégé Léonard, construit Chambord, imposé le français dans les actes officiels ? Lorsque commence notre histoire, à l'automne 1521, il achève sa vingt-septième année, et règne depuis bientôt sept ans. Mais en vérité, c'est sa mère, l'énergique Louise de Savoie, qui tient les rênes de l'État. Sous la férule de cette femme, l'administration se renforce, les finances se redressent, la justice royale étend partout son emprise.

Sur un plan spirituel, la France, au prix d'un récent concordat avec le pape, tient son rang de « fille aînée de l'Église ». Cependant elle s'ouvre peu à peu aux idées luthériennes, celles-ci trouvant un écho favorable jusque dans l'entourage du roi, et notamment chez sa sœur adorée, Marguerite d'Alençon. Quant à la pensée humaniste, elle n'affecte encore qu'un cercle de lettrés.

Avec près de vingt millions de sujets, le royaume des lys est alors le plus peuplé d'Europe. Encore ses frontières orientales sont-elles cantonnées en deçà de celles qui nous sont devenues familières. Au début du règne, la victoire de Marignan a offert le Milanais à la France et la gloire à son souverain.

En 1519, François Ier s'est cru assez puissant pour poser sa candidature au trône vacant du Saint Empire romain germanique. Mais les princes-électeurs lui ont préféré le jeune roi d'Espagne ; c'est donc Charles Quint qui régnera sur la moitié du Vieux Continent, en plus des immenses colonies espagnoles d'Amérique... S'instaure alors une rivalité qui durera des siècles entre rois de France et empereurs Habsbourg.

Pour contrer Charles Quint, la France essaie d'amadouer l'Angleterre et son roi, le fameux Henry VIII, modèle de Barbe-Bleue. Les deux cours se rencontrent dans la plaine de Calais, alors possession anglaise, où elles font assaut de splendeurs et tentent de s'éblouir. On appellera « Camp du Drap d'or » ce vain déploiement de fastes diplomatiques, où les belles promesses ne peuvent rien contre l'alliance objective d'Henry VIII avec Charles Quint.

Autour de François Ier, nombreux sont ceux, dès lors, qui poussent à la guerre contre l'empereur. Un champ d'affrontement tout désigné s'étend derrière les Alpes ; et le vieux rêve italien, où s'étaient épuisés naguère Charles VIII et Louis XII, reprend consistance... La Cour applaudit à la reprise des combats – à commencer par la favorite en titre, Françoise de Châteaubriant, soucieuse de pousser la carrière militaire de ses frères et de leurs protégés.

Voilà donc un prince à la croisée des chemins. Or, entre une mère qui préside aux affaires, une sœur qui entend diriger les consciences, une maîtresse qui voudrait peser sur les nominations, sa marge de manœuvre est étroite. Le fait est que la brillante Cour de France, alors juvénile et bouillonnante, est bel et bien aux mains des femmes. « Une cour sans dame est un jardin sans belle fleur », disait le roi... Il n'empêche : des passions mortelles couvent sous les galanteries d'usage, empoisonnant le climat de ce que l'écrivain Brantôme, un peu plus tard, devait appeler « la grande Cour des Dames ».

Les personnages

– François Ier, *cousin et successeur de Louis XII, roi de France depuis 1515* (né en 1494).

– Claude de France, *fille de Louis XII, épouse de François Ier, reine de France* (née en 1499).

– Charlotte, François, Henri, Madeleine, *enfants des précédents* (nés en 1516, 1518, 1519 et 1520).

– Louise de Savoie, dite « Madame », *mère de François Ier* (née en 1476).

– Marguerite d'Angoulême, duchesse d'Alençon, *sœur de François Ier* (née en 1492).

– Charles, duc d'Alençon, *époux de Marguerite* (né en 1489).

– Charles de Bourbon, *connétable de France* (né en 1492).

– Anne de Beaujeu, duchesse de Bourbon, *fille aînée de Louis XI, régente de France pendant la minorité de son frère Charles VIII, belle-mère du connétable* (née en 1460).

– Louis de Brézé, *grand sénéchal de Normandie* (né en 1459).

– Diane de Brézé, *épouse du grand sénéchal, dame d'honneur de la reine Claude puis de Madame* (née en 1500).

– Jean de Saint-Vallier, seigneur de Poitiers, *père de Diane* (né en 1474).

– Françoise de Longwy, *nièce bâtarde du roi et de Marguerite* (née en 1505).

– Anne de Montmorency, *chef de guerre* (né en 1493).

– Guillaume Gouffier, seigneur de Bonnivet, *amiral de France* (né en 1482).

– Antoine Duprat, *chancelier de France, puis cardinal* (né en 1464).

– Jacques de Beaune, baron de Semblançay, *général des Finances* (né en 1455).

– Henry VIII, *roi d'Angleterre et d'Irlande* (né en 1491).

– Charles Quint, *empereur germanique et roi d'Espagne* (né en 1500).

– Éléonore de Habsbourg, *sœur de Charles Quint, ancienne reine de Portugal, seconde épouse de François Ier* (née en 1498).

– Don Inigo de Velasco, duc de Frias, *gouverneur de Castille* (né vers 1480).

– Marguerite d'Autriche, *tante de Charles Quint, gouvernante des Pays-Bas* (née en 1480).

– Gautier et Simon de Coisay, *gentilshommes picards* (nés en 1501 et 1504).

Prologue

Moulins, décembre 1518.

Charles de Bourbon était agenouillé près du berceau trop vaste où reposaient les enfants que la duchesse Suzanne venait de lui donner. Des jumeaux. Ses sanglots étouffés déploraient moins leur mort à la naissance, tellement habituelle en ce temps, que l'acharnement du sort à le priver de descendance, lui, connétable de France[1] et premier soldat du royaume. Déjà, quelque temps plus tôt, un mal insidieux avait ravi son fils François, filleul du roi et grand espoir de la Maison.

Emmaillotés serré, les deux petits corps arrondissaient à peine les couches de dentelle fine dont on les avait couverts. Le duc ne les fixait que par intermittence, et c'était à chaque fois de nouveaux spasmes qui surprenaient chez un tel homme, et faisaient frissonner les prêtres dans leurs oraisons. Une voix s'éleva depuis la porte.

— Ressaisissez-vous, Charles ! Ma fille vous en fera d'autres. Des petits Bourbons pleins de santé !

L'ancienne régente Anne n'était pas seulement la belle-mère du connétable ; elle était accessoirement sa marraine et notoirement sa conseillère. Déjà parée du deuil blanc des reines, elle arborait la mine altière d'une femme que les épreuves avaient toujours fortifiée. Ses yeux gris-de-lin, froids, beaux, scrutèrent la pénombre. Elle s'approcha majestueusement du berceau et, d'un geste ferme, écarta les dentelles pour observer le travail du temps sur les petits visages.

— Laisserez-vous cela impuni ? demanda-t-elle d'une voix outragée.

Le duc de Bourbon parut tiré d'un songe ; il ouvrit grands des yeux rougis par les larmes.

— Impuni, ma mère... Mais qui voudrait punir la Providence ?

— Je visais moins la Providence que ceux qui l'ont aidée.

Le jeune homme attira sa belle-mère dans un coin de la chambre ardente.

— Auriez-vous appris quelque nouvelle...

— Vous savez comme moi que cette fausse couche est l'œuvre du chagrin. Suzanne aura conçu, de la mort de son fils aîné, une douleur trop vive.

— Certes.

— Or, j'ai mes raisons de croire que la mère du roi n'était pas étrangère à ce premier désastre !

— Madame ? Madame aurait empoisonné François ?

— Certains sortilèges valent tous les poisons...

Charles haussa les épaules ; Anne de Beaujeu persistait.

— Cette vipère est tellement mauvaise ! Tellement sordide ! Songez-y, Charles : à qui croyez-vous donc que profite la mort de vos enfants ?

De fait, si le connétable se trouvait à la tête de possessions immenses – des territoires sis en plein cœur du royaume –, il ne les tenait que de sa femme. Or la plupart étaient des apanages[2] qui, faute d'héritier mâle, feraient un jour retour à la Couronne – autant dire au roi et à sa mère. Pour Anne de Beaujeu, une telle éventualité relevait de l'apocalypse ; et c'est toute l'énergie du désespoir qu'elle jetait dans ce combat féodal.

— Ma fille, votre femme, présente une santé fragile... Imaginez, Charles – à Dieu ne plaise ! – qu'elle vienne à nous quitter sans vous avoir donné de fils vivant : comment défendrez-vous les terres des Bourbons ?

Le duc la dévisagea d'un air sombre. Il se tut d'abord ; puis, redressant de hauts cierges qui tendaient à flancher, il énonça d'une voix résolue la seule vérité qui lui parût propre à calmer une angoisse montante.

— Mes trois fils sont morts de mort naturelle.

— Vos trois fils, de manière plus ou moins directe, ont été poussés dans la tombe par cette sorcière ; et je sais bien, pour ma part, qui sera sa prochaine victime ! Charles, croyez-en l'intuition de votre bonne-mère.

Le connétable se sentait maintenant la proie d'un désarroi intense. Il avait toujours redouté la froide lucidité de sa marraine.

— Madame serait bien capable, convint-il, de hâter notre malheur...

— N'en doutez pas !

— Elle me dessert déjà dans l'esprit de son fils... Elle voudrait m'écarter du pouvoir...

— Je vous le dis !

— Mais alors : que faire ?

— Que faire ?

L'ancienne régente passa ses longues mains blanches sur son visage.

— Vous savez fort bien ce qu'il convient de faire.

— Ne comptez pas sur moi, ma mère, pour m'en aller trahir le roi !

— Mais enfin, qui vous parle de trahison ?

— Ne comptez pas sur moi pour faire allégeance aux Espagnols et aux Anglais !

La fille de Louis XI ne demeura pas longtemps interdite. Elle bondit vers son filleul et gendre, l'empoigna par la manche et, bousculant un prêtre, le ramena jusqu'au berceau mortuaire.

— Regardez-les ! souffla-t-elle avec douleur. Voyez ce qu'est devenue la chair de votre chair ! Méditez, mon fils, et comprenez bien que ce n'est pas moi qui vous implore ; ce sont eux !

Puis elle quitta la chambre ardente, laissant le père au chevet de ses jumeaux défunts. Il s'approcha, brisé, des petits corps, et remonta doucement sur eux les dentelles défaites, comme on borderait des enfants pour la nuit.

Gravelines, juillet 1520.

Ulcéré par l'entrevue franco-anglaise du Drap d'or, l'empereur était allé rejoindre le roi d'Angleterre sur ses terres, entre Calais et Dunkerque. Il entendait s'assurer que son allié de Londres n'avait pas succombé aux avances des Français, et qu'il pourrait compter sur lui dans l'avenir. Leur tête-à-tête, de l'avis général, devait laisser l'image d'un ogre manipulé par un gnome.

Le rôle du gnome était tenu par le jeune Charles Quint, contrefait, vêtu de noir et d'ombre. À vingt ans, il arborait déjà des traits tendus, graves, comme s'il mesurait à chaque instant le poids des grandes affaires. Son esprit n'était jamais en repos. Ce matin-là, il faisait les cent pas dans la chambre de son hôte, les mains croisées derrière le dos comme un inquisiteur.

Dans la peau de l'ogre, massif et sanguin, la carrure d'un lutteur engoncée dans de riches brocards : Henry VIII, de neuf ans plus âgé. Lui s'était attablé pour dévorer des oranges, gourmandise apportée par son invité, et qu'il éventrait de ses ongles longs comme des griffes.

Charles détournait les yeux du carnage.

— François vous a-t-il semblé amoureux ? demanda-t-il sur le ton de la connivence.

— Je dirais plutôt : galant !

— On le dit fort épris de sa maîtresse...

— Châteaubriant ? *Twaddle*[1] ! Elle sera remplacée tantôt !

— Un prince qui aime autant les femmes est un prince vulnérable, conclut l'empereur.

Les deux souverains s'exprimaient en français – ironie d'entretiens dirigés ouvertement contre la France.

Charles Quint n'aimait rien tant que surprendre ses vis-à-vis, les ballotter au gré d'un propos dont lui seul maîtrisait les détours. Aussi aborda-t-il sans prévenir le vif du sujet.

— Une campagne armée contre François Ier n'est plus à exclure, soupira-t-il. En vérité, je crains même que la guerre ne soit imminente...

L'ogre écharpait une énième victime. Le gnome poursuivit.

— Dans le cas de telles hostilités, Votre Majesté se rangerait-elle à nos côtés ?

Henry VIII détestait les mises en demeure. Il n'en feignit pas moins de trouver la question naturelle, et choisissant pour son invité la plus belle orange, la lui tendit d'un geste aimable.

— *Of course*, tout dépendra du dispositif adverse, de sa préparation... De son commandement aussi.

Charles remercia pour le fruit ; mais son regard en biais trahissait de la déception. Henry le comprit : l'on attendait de sa part une solidarité plus déclarée.

---

1. Balivernes !

NB : Vous trouverez dans ce récit deux types de notes. Celles qui se trouvent en bas de page sont des indications immédiates, tandis que d'autres – apportant des précisions historiques – sont rassemblées en fin d'ouvrage.

— Les Français sont nombreux et braves, reprit-il, mais le fait est que pour l'heure, ils sont mal commandés. Leurs chefs sont avant tout des courtisans.

— Nous nous sommes laissé dire, siffla l'empereur, que le connétable de Bourbon faisait pour notre cousin de France un bien dangereux capitaine...

— Bien dangereux, confirma le roi d'Angleterre. Riche – trop riche ; puissant – trop puissant ; aimé – trop aimé... Croyez-moi, si j'avais à Londres un tel sujet, je ne lui laisserais pas longtemps la tête sur les épaules !

Charles Quint esquissa une grimace : il répugnait aux massacres, qu'ils fussent d'oranges ou de connétables.

— La mère du roi François partage sans doute votre point de vue, lâcha-t-il.

Il extirpa une lettre d'un grand maroquin sombre.

— L'ancienne régente de France, l'auguste Anne de Beaujeu, m'a fait parvenir ce pli, la semaine passée. En grand secret. Bourbon, vous le savez, n'est pas seulement son filleul ; il est aussi son gendre. Mme de Beaujeu craint fort pour la santé de sa fille, qu'elle n'hésite pas à déclarer mourante. Or c'est à elle – et à elle seule – qu'ont été concédés les apanages ; si elle venait à mourir, le roi de France et sa mère seraient en droit de déposséder le connétable du Bourbonnais et de tout le reste !

Il avait déposé son orange sur une coupelle, et tout en devisant, l'épluchait avec la pointe effilée d'une dague. L'Anglais le regardait faire, d'un œil plein de curiosité.

— *Well*, et alors ? Iriez-vous défendre la cause du duc de Bourbon ?

— Non. C'est lui qui, dans ce cas, viendrait à épouser la nôtre.

Charles tendit à Henry l'orange détaillée en quartiers.

— Mme de Beaujeu ne s'opposerait pas, semble-t-il, à un retournement d'alliances… Une simple et pure trahison du premier soldat de France contre son suzerain !

L'ogre observa le gnome avec cette admiration spéciale que l'on réserve aux maîtres dans une discipline où l'on aimerait exceller. C'était un plan d'action qui lui était proposé : le point faible, dans la cuirasse de François Ier, s'appelait Charles de Bourbon ; c'est sur Charles de Bourbon que devait donc porter l'effort des ennemis de la France.

— Le fruit est mûr à souhait, jugea l'Espagnol.

L'Anglais sourit à belles dents : décidément, ce diable d'empereur aurait toujours un coup d'avance sur l'échiquier des cours ! Il jeta un œil torve à l'orange offerte, remarqua une guêpe affairée à s'en régaler, et du gras de son pouce, écrasa l'insecte sans autre forme de procès.

Première Partie

Les Félons

Chapitre I

Automne 1521

Château de Blois.

Une lumière fine, dorée – la lumière des petits matins en Val-de-Loire – inondait l'arrière-cabinet. Échappés d'une salle voisine par la porte entrouverte, un certain fracas d'eau versée, une certaine senteur miellée, ne laissaient aucun doute sur le rituel en cours : comme chaque matin à la pouponnière, une armée de servantes préparait le bain des petits princes.

Sur la table couverte d'un velours épais et sombre, le marchand venait de disposer plusieurs miroirs à main, chefs-d'œuvre d'orfèvrerie ornés tantôt d'émaux, tantôt de perles ou de cristaux. Tous montraient le même tain limpide, fruit d'un tout nouveau procédé mis au point par les artistes verriers de Venise. Le sommet d'une civilisation... Sans y toucher, la grande sénéchale inclinait de l'un à l'autre son délicat visage, peut-être moins pour juger de la perfection des petites glaces que pour le plaisir d'y contempler sa jeunesse. Car malgré le titre vénérable qu'elle devait à la situation de son vieil époux – grand sénéchal de Normandie –, Diane de Brézé[3] n'avait guère plus de vingt ans. Le front haut, galbé, les pommettes et le menton menus, elle devait surtout sa renommée de joyau de la Cour à l'exquise douceur de son teint.

Le Vénitien n'avait pas eu de mal à la convaincre de l'intérêt de sa marchandise : rien de ce qui respirait la richesse ne la laissait indifférente.

— Ce petit-là ferait une gentille contenance[4], dit-il.

— Je te l'achète, annonça Diane.

Elle ferma la porte en s'y adossant, et poursuivit un ton plus bas.

— J'en prendrais bien quelques autres, mais il faudrait avant cela que tu me dises comment on les fait parler…

L'ombre d'un sourire dérida le marchand. Apparemment, la jeune dame était au fait de ses talents cachés.

— Ainsi, vous connaissez le don que j'ai reçu du Ciel, et qui me fait saisir l'avenir au fond des miroirs…

Elle approuva d'un battement de cils. L'imminence du bain des enfants royaux ajoutait à son impatience. Car outre son service de dame d'honneur de la reine, il lui revenait souvent de veiller elle-même à ces ablutions princières. Cela soulageait un peu les gouvernantes en titre.

Le bonhomme approcha deux caquetoires de bois sombre incrusté de nacre, et pria la grande sénéchale de s'asseoir face à lui. Elle ne se fit pas prier.

— J'ai peu de temps, dit-elle en rajustant des manchons bouffants, de drap de soie violet à frisure d'argent.

Le marchand extirpa de sa besace un carreau de glace irrégulier, sans cadre, qu'il plaça au centre du velours presque noir. Diane observait.

— Parle-moi de mes enfants, dit-elle. N'est-ce pas à l'enfance qu'appartient l'avenir ?

— Vos enfants… *Si, bene*, des filles, n'est-ce pas ? J'en vois deux…

Diane sourit ; elle avait bien donné deux fillettes au sénéchal de Brézé. L'aînée, Françoise, avait trois ans révolus quand la cadette, Louise, était encore au berceau. Les deux sœurs résidaient au vieux manoir d'Anet, dans le Vexin normand, où leur gouvernante veillait sur elles comme Diane veillait sur les enfants de la reine Claude.

Le mage prophétisait.

— Soyez tranquille : toutes deux vivront... Elles feront de bons mariages... *Certo*... Je vois les époux... Beaux guerriers... Elles auront des enfants et vous serez... bonne-maman !

Les gloussements du marchand furent sans écho : cet oracle bonasse avait déçu la dame d'honneur. Lors de sa propre naissance, une vieille Dioise n'avait-elle pas affirmé que l'étoile de Diane devait la conduire haut, très haut, plus haut peut-être qu'aucune reine ? À cette aune, les visions du Vénitien paraissaient bien terre à terre.

Diane approcha son visage doux et lisse de la face tavelée du marchand ; elle allait lui donner une chance de se rattraper.

— Parle-moi donc du roi, dit-elle.

Le bonhomme détacha les yeux de sa glace.

— Le roi ?

— Notre sire François. Le vois-tu vivre longtemps ?

— Eh bien... C'est-à-dire... Je pense qu'il devrait vivre, disons... Un peu plus d'un demi-siècle.

Diane pencha la tête et, d'un doigt délicat, effleura son cou de cygne. Le regard qu'elle lança au marchand brillait d'intelligence.

— Fort bien. À présent, parle-moi de son successeur.

— Son successeur ?

— Le prochain roi de France !

— À ce qu'il me paraît, celui-là devrait vivre, disons... Un peu moins longtemps. Une quarantaine d'années, peut-être...

— D'accord. Est-ce que tu vois son visage ?

— Ma foi... Je puis le deviner.

— Décris-le-moi !

— *Attesa*[1] ! Ces choses-là prennent du temps...

— Je n'en ai point.

Le mage se concentra.

— Je vois un visage long, pâle ; un peu triste sans doute...

— Mais encore ?

Ce fut au tour du voyant de soupirer : la jeune dame exigeait de lui bien plus que ses clientes habituelles.

— Le front est beau, les yeux noirs, assez vifs...

— Tu ne me comprends pas. Ce que je veux savoir, c'est si ce roi futur possède quelque trait singulier qui le distinguerait des autres : une tache de vin, les doigts palmés, que sais-je ?

— Non, je ne vois rien de tel. À moins...

Le marchand rougit et tourna vers la dame d'honneur une mine éplorée. Elle voulut savoir.

— À moins ?

— C'est une chose délicate à dire à une dame, confessa-t-il.

— Dis-moi, dis-moi vite ! Je puis tout entendre.

— Mais...

— Allons !

— Eh bien, lâcha le vieil homme un peu affolé, c'est le membre du prochain roi – je veux dire : son membre viril – qui me paraît mal conformé.

Elle transperça le Vénitien du regard. Il poursuivait.

— L'orifice est placé, comment dire, non pas au bout de la verge, mais au-dessous...

Cette fois, les traits de la cliente s'étaient figés. L'autre paraissait au supplice.

— Que madame me pardonne...

1. Attendez !

— Au contraire, mon ami ! Au contraire... Et les yeux noirs, dis-tu ?

— Noirs comme le jais.

Diane de Brézé rayonna. Elle saisit plusieurs petits miroirs qu'elle mit dans les mains du marchand, puis s'en vint rouvrir le battant de la porte. Les vapeurs du bain s'engouffrèrent de plus belle, accompagnées d'un joyeux tapage. Les cheveux dorés et bouclés d'un archange s'encadrèrent bientôt dans l'ouverture.

— Madame ?

— Françoise, vous paierez à ce brave homme ce que nous lui devons.

La jeune fille se jeta sur les miroirs comme une enfant sur des confiseries. Déjà Diane traversait le couloir comme une ombre et faisait irruption dans la salle des bains.

C'était une pièce assez vaste, avec un plafond de poutres peintes et de grands murs tendus de tapisseries épaisses et chatoyantes où dominaient le rouge et l'ocre. Quand la grande sénéchale entra, le tumulte cessa comme par l'effet d'un sort.

— Maman Brézé ! s'écria l'un des enfants.

D'autres tendaient les bras en quête de câlins. Le plus remuant des rejetons royaux, François, avait l'âge de l'aînée de Diane : un peu plus de trois ans. Né joueur, il piétinait l'eau de sa cuvette d'argent à la manière d'un fouleur. Il cherchait à éclabousser son frère, Henri, deux ans et demi, qui refusait obstinément de se laisser baigner. La cadette des princesses, Madeleine, neuf mois, séchait déjà dans les bras d'une vieille servante, sous l'œil attentif de sa grande sœur : charmante aînée des enfants de France, Charlotte allait sur ses cinq ans.

La cérémonie du bain s'accompagnait toujours d'une débauche de lingerie blanche – beau lin brodé, les plis finement marqués... La dame d'honneur, d'un regard habitué, s'assura que le feu dans l'âtre était suffisant, l'eau des bassinets encore fumante. Elle voulut aussi voir la nourrice qui devait allaiter la princesse Madeleine, et jaugea sa poitrine en experte.

— N'aurais-tu pas quelque affaire galante, en ce moment ?

— Pour ça non, madame !

Car on considérait le lait d'une femme amoureuse comme le plus pernicieux des poisons.

— Vous préparerez aussi le prince Henri, ordonna Diane.

Elle avait adopté, pour dire cela, le ton le plus détaché.

Sur quoi elle se tourna vers la princesse Renée de France, très jeune sœur de la reine Claude, et qui s'amusait des facéties de ses neveux. Ses douze ans la rangeaient déjà parmi les femmes faites, et lui épargnaient ces ablutions collectives. Diane lui prit délicatement la main.

— Vous-même, madame, vous êtes-vous bien baignée ? Il convient qu'une jeune princesse se lave souvent ; rien ne fera plus sûrement fleurir sa beauté !

Une femme aussi parfaite de visage, de corps et de peau, était certes la mieux placée pour livrer des conseils en ces matières. Ne se plongeait-elle pas elle-même, chaque matin, dans une cuve d'eau glacée, souverain remède à tout relâchement ?

Le petit prince Henri n'avait pu échapper à la poigne des femmes ; l'ayant rattrapé, elles lui ôtèrent ses habits. Diane s'approcha de la cuvette, le cœur battant ; sous couvert de cajoleries, elle se plaça juste au-dessus de l'enfant, et se mit en situation d'observer, plus attentivement que d'habitude, l'étrange malformation de son pénis[5]... Ce qu'elle détailla la combla d'aise.

— Tout beau, monseigneur ! dit-elle. Le bain n'est pas un supplice ! Voyez votre frère, comme il s'y complaît !

Henri ne voulait rien entendre ; et la noirceur de son regard acheva de ravir la grande sénéchale.

— Quand ce petit Moïse sera sauvé des eaux, dit-elle à la plus forte des femmes, et que tu l'auras frictionné comme il convient, tu auras soin de le conduire chez moi.

Diane suffoquait à présent de joie contenue. Car si le Vénitien avait bien vu – or sa réputation n'était plus à faire – elle était la première à savoir – et avec quelle avance sur ses contemporains – que ce poupon rétif au bain, que ce petit être boudeur, régnerait un beau jour sur la France.

— Longue vie, sire Henri ! murmura la dame d'honneur à l'oreille de l'enfant.

Elle ajouta tout bas, comme pour elle-même :

— Beau roi Henri, deuxième du nom...

Environs de Compiègne.

Jeté dans un battement d'ailes, le rapace quitta le gantelet pour s'élever dans les airs. Quand il ne fut plus que poussière dans le ciel de midi, les chiens d'arrêt levèrent une corneille. Le prédateur attendit un instant, puis il fondit sur la proie comme un trait. On entendit alors le choc, si caractéristique, des deux oiseaux.

— Il a pris un coup ! lâcha le chancelier de France[6] en serrant des poings gantés.

Car il pensait le gerfaut blessé. Cela fit sourire alentour.

— Pardon, maugréa le duc d'Alençon, vous vous trompez.

Antoine Duprat ne répondit pas ; mais un prince plus avisé que le beau-frère du roi aurait pu déceler, dans son silence, l'amertume de s'être offert en ridicule.

— Mon cher, vous n'êtes pas comme saint François : vous n'entendez rien aux oiseaux !

L'auteur de cette impertinence était le seigneur de Bonnivet, amiral de France et confident du monarque.

Le chancelier esquissa, par complaisance, un sourire contraint.

Avec la mauvaise saison, revenait chaque année la revanche des fauconniers sur les veneurs. Les quelque cinquante gentilshommes qui, à la Cour, servaient sous M. de Cossé, menaient un équipage de plusieurs centaines d'oiseaux de haut et bas vol[7]. Rien n'était somptueux comme leur train de centaures ailés, fortes bottes, robes de feutre et chapeaux emplumés - les dames en parure de chasse sur leurs haquenées.

Le chancelier Duprat, bourgeois s'il en fut, n'était guère à sa place parmi de si grands seigneurs ; à près de soixante ans, il s'estimait de surcroît trop vieux pour monter encore... Mais puisqu'il avait accepté de suivre la chasse du duc d'Alençon, il se devait d'y faire bonne figure. L'homme était bedonnant, certes, les épaules rondes et le visage poupin ; mais la sévérité de son visage lui conférait un semblant de noblesse. Sans compter que la récente conférence de Calais[8], où il avait, en pure perte, tenté de retarder la guerre, lui conférait un regain de prestige.

Afin de prouver à l'amiral qu'il n'était pas vexé, le chancelier se fendit d'une platitude.

— On dit partout que la prise de Fontarabie fait de vous le Du Guesclin de ce règne.

— Taisez-vous donc ! tonna l'autre. Croyez-vous qu'il y ait matière à plastronner sur la Navarre ? Pour moi, je n'ai pu y faire oublier l'échec de nos armées...

Duprat branla du chef.

— Il est vrai qu'en Navarre comme dans le Milanais, les frères de Mme de Châteaubriant ont bien déçu nos attentes.

— Il se peut, enchérit l'amiral, que nous ayons péché par excès de confiance en attaquant l'empereur sur trois fronts en même temps. Passe encore pour la Navarre et les Ardennes ; mais à Milan, notre échec met Sa Majesté dans une position intenable.

Chevauchant devant eux, le duc d'Alençon semblait mettre un point d'honneur à ignorer cet échange. Il se concentrait sur la chasse, et agita bientôt un leurre afin de rappeler son gerfaut. Le prédateur finit par surgir dans un grand déplacement d'air. C'était un magnifique rapace aux plumes blanches mouchetées de noir... Le prince *fit courtoisie* : il laissa le faucon molester un temps la proie sanglante à coups de becs aigus et rapides.

L'amiral avait réglé son allure sur celle, un peu lente, du chancelier.

— Pour en revenir à nos chefs, reprit-il en sourdine, leur mauvaise fortune a dû ravir le connétable.

— Je n'ai aucune nouvelle de lui...

— Vous pouvez néanmoins imaginer sa joie : Madame l'avait écarté de son commandement, or ceux qui le remplacent se sont couverts de honte !

— Dois-je vous rappeler, monsieur, que nous avions tous approuvé sa mise à l'écart ?

Antoine Duprat marchait sur des œufs : l'amiral aurait pu prêcher le faux dans l'intention de le piéger... En lui-même, il pestait d'avoir seulement offert à ce grand seigneur cette occasion de le prendre à témoin – lui, simple commis de l'État – des possibles bévues du roi et de sa mère.

Des appels au secours, des craquements de branches, un martèlement de sabots, détournèrent soudain vers le sous-bois l'attention des chasseurs. Deux chevaux surgirent d'un boqueteau. Des coursiers noirs, massifs, montés à cru. Le premier portait un cavalier en mauvaise passe : bien jeune, le malheureux était couché en avant sur la monture, et n'y tenait que par une sorte de miracle. Criant au secours, un autre cavalier, jeune aussi, suivait à quelques encolures ; il poussait son propre coursier dans l'espoir de rattraper l'autre. Quand le premier cheval vint s'empêtrer dans l'équipage des chasseurs, plusieurs d'entre eux tentèrent de s'en saisir. Mais les embardées de l'animal, de même que ses cabrements, ne rendaient pas leur tâche aisée.

C'est alors que le second cavalier, sautant de sa propre monture, enfourcha le cheval affolé et, malgré l'encombrement du blessé, parvint à s'en rendre maître. Les chasseurs l'entouraient et lui prêtaient main-forte ; on ôta le cavalier sans connaissance, on rattrapa la cavale délaissée, on porta le sauveteur en triomphe... Cependant celui-ci, indifférent à tout, se préoccupait seulement de l'invalide.

— C'est ma faute, disait-il, je n'aurais pas dû l'emmener !

Du sang coulait sur la face du blessé, qui peu à peu, reprenait ses esprits.

— Mon Dieu, ma tête !

— Simon, comment te sens-tu ? Laissez-nous, vous autres !

Ce héros farouche était un jeune homme de belle prestance, et qui malgré son émoi, montrait un visage avenant sous des cheveux châtains assez longs. Il repoussa sans ménagement les valets qui prétendaient s'occuper du cavalier assommé.

— N'approchez pas, vous dis-je !

L'amiral de Bonnivet l'admonesta.

— Calme-toi, mon garçon ! Et dis-nous plutôt qui tu es.

L'autre parut piqué au vif.

— Mon nom est Gautier de Coisay. Je suis un fils cadet du feu chevalier de Coisay.

Il désigna l'adolescent gisant devant lui.

— Simon est mon frère. Il s'est cogné le front contre une branche, et a perdu connaissance. Son cheval s'est emballé...

Le blessé était mince, voire gracile, et les valets n'eurent aucun mal à le hisser sur un brancard. De son côté, le duc d'Alençon mit pied à terre et vint féliciter Gautier.

— Vous paraissez, mon jeune ami, fort dégourdi à cheval. Or, votre allure est celle d'un gentilhomme. Vous plairait-il d'entrer à mon service, en tant qu'écuyer chevaucheur ?

La proposition était à ce point incongrue, pour ne pas dire déplacée, que le jeune homme ne trouva rien à répondre.

Bonnivet revint vers Duprat.

— Une chance que le plus jeune ne soit pas mort, railla-t-il en sourdine ; le prince aurait fait de l'autre son chambellan !

Le chancelier haussa les épaules : cette toquade ne le surprenait guère. Au fond, la seule chose sensée qu'il eût jamais vu faire au duc d'Alençon avait été son mariage avec la sœur du roi. Encore l'y avait-on aidé.

Château de Blois.

La grande sénéchale sortait de la pouponnière, quand on vint l'avertir que son père était arrivé.

— Dieu soit loué ! Comment va-t-il ?

Par ces temps de guerre, les routes se révélaient moins sûres encore que de coutume, et voyager de Moulins à Blois pouvait passer pour une expédition.

— Qu'on l'installe chez moi et qu'on lui serve un en-cas. Je le verrai dans un moment.

Sur quoi elle vérifia sa mise et, d'un pas digne et convenable, disparut dans les appartements des Enfants de France.

⁂

Jean de Saint-Vallier était exactement ce que des clients d'auberge, le voyant s'attabler d'un peu loin, et rire et festoyer, auraient appelé un « gentil seigneur » ; autant dire qu'il avait bonne mine et joli maintien. Sa fine silhouette bardée de cuir, son visage émacié que relevait une barbe blonde, son regard conquérant surtout, contribuaient à l'imposer comme gentilhomme avant qu'il eût articulé un mot.

Penché à l'appui d'une des loges de la façade neuve[9], il observait, au-delà des jardins, l'enchevêtrement irrégulier des pignons et des toits d'ardoise encore luisants des pluies de l'après-dînée. À sa gauche, embrasant le ciel et la ville, le soleil rougeoyait déjà.

Dès qu'il entendit s'ouvrir dans son dos la porte de l'antichambre, messire Jean se redressa et, tournant vers sa fille une mine épanouie, rentra les bras ouverts pour l'embrasser.

— Pardonnez la tenue, dit-il. C'est celle d'un guerrier...

Diane sourit : elle n'avait jamais vu son père autrement qu'en pourpoint et manteau de cuir.

— Vous n'avez pas touché à mon buffet, s'émut-elle.

— Je vous attendais. Du reste, je vous trouve bien maigrelette... Il faut croire que l'on fait triste chère à la table de notre reine !

— Sa Majesté m'y convie rarement.

La grande sénéchale invita son père à s'asseoir à ses côtés, sur une longue chaire garnie de coussins moelleux, devant laquelle une table avait été dressée. Des tabourets de pied compensaient la hauteur de l'assise, et permettaient d'ignorer les vents coulis. Elle emplit son tranchoir d'argent de petits pâtés en croûte, d'ailes de perdrix, de morceaux fumés de langue de bœuf.

— Maintenant puis-je savoir, demanda brusquement messire Jean, la raison de cette convocation ?

— Nous avons tout le temps...

— Comment cela, tout le temps ? Mais j'ai crevé sous moi deux chevaux !

Diane prit soin de bien fermer la porte ; elle dévisageait son père.

— Avant toute chose, vous devez me promettre le secret sur ce que vous allez entendre.

— Comment osez-vous ? Votre père...

— Promettez !

Le gentilhomme dut s'exécuter.

— Je me demande parfois si je ne vous ai pas un peu trop aguerrie, et si je n'eusse pas mieux fait, jadis, de vous laisser aux jupes des femmes, plutôt que de vous entraîner dans mes chevauchées !

Tout en marmonnant, il faisait honneur à un plat d'écrevisses.

— Ces bestioles sont fameuses, dit-il en s'essuyant les doigts à la nappe, selon l'usage.

Il but un peu de vin servi chaud. Puis il prit les mains de Diane dans les siennes, deux fois plus grandes, comme autrefois lorsqu'elle venait lui confier ses secrets d'enfant.

Diane cligna des yeux plusieurs fois avant de parler.

— Vous rappelez-vous la dernière fois que vous avez croisé le connétable de Bourbon ?

— Monseigneur ? Pardi, j'ai dîné à sa table dimanche !

— Comment se remet-il de la mort de sa femme ?

— Tant bien que mal. C'est encore bien frais...

L'événement tant redouté d'Anne de Beaujeu était survenu au printemps, privant le jeune duc, non seulement de son épouse, mais de ses titres à posséder les immenses territoires des Bourbons.

Diane suivait son idée.

— Et savez-vous ce qu'elle lui a légué ?

— Tout, absolument ! J'ai moi-même eu l'acte sous les yeux, qu'elle avait dicté elle-même il y a deux ans.

— Cet acte est sans valeur au regard des lois du royaume, et je vous annonce que Madame a l'intention de le contester.

Saint-Vallier se rembrunit.

— Que savez-vous de cela ?

— Je sais que certains fiefs de feue la duchesse sont transmissibles aux femmes ; je sais que Madame, en tant que proche parente, est en droit de réclamer sa part ; je sais aussi...

— Ma fille a l'âme d'un notaire !

— Je sais aussi qu'en l'absence d'héritier mâle, le connétable pourrait éprouver quelque peine à conserver ses grands apanages. Car ils reviennent, de droit, à la Couronne ! Je sais...

Saint-Vallier releva la tête.

— Dites-moi, ma fille : serait-ce pour me faire part des intentions malignes de Madame que vous m'avez jeté sur les routes ?

— Pas seulement. Nous devons faire tenir un message au connétable. Un message qui ne peut passer que par vous.

Saint-Vallier s'essuya soigneusement les lèvres.

— Un message, peut-être, que Madame doit ignorer...

Diane se fendit d'un sourire. Dans le sillage de son mari, elle fréquentait à la Cour ce que l'on nommait le « vieux cercle », composé de quelques familles attachées au souvenir de Louis XII et aux intérêts de sa fille, la reine Claude ; on y montrait autant de dévotion pour l'Église romaine que de réserve envers le nouveau roi, sa mère, sa sœur et toute leur « coterie ».

— L'idée qu'ont eue certaines personnes, dit Diane, est de proposer au connétable une solution favorable aux deux parties. Une solution astucieuse, et qui mettrait un terme définitif à ses soucis. Notre bonne Reine, vous le savez, possède une sœur fort jeune, mais qui sera sous peu en âge de se marier. Que Monseigneur vienne à épouser la princesse Renée, et l'avenir lui sourira !

— C'est un gage qu'il offrirait à la Couronne...

— Oui. Et la princesse lui donnerait peut-être les héritiers propres à sauver ses apanages.

Messire Jean demeurait pensif.

— J'imagine que l'on entend récompenser mes bons offices…

— « On » y est tout disposé, en effet. Et si cela vous convient, nous pourrions même, tous deux, partager cette récompense…

Saint-Vallier ouvrit de grands yeux : il découvrait sa fille sous un jour inédit, certes ; mais ce jour-là lui plaisait beaucoup.

— Pourquoi, demanda-t-il, ne conclurions-nous pas un pacte ?

— Vous et moi ?

— Bien sûr ! Aidez-moi à trouver, de la sorte, de belles missions bien rémunératrices, et moi, je m'efforcerai de les remplir et de vous en laisser la gloire.

Diane rayonnait. Elle s'approcha de son père et déposa une bise amusée sur son menton barbu.

— Mais que croyez-vous donc que nous fassions, monsieur mon père ?

L'on ouvrit la porte à deux battants pour livrer passage à la sœur de la reine, suivie seulement d'un valet. Saint-Vallier s'inclina très bas.

Renée de France, à peine sortie de l'enfance, et bien que préparée comme une poupée, n'était ni très jolie, ni très gracieuse. Cependant personne n'aurait pu nier qu'elle offrait la plus jolie, la plus gracieuse des solutions aux grands soucis du connétable de Bourbon.

— J'apprécie beaucoup madame votre fille, lâcha-t-elle du haut de ses douze ans.

Saint-Vallier la trouva charmante : il en dirait le plus grand bien à qui de droit. Diane n'en demandait pas davantage. Elle tendit à la princesse une corbeille garnie de massepains, de noisettes et de raisins confits, puis se tourna vers le valet.

— Tu reconduiras M. de Saint-Vallier dans ses appartements. Assure-toi qu'il ne manque de rien.

Le gentilhomme fit discrètement provision de friandises. Diane ajouta un mot complice à son adresse.

— Si vous êtes matinal, dit-elle, je vous montrerai dès demain que je n'ai rien perdu de mes talents de cavalière.

— Mais je pense bien ! N'êtes-vous pas la Diane de ces forêts ?

Elle répondit par un sourire énigmatique.

Château de Saint-Germain.

Marguerite d'Angoulême, duchesse d'Alençon, sœur aînée du roi, était une femme simple et vraie. À l'approche de la trentaine, elle s'éloignait résolument des faux-semblants, pour traquer partout la vérité des êtres et des choses. Elle-même, dans une Cour où l'on cultivait l'artifice, ne goûtait plus que l'authenticité ; ce qui la conduisait vers une solitude comblée de rêveries, d'écrits et de prières. Car la foi occupait dans sa vie une place croissante. Et lorsque sa mère, si possessive, lui octroyait un moment de liberté, c'est à la méditation qu'elle le consacrait presque toujours. Elle se levait tôt ; on la trouvait en dévotion bien avant l'aube, puis, vers six heures, elle se plongeait dans une correspondance avant tout spirituelle.

Ce matin-là, sa tranquillité fut troublée par l'irruption inopinée du chancelier de France. Il paraissait enrhumé.

— Je n'ignore pas, madame, dit-il en forme d'excuse, qu'il est affreusement tôt, mais je voulais être certain de vous parler en toute quiétude.

— J'ai déjà eu le temps de suivre une messe…

— La foi de Votre Altesse Royale est digne d'admiration.

— Je sais bien que les temps sont à l'irréligion... Mais pour moi, je ne m'y résous point. Je rappelais au roi, pas plus tard qu'hier, qu'il n'est de puissance qu'illusoire sans une Église saine et forte.

Le chancelier se moucha bruyamment. Elle reprit :

— À propos, monsieur, je n'ai pas encore eu l'occasion de vous remercier pour votre soutien du mois dernier.

— Le mois dernier, madame ?

— Quand vous avez dissuadé la Sorbonne d'intenter cet absurde procès à Mgr Briçonnet[10] !

— C'était peu de chose... Je connais votre attachement à l'évêque de Meaux.

— C'était beaucoup, au contraire, et je vous en sais gré. Voyez-vous, monsieur le chancelier, il se passe de grandes choses, à Meaux, ces temps-ci. Les prêtres que le bon évêque a réunis autour de lui sont bel et bien le ferment d'une nouvelle Église. Une Église plus sincère, plus vraie !

La princesse se garda de prononcer le mot, mais Duprat savait qu'elle n'était plus très loin d'espérer une Église *réformée*. Or l'idée de réforme, qu'elle fût religieuse ou autre, le rendait nerveux.

— Si la princesse m'y autorise, osa-t-il, je ne saurais trop l'inviter à la prudence en cette matière.

— Que voulez-vous dire ?

— Eh bien... Mgr Briçonnet n'est certes pas malpensant, et il n'était point visé par l'Université quand elle a condamné, récemment, les hérésies du sinistre Luther. Simplement, vous savez comment naissent les réputations... L'empereur accuse notre roi de faire le lit des hérétiques ; il serait dommage que les bonnes intentions de certains prélats ne finissent par desservir, partout en Europe, les intérêts de Sa Majesté.

Marguerite ne répondit pas, mais son visage, imperceptiblement, s'était fermé. Duprat s'essuyait encore le nez ; il poursuivit.

— À ce propos, il me faut mettre en garde Votre Altesse royale contre un jeune écuyer qui vient d'intégrer la Maison du duc d'Alençon. Un garçon méritant, sans doute...

— Vous voulez parler de ce cavalier qui a sauvé son frère à la chasse, et que mon mari a récompensé sur-le-champ ?

— Ce n'est que son demi-frère, madame. Et ces jeunes gens n'avaient croisé la chasse que par hasard. Or, justement : j'ai appris hier que leur père, le chevalier de Coisay, mort l'an dernier, était fort suspect d'hérésie. On le disait lecteur de Luther, et son adepte.

Sans répondre, Marguerite s'approcha de la fenêtre et l'ouvrit en grand ; le chant ténu d'un rossignol montait du jardin.

— Vous l'entendez ? Il m'a charmée tout l'été, sans que j'aie seulement pu l'apercevoir. Il s'en ira bientôt... Et je n'aurai connu que ses vocalises...

Le chancelier fronça les sourcils. La duchesse d'Alençon s'expliqua.

— Votre jeune hérétique est pour moi comme cet oiseau, dit-elle. J'admire ses prouesses et pour le reste, j'ignore tout de lui... Mais que diriez-vous de descendre au jardin ? Le soleil se lève, l'instant est choisi.

Ils marchèrent un moment sous des berceaux de glycine et de chèvrefeuille. Comme son frère, François Ier, et sa mère Louise de Savoie, la princesse Marguerite était d'une taille presque démesurée. Aussi formait-elle avec le chancelier Duprat, petit et rondouillard, une paire assez comique.

— J'imagine, monsieur, que vous n'êtes pas venu chez moi si tôt pour me parler d'un écuyer…

— Non, madame, en effet.

— Je suppose que vous souhaitez, une fois encore, que j'appuie vos idées auprès de mon frère.

— La sagacité de la princesse…

— De qui ou de quoi s'agit-il, cette fois-ci ?

— Il s'agit du connétable de Bourbon. Et de la succession de son épouse, cruciale pour le devenir de la Couronne.

La duchesse d'Alençon soupira. Duprat éternua plusieurs fois d'affilée. Il fit quelques détours afin d'évoquer les droits de Madame à l'héritage de la duchesse de Bourbon, mais aussi les intérêts bien compris du connétable. Puis il entra dans le vif du sujet.

— Le connétable est veuf ; or il est jeune encore…

— Ne me le vendez pas, mon cher ; je suis déjà mariée !

— Princesse, qu'allez-vous chercher là ?

— Je m'attends à tout.

— Justement… Il y aurait, semble-t-il, dans cette affaire de succession, une solution qui mettrait tout le monde d'accord, et protégerait les intérêts du connétable sans léser ceux de Madame et du roi. Simplement, l'idée en est quelque peu audacieuse…

La princesse s'arrêta de marcher.

— Vous avouerai-je que vous piquez ma curiosité ?

— Vraiment ? Il se trouve que Madame, votre mère, est veuve, elle aussi… L'on se disait…

— Quoi donc ?

Une ombre d'inquiétude voila le visage de Marguerite. Celui du chancelier trahissait un homme envahi par la gêne.

— Eh bien, l'on se disait que si votre mère venait à épouser le connétable, tout rentrerait peut-être dans l'ordre…

Marguerite demeura un moment silencieuse, comme interdite ; puis elle partit d'un rire inattendu, un rire si communicatif qu'il se propagea même à son visiteur.

Quand ils eurent, tous deux, repris leur sérieux, Marguerite se tamponna les yeux de ses longues manches.

— Vous m'avez surprise, je l'avoue... Si je ne m'abuse, le connétable est tout à fait de ma génération ; et vous envisagez de le donner en mariage à Madame ! Madame qui s'est jurée de tout lui prendre et ne cesse, depuis des mois, de lui chercher querelle ! Madame qui, pour un peu, serait en âge d'être sa mère aussi sûrement qu'elle est la mienne !

Elle aurait voulu rire encore. Le chancelier avait retrouvé sa sévérité coutumière.

— Votre réserve est bien naturelle, concéda-t-il. En même temps... Considérez, s'il vous plaît, les avantages d'une telle alliance ! La puissance de monseigneur, d'une menace pour la Couronne, deviendrait sa plus sûre garantie... Quant à la succession de feue la duchesse, elle serait heureusement réglée, votre mère obtenant par mariage ce que le connétable lui refuse aujourd'hui par d'autres voies.

— Vos combinaisons sont un enchantement pour l'esprit, monsieur. Mais Dieu, qu'elles font peu de cas des penchants naturels et des affinités !

— Madame, s'offusqua le chancelier de France, il est bien question ici d'affinités !

Un courant d'air frais les surprit. Marguerite remonta son col de zibeline, tandis que Duprat faisait le dos rond.

— Et puis... Pour vous parler tout net, madame, sachez que ce projet de mariage ne m'appartient pas.

— Vous voulez dire que ce n'est pas votre idée ? Mais de qui donc ?

— De votre mère elle-même.

— Que dites-vous ? Ma mère...

— Je vous en donne ma parole.

— Madame aurait l'intention...

— Madame envisage de faire sa demande pour Noël. Seulement elle aurait aimé, avant de se déclarer, connaître le sentiment de ses enfants – et notamment celui du roi.

— Le sentiment de mon frère ? Sur une union entre notre mère et celui qu'elle accuse, depuis des mois, de tous les maux de la terre !

Marguerite était sans voix. Duprat, plutôt content de son effet, posa les poings sur ses hanches.

— Alors, pensez-vous pouvoir convaincre le roi de l'intérêt de ce nouvel arrangement ?

La duchesse d'Alençon ne répondit pas. En elle, un amusement sincère venait de faire place au plus complet effarement.

Chapitre II

Hiver 1522

Château de Saint-Germain.

Debout à l'entrée de l'oratoire, la dame de quartier attendait que Madame eût achevé son chapelet. La malheureuse frissonnait, en dépit du brasero censé maintenir une température acceptable ; en vérité elle tombait de sommeil, ayant dû veiller toute la nuit tandis que sa maîtresse repassait, feuille à feuille, de grands recueils d'édits et d'ordonnances. Car si François Ier régnait, c'est bien sa mère qui tenait les rênes du pouvoir.

Louise de Savoie était agenouillée sur son prie-dieu, dans la pénombre. Son corps disparaissait sous le drapé d'un manteau de velours noir aux plis majestueusement cassés ; son crâne était dissimulé par un imposant chaperon. Pourtant on devinait, sous cet amas d'étoffes, une présence étrangement forte.

Madame eut un geste à peine visible pour signifier que l'on pouvait s'approcher d'elle, à présent, et l'aider à se relever. La dame s'y employa humblement, veillant à ne pas monter sur le manteau très encombrant.

— Semblançay… lâcha Louise à mi-voix, comme si la méditation l'avait privée de l'énergie nécessaire au train de ce bas monde.

— Il patiente dans le couloir, madame, depuis un quart d'heure déjà.

Un très léger sourire détendit les traits de la mère du roi, sans qu'on pût dire s'il traduisait son contentement envers un grand commis ponctuel, ou son plaisir de l'avoir fait attendre. Madame quitta l'oratoire.

— Eh bien, mon ami, lança-t-elle d'une voix privée de timbre. Avez-vous repensé à nos affaires ?

Le vieux baron de Semblançay assurait aussi bien la gestion du Trésor que celle des caisses particulières du souverain et de sa mère. Noble d'aspect, ferme et droit, il aurait pu en remontrer sur l'allure à bien des chevaliers ; du reste, les marchands, banquiers et autres gens de finance le comptaient moins pour un des leurs que pour le représentant suprême des intérêts de l'État.

— Madame, dit-il de sa voix grave et sonore, habituellement rassurante, je ne vous cacherai pas que la situation se révèle des plus critiques. L'argent vient à manquer sur tous les fronts, le crédit public est partout pris en défaut. Autant vous dire que les caisses sont vides !

La mère du roi ne s'émut pas. Elle s'appuya, pour descendre quelques marches, au bras du vieux baron.

— Vous me servez depuis sept ans la même rengaine.

— Cette fois, madame, c'est bien pis. Toutes ces armées en campagne contre l'empereur Charles Quint nous coûtent terriblement... J'ai le regret de vous le dire : nos trésoriers sont aux abois.

— Puis-je avancer des fonds à la Couronne ? Ce ne serait pas la première fois.

— Vous avez déjà beaucoup prêté, madame... Moi-même, du reste, je n'ai fait, ces derniers temps, qu'accumuler créance sur créance...

— Je sais ! Cette rengaine aussi, vous me l'avez souvent servie.

Jacques de Semblançay serra les mâchoires, comme s'il prenait sur lui de ne pas répliquer à tant d'ingratitude. Madame vrilla d'un seul coup son regard dans le sien.

— Où trouver de nouvelles ressources ? demanda-t-elle. Nous avons partout augmenté les tailles et les aides... Le peuple gémit sous l'impôt... Il n'y a guère que l'Église qui n'ait pas été sollicitée.

— Or je ne vois pas bien comment on la solliciterait !

Madame resta impénétrable.

— Et si mon fils se résolvait à déposer les armes ? Et si cette passion qu'il s'est trouvé pour l'Italie cessait d'absorber toutes nos ressources ?

Le vieux baron, sans répondre, gratifia la mère du roi d'un regard où la connivence et la complicité, quoique respectueuses, s'accompagnaient de toute la sympathie possible.

Tous deux entrèrent dans la salle où devait se tenir un conseil de finances. Comme chaque fois, ou presque, c'est Madame qui s'apprêtait à le présider, soulageant son fils d'une obligation qui, pour l'essentiel, ne le passionnait pas. Les commis paraissaient tout dispos. Louise était à peine assise quand un huissier vint la prévenir que le chancelier Duprat demandait à la voir, toutes affaires cessantes. Elle leva les yeux au ciel.

— Qu'il entre, dit-elle, et qu'on en finisse !

Antoine Duprat surgit aussitôt, la mine grave et les traits échauffés. Il s'inclina vivement, salua Semblançay et l'assemblée puis, se dandinant en direction de Madame, s'approcha d'elle pour lui parler à l'oreille.

— Des nouvelles de Rome, Madame. Le conclave paraît décidé.

Louise ne broncha pas.

— Qui ?

— Eh bien… Malheureusement…

— Ils vont élire Floriszoon[11].

— C'est probable, en effet.

— Il n'est même pas italien !

Adriaan Floriszoon avait été le précepteur de Charles Quint avant d'en devenir le ministre influent ; le voir monter sur le trône de Saint-Pierre avait de quoi inquiéter les ennemis de l'empereur : le nouveau pape n'allait-il pas chercher tous les moyens d'aider son ancien disciple ? Madame aussi devait le craindre ; mais elle choisit de réagir avec grandeur.

— Préparez un message enthousiaste, dit-elle ; nous réglerons cela avant midi.

Le chancelier s'inclina.

— Duprat ! l'appela-t-elle avant qu'il ne se fût éloigné.

— Madame ?

Le gros homme se rapprocha, dans un souci de confidentialité. Madame, tout en lui parlant, dévisageait les différents commis du conseil de finances.

— Duprat, ce Floriszoon se dit prêt à réformer l'Église, n'est-ce pas ?

— C'est ce qu'il prétend, madame.

— À la bonne heure, nous aussi.

— Mais…

— Je n'ai rien dit ! Pour le reste, nous en reparlerons.

Le chancelier s'inclina de nouveau et s'éloigna. Il n'était pas sorti que Madame le rappela de nouveau.

— Monsieur le chancelier !

Cette fois elle parlait à voix haute, et chacun put l'entendre.

— Le moment me paraît venu de réunir ce fameux concile de l'Église de France, déclara-t-elle. On y parlera de réforme, naturellement, mais aussi – elle se tourna vers Semblançay –... mais aussi de subsides et des secours du clergé à la Couronne.

Le baron consentit un large sourire : il se dit que Madame ne serait jamais à court d'expédients. Sur quoi, d'un geste, la mère du roi mit fin à l'aparté pour ouvrir une séance qui s'annonçait plus longue et plus ardue encore que de coutume.

Environs de Compiègne.

Au manoir de Coisay, le premier retour de Gautier depuis son entrée à la Cour avait été fêté comme celui du Fils prodigue. Son oncle, qui tenait la maison, avait décimé la basse-cour et rameuté pour la circonstance toute une partie du voisinage. Sa mère, ses sœurs, s'étaient plus investies que de coutume dans la décoration de la grande salle et la préparation du repas de Noël.

Quant au jeune Simon, presque remis de son accident de cheval, il avait balancé entre un bonheur sincère – n'avait-il pas dévalé le sentier au-devant de son demi-frère, criant de joie ? – et des sautes d'humeur assez peu conformes à son naturel doux et jovial.

À la vérité, Gautier supporta mal l'ambiguïté de la réaction fraternelle. Ses relations avec Simon n'avaient jamais été exemptes d'une certaine confusion : longtemps l'affection démonstrative de son cadet l'avait attendri et flatté ; à présent elle l'irritait.

— Raconte, Gautier, raconte-nous encore le sauvetage de Simon, avaient, en chœur, réclamé parents et amis.

— Il ne s'est rien passé depuis la dernière fois ; et mes souvenirs sont moins nets... protesta l'intéressé.

— S'il te plaît, supplia une cousine ; redis-nous comment tu as sauté d'un cheval sur l'autre !

Le héros malgré lui dut s'exécuter, et revenir en détail sur un épisode entré d'emblée dans la légende familiale. Il en était à peine au récit de la branche assommant le novice que l'on vit Simon se lever et, le visage fermé, quitter la pièce d'un pas résolu. Son teint soudain écarlate avait fait ressortir la balafre qui, du sommet du front à l'oreille droite, lui rappellerait à vie sa dette envers son demi-frère.

L'assistance affecta l'indifférence ; et le conteur, imperturbable, put achever sa narration. Dès qu'il eut fini, cependant, il interrogea sa plus jeune sœur à propos de Simon.

— Il est allé se faire plaindre chez sa mère, lui glissa-t-elle à l'oreille.

— Est-ce qu'elle habite toujours à Morienval ?

— Non. Elle a fini par se rapprocher. Elle vit à Saint-Pierre, maintenant.

— Pourquoi n'est-elle pas venue au banquet ?

— Je crois qu'elle n'était pas invitée...

Au cours de la veillée qui suivit, Gautier se surprit à nourrir des remords. La sortie précipitée de Simon, si elle ne l'avait pas troublé sur le moment, prenait à ses yeux, à mesure que le temps passait, valeur de défi. Gautier s'interrogea : comment expliquer, se demandait-il, qu'après toutes ces années, et malgré la mort du chevalier, leur père à tous deux, la mère de Simon fût ainsi tenue à l'écart de la famille ? Comment accepter que cette femme ne fût pas accueillie dans la maison de son fils unique ? Certes, elle était papiste ; et les papistes n'étaient pas très bien vus à Coisay... Fallait-il, pour autant, l'ignorer ?

Saint-Pierre, près de Compiègne.

Le matin venu, Gautier s'était mis en selle et avait gagné Saint-Pierre. C'était jour de marché ; aussi n'eut-il aucun mal à se faire indiquer la maison de la femme Bertin. Une masure modeste, mais coquette.

Il appela, heurta plusieurs fois sans succès ; l'huis demeurait clos. Gautier craignait de n'être venu pour rien quand une femme aux joues rondes, coiffée d'un fichu blanc, sortit d'un appentis voisin. L'écuyer la salua.

— Je cherche Simon de Coisay... commença-t-il.

— Vous cherchez votre frère, je vous reconnais, coupa la matrone sur un ton de familiarité frisant l'incorrection.

— Ne serais-tu pas...

— Je suis sa mère, bien sûr, dit-elle en s'essuyant les mains à une sorte de sarrau qui l'enveloppait par-devant. Vous, je vous ai vu naître, et je vous ai torché, vous n'étiez pas plus grand que cet engin-là, dit-elle en désignant une chatte à demi pelée.

Gautier lui sourit bêtement, ne sachant trop quoi dire. Heureusement, la mère de Simon parlait pour deux.

— Le gamin est malheureux, dit-elle ; c'est depuis cette histoire avec les chevaux. Il se sentait déjà tellement inférieur à vous ; maintenant, il vous doit la vie. Vous n'avez pas idée de ce que cela représente, pour lui !

Le visiteur aurait volontiers coupé court à ces confidences. Mais c'était compter sans l'hospitalité qui, chez certains villageois, tient lieu de politesse. Il dut entrer, ranimer le feu, boire un verre de vin chaud... La brave femme, entre deux formules toutes faites, lui asséna quelques vérités.

— La foi tordue de votre défunt père vous fera des ennemis, prédit-elle au passage, ou encore : Simon est votre frère bâtard, il vous voit d'abord comme son frère, mais vous, vous le voyez surtout comme un bâtard...

— C'est faux... commença Gautier.

— Tatata ! Tu parles, je sais comment ça se passe, tout ça. Je n'y suis plus, là-bas, mais je connais ! Seulement il y a une chose que vous devez savoir : c'est que pour le gamin, vous êtes tout. Vous êtes son frère, son père, son meilleur ami – tout ! Il n'a qu'une idée, dans sa sale caboche : se grandir à vos yeux, obtenir votre reconnaissance. Vous me suivez ?

— Où est-il, à cette heure ?

— Vers l'enclos, sans doute... À ruminer, encore, et se faire du mal...

※

Gautier remercia la mère de Simon, puis il descendit à pied jusqu'à un grand parc à chevaux, en bordure d'un étang gelé. Le givre avait blanchi les herbes rases, donnant à la prairie l'aspect d'une immense nappe grumeleuse. Du chemin, la silhouette de son demi-frère, élancée, gracile à côté des chevaux de trait, paraissait la fragilité même. L'écuyer resta un moment immobile, à l'observer de loin ; puis, se sentant repéré, il mit pied à terre et marcha vers le jeune homme qui regardait de biais, sans bouger.

— Qu'est-ce que tu fais là ?

— Je suis venu te chercher.

— Personne ne vient jamais jusqu'à Saint-Pierre.

— Moi, je suis venu.

— Pourquoi ?

Gautier observa les gros chevaux qui, dans un coin de l'enclos, semblaient attendre la charrue.

— Encore plus forts que les nôtres, dit-il. Tu les montes ?

Simon démentit d'un signe de tête.

— Tu as essayé, au moins ? insista l'écuyer.

— Même pas... La vérité, c'est que j'ai la frousse. Encore plus depuis l'autre fois...

— Il faut que tu surmontes ta peur.

Gautier appela sa monture et fit signe à son frère de mettre un pied sur l'étrier gauche.

— Vas-y, je vais t'aider.

L'autre refusa, mais il insista.

— Allez, en selle !

Simon fixa Gautier d'un air mauvais.

— Je ne peux plus, je te dis !

— Vas-y, imbécile.

— Comment tu m'appelles ?

— J'ai dit : imbécile. Minable. Espèce de moins que rien !

Les injures fusaient de la bouche du grand frère, de plus en plus vives, de plus en plus blessantes. Simon, d'abord interloqué, finit par réagir ; mais plutôt que de monter en selle, il se mit à frapper son aîné. Gautier esquiva quelques coups, en encaissa d'autres.

— Monte, disait-il. Allez ! En selle !

La rage au ventre, Simon empoigna le pommeau et enfourcha, d'un bond, le coursier dont il attrapa les rênes et battit vivement les flancs. L'animal s'élança aussitôt et, franchissant d'un saut la barrière, s'éloigna dans la plaine au galop. Simon, à cor et à cri, exhalait au loin son excitation.

— Bravo, petit frère, dit Gautier à voix basse. Tu es le meilleur.

Une idée traversa l'esprit de l'écuyer : un jour, quand lui-même aurait conforté sa position à la Cour, il parlerait au duc d'Alençon, et le convaincrait d'engager Simon à son tour ; ainsi réunis, les frères de Coisay feraient la paire ; on les comparerait un jour aux Dioscures[1] !

1. Castor et Pollux, cavaliers mythiques de l'Antiquité.

Château de Saint-Germain.

Cette année-là, Madame avait réduit à peu de chose les festivités de l'Épiphanie, d'ordinaire si brillantes. Il est vrai qu'un an plus tôt, lors d'un séjour de la Cour chez elle, à Romorantin, elle avait pu craindre les pires conséquences d'un jeu stupide et qui avait mal tourné. Alors que l'on tirait les Rois, la nouvelle était revenue qu'en ville, le comte de Saint-Pol avait eu la fève et coiffé la couronne. François et son cercle, courant sus à ce prétendant d'un soir, s'en étaient allés, comme des collégiens, bombarder son hôtel de boules de neige, et avaient essuyé en riposte des jets de vivres et d'ustensiles. Certains assiégés avaient passé la mesure ; et au plus fort de cette bataille de potaches, un tison ardent, jeté du premier étage, avait blessé le monarque à la tempe, au point de le mettre au lit pour deux mois ! Certes François, jeune encore et vaillant, avait fini par s'en remettre. L'alerte n'en avait pas moins été chaude[12].

Aussi bien cette année, Madame avait-elle tiré prétexte de la grossesse avancée de la reine – la sixième en six ans – pour maintenir la Cour à Saint-Germain, et sermonner son fils en vue de prévenir tout débordement. Le souper de fête avait eu lieu en comité restreint, chez le roi. Réunis par principe et non par envie, les familiers avaient feint de s'amuser ; et si l'on avait bien partagé la galette, chanté quelques fredons et prévu de crier « le roi boit », le cœur en vérité n'y était guère.

À peine avait-il mordu dans sa part de galette que Philippe Chabot de Brion se sentit gagné par les sueurs froides. La fève était pour lui ! Cela tombait mal, et d'autant plus que le roi lui avait reproché, le jour même à la chasse, une certaine tendance à se mettre en avant. Le gentilhomme affecta l'air le plus impassible ; mais il envisageait déjà d'avaler le petit trophée...

La compagnie, autour de lui, se forçait à sourire. Seul le fou Triboulet[13], que la fausseté mettait en joie, parvenait à conserver son entrain.

— Cousin ! hurla-t-il en désignant soudain Chabot.

C'est ainsi qu'il appelait son maître ; l'assistance tendit l'oreille.

— Cousin, c'est lui qui a la fève, je l'ai vu ! Mais il préfère l'avaler que d'avoir l'air de vous défier.

— Vraiment ? dit le roi. Et comment le prouver ?

— Convoquez la Faculté, qu'elle aille fouiller sa merde !

Quelques rires accueillirent la saillie. François fit observer que c'était chercher bien bas des preuves de royauté...

Triboulet leva au ciel un faciès de dément, puis il pinça grossièrement sa lippe pour en tirer des bruits salaces.

— Sire, se justifiait déjà Philippe de Chabot, je n'ai point avalé la fève ; je m'apprêtais tout au contraire à la brandir...

— À la bonne heure ! Triboulet n'est fou qu'à demi... Allons, allons, à boire pour le roi !

Et tandis que l'on couronnait le gentilhomme, François se leva pour lui donner l'accolade.

— Mon bon Chabot ! Il te faut une reine ! Choisis parmi ces dames !

Nouvelle angoisse pour Chabot : fallait-il désigner la favorite, au risque de l'indisposer, ou bien la négliger et se hasarder à l'offenser ?

— Avec votre permission, sire, ce sera donc Mme de Châteaubriant.

Un silence se fit. La belle élue parut soudain pâle, dans sa robe d'argent claire, presque blanche, à filets d'amarante... Comme souvent, le roi prit le parti de rire.

— Le bien bon ami que voilà ! Il me ravit dans le même soir ma couronne et ma maîtresse !

Tout le monde applaudit à ce mot, sauf la comtesse.

— Sire, intervint-elle, je me sens un peu lasse, à présent.

— Tu entends cela, Chabot ? Dame Françoise n'agrée point, à ce qu'on dirait...

La favorite s'était cachée, pour bâiller, derrière une main richement baguée. Elle tenta cependant, par un sourire, d'adoucir ce que la situation aurait pu présenter de blessant pour le roi de la fête. Chabot battit en retraite.

— Je serai donc un monarque esseulé...

— Pas pour longtemps, chèvre-pied !

Le roi partit d'un rire sonore. Sur quoi il fit signe d'apporter les grands bassins à laver les mains, dont l'argent repoussé brilla sous le feu des torchères. C'était la plus noble manière de donner congé à une assemblée qui, du reste, bâillait plus que de raison ; laquais et huissiers surgirent en foule de sous les tentures.

Le roi et sa maîtresse n'avaient gardé qu'un garçon de la Chambre, afin d'éclairer leur chemin.

Françoise de Foix, comtesse de Châteaubriant, paraissait au bord de l'épuisement. Il faut dire qu'elle avait vu sans regret se clore une année où ses frères et leurs alliés, dans tous leurs commandements, avaient accumulé défaite sur défaite. Elle aurait pu se croire au-dessus de ces contingences, et ignorer l'acharnement du sort contre les siens ; seulement elle était en fonction depuis plus de cinq ans et, la passion du roi diminuant, son étoile souffrait de tels contretemps...

Les cloches de la chapelle sonnaient les douze coups de minuit quand, au détour d'un couloir, les amants royaux aperçurent, ombre parmi les ombres, le spectre de Madame qui s'avançait vers eux. Seule à ses côtés, une jolie demoiselle d'honneur portait une lanterne.

On échangea des révérences. Madame ignora ostensiblement celle de la comtesse.

— Je vous croyais souffrante, dit le roi.

— Souffrir un peu plus, un peu moins...

François secoua la tête : les sempiternelles jérémiades de sa mère ne l'impressionnaient plus depuis longtemps. Cependant, par un discret changement d'attitude, il lui manifestait toujours une sorte de respect où entrait bien plus que de l'amour filial. Madame en profitait sans vergogne, et sous l'admiration de façade qu'elle prodiguait à « son César », ne manquait jamais une occasion de le chapitrer comme les autres.

— Minuit seulement, dit-elle ; vous voilà bien assagi depuis Romorantin.

— Mme de Châteaubriant était un peu lasse, aussi...

— Nous avons à causer.

— Cela ne pourrait-il attendre à demain ?

— À demain ? En aucun cas.

Elle se tourna vers sa demoiselle.

— Raccompagnez donc la comtesse, je dois entretenir le roi d'affaires engageant l'État.

Les deux femmes plièrent le genou et filèrent sans broncher. La mère s'approcha du fils pour lui parler tout bas.

— Bourbon vient de répondre à ma demande en mariage : c'est un non.

— Eh, qu'attendiez-vous, madame ? Marguerite vous...

— Marguerite n'y entend rien, et vous-même n'avez pas jaugé tous les enjeux.

— J'en mesure plus que vous ne pensez. Mais dites-moi au juste ce que vous a fait répondre le connétable.

— Qu'ayant été marié à la meilleure des femmes, il n'épouserait sûrement pas la pire d'entre elles !

Sa moue, en rapportant l'injure, était si ambiguë que François, un instant, hésita entre rire et colère. Madame, elle, n'hésitait pas.

— Puisqu'il veut la guerre, je vais le contenter.

— Vous l'avez déjà privé de ses commandements, puis réfuté comme héritier de sa femme...

— C'étaient là mes chiens de tête ; le gros de la meute est à venir. S'il a cru pouvoir impunément me bafouer, cet homme-là s'est trompé.

François prit sa mère par le bras et l'entraîna vers les appartements de la favorite. De faibles torchères ne parvenaient pas à repousser des ombres envahissantes.

— Et quelles mesures comptez-vous prendre ?

— Toutes celles qui s'imposent ! Je viens de voir avec Duprat le moyen de contester son héritage devant le Parlement de Paris.

Le visage marmoréen de Louise se découpait de temps à autre, à la faveur d'un halo, sur l'obscurité. François s'inquiéta.

— Devant le Parlement, dites-vous. Et qu'irons-nous réclamer à ces messieurs ?

— Nous, rien. C'est la Couronne qui exigera le retour au domaine des apanages cessibles aux seuls enfants mâles.

— Nous allons nous perdre dans une procédure interminable...

— Au besoin, nous confisquerons des terres. À titre provisoire, s'entend...

Le roi soupira. La perspective d'user d'une telle rigueur envers le premier soldat de France le contrariait. Madame n'en fut pas surprise.

— Vous aimez encore Bourbon... Moi aussi, mon fils, je l'ai porté dans mon cœur. Simplement n'oubliez jamais que les rois n'ont que faire des sentiments lorsqu'il y va de la tranquillité de leurs peuples.

— Mais que viennent faire mes peuples dans cette querelle de famille ?

— Quand je vous disais que vous n'aviez pas tout saisi ! Écoutez-moi bien, François : les territoires des Bourbons sont vastes, riches et bien placés. Auvergne et Bourbonnais font le cœur même de votre royaume ! Ils en sont un peu le ventre ou mieux : l'ombilic. Indépendants, ils finiraient par devenir, pour votre couronne, une menace mortelle.

Elle s'interrompit pour souffler dans un grand mouchoir de batiste, raffinement suprême et neuf. Puis elle reprit d'un ton enragé.

— Que ce cochon de connétable n'ait pas été fichu de conserver ses rejetons en vie, et que les territoires des Bourbons puissent ainsi retomber dans le giron de l'État, j'y vois plus qu'une aubaine : un bienfait de la Providence ! Mais que vous-même soyez assez aveugle pour ne pas sauter sur l'occasion, voilà ce que je ne saurais souffrir. Dites-vous qu'il y va de la prospérité présente et de la paix future ! Croyez-en votre mère ; elle ne vous a pas trop mal avisé, jusqu'ici...

Le jeune monarque en convint volontiers. Sa mère avait toujours été pour lui du meilleur conseil.

— Ce que vous me demandez est malaisé, dit-il.

— Je ne prétends pas le contraire.

⁂

Ils étaient parvenus au seuil des appartements de Mme de Châteaubriant. Mais François montrait peu d'empressement à admettre sa mère en ce qu'il regardait sûrement comme une sorte de sanctuaire.

— Entrons, dit Madame, je m'en voudrais de différer vos plaisirs...

Il y avait dans sa voix comme une pointe d'envie. Le roi ne céda pas. Il poussa l'huis juste assez pour s'y glisser lui-même, et de la main droite, maintint sa mère au-dehors.

— Bonne nuit, madame. Je vais songer à tout cela.

— Sire ! Je n'en ai pas terminé !

— Demain, madame, demain.

— Enfin, vous allez m'écouter !

— Dormez bien...

Le panneau de chêne ciré se referma au nez de Louise.

Château de Saint-Germain.

Fin janvier, la reine Claude mit au monde son cinquième enfant vivant : Charles. Elle avait vingt-trois ans…

Pendant le jour et la nuit qui suivirent, des courriers partirent de Saint-Germain à destination de toutes les Cours d'Europe ; il s'agissait moins d'annoncer une nouvelle majeure – deux frères aînés de Charles assuraient déjà la postérité du roi – que de claironner à la face du monde, en ces temps de guerre contre l'Empire, l'étonnante vitalité de la Maison de France.

Le duc d'Alençon, pour la circonstance, avait mis ses propres messagers au service du palais, qui lui-même en disposait selon les besoins ; c'est ainsi que Gautier de Coisay, vers six heures du soir, se trouva sommé d'aller prendre ses ordres chez le grand sénéchal de Normandie.

— Savez-vous à qui je dois m'adresser ? demanda-t-il au vieux concierge qui, revêche, gardait l'entrée des appartements de Brézé.

— Restez ici, je vais me renseigner.

Après un moment, le vieil homme revint, radouci.

— On vous attend là-haut, dit-il.

Quand Gautier fut introduit dans l'antichambre du grand sénéchal, il comprit que la mission qu'on s'apprêtait à lui confier n'était pas tout à fait ordinaire. Plusieurs hommes d'armes attendaient en effet, arme au pied, la constitution d'une véritable escorte. Gautier se présenta, et les salua personnellement l'un après l'autre.

L'ordonnateur n'était pas Louis de Brézé – peut-être souffrant, ou retenu ailleurs – mais son épouse, la belle Diane. L'écuyer ne s'en étonna guère, dans une Cour où les dames – il avait pu s'en rendre compte – s'arrogeaient à peu près tous les pouvoirs.

— Vous êtes le chevaucheur ? demanda-t-elle sans préambule.

— Oui, madame.

— Vous paraissez bien jeune.

Gautier n'osa pas lui renvoyer la politesse.

— J'appartiens à la Maison de Mgr le duc d'Alençon...

— Je sais, merci.

Elle le fit entrer dans une petite pièce attenante, qui devait servir habituellement de chambre de veille, puis elle disparut.

Une heure passa. Gautier commençait à se demander s'il n'avait pas été, tout simplement, oublié, quand une jeune fille très belle, auréolée d'une chevelure d'archange, passa la tête à l'intérieur. Avec un sourire comme le cavalier n'en avait jamais vu – un sourire tendre, amusé, naïf, très frais et très mûr à la fois – elle lui proposa de prendre un en-cas avant de se mettre en route. Gautier sourit à son tour.

— Je me nourris fort bien de vos paroles et de votre sourire...

La jeune fille ne s'effaroucha pas.

— Je serais à votre place, je prendrais un en-cas plus substantiel. Il y a du vin et des salaisons à l'office.

En d'autres circonstances, Gautier aurait signalé qu'un Coisay n'avait rien à faire dans un quelconque office ; mais ce soir-là, le guide était si beau, la proposition si charmante, qu'il se contenta d'acquiescer, et suivit l'archange en silence.

— Je m'appelle Françoise, lui dit-elle en chemin. Françoise de Longwy.

Et comme, visiblement, il peinait à lui répondre, elle livra un peu vite une précision qu'en temps normal, elle aurait gardée pour elle.

— Je suis la nièce du roi.

— Vraiment ?

— Ma mère était bâtarde du comte d'Angoulême ; si vous préférez, la demi-sœur de Mme Marguerite et de Sa Majesté.

À ces mots de bâtarde et de demi-sœur, Gautier fronça les sourcils.

Il était tout juste attablé, ne quittant plus des yeux son charmant cicérone, quand un valet surgit à l'office pour le conduire de plus belle auprès de Mme de Brézé. Coisay retrouva sans plaisir la maîtresse des lieux.

— Monsieur, dit-elle avec toujours une pointe de sécheresse, je vous confie, au nom de la reine, une mission sensible. Vous allez porter cette missive à Mgr le duc de Bourbon, dans sa forteresse de Moulins. L'un de vos hommes d'armes connaît l'itinéraire. Bien entendu, vous remettrez ce pli en mains propres, et attendrez, pour revenir, la réponse que le connétable pourrait être amené à vous confier. Me suis-je bien fait comprendre ?

— Parfaitement, madame.

— Alors, je ne vous retiens pas.

Gautier reçut l'étui contenant la lettre royale, salua, sortit. Il dévala les marches jusqu'à la cour où l'attendait, déjà en selle, la petite escorte. Son nouvel emploi de messager lui plaisait, et jamais auparavant il n'avait éprouvé, au moment de se mettre en route, le moindre regret, la plus petite appréhension... Ce soir-là, ce fut tout différent ; et il sentit son cœur se serrer à l'idée de partir sans avoir revu l'archange aux cheveux d'or... Tandis qu'il contrôlait son paquetage, sa frustration devint même si vive qu'il dut faire un effort sérieux pour la surmonter.

Heureusement la Providence, qui veille parfois sur les amours naissantes, le récompensa de son stoïcisme. À peine les hommes d'armes franchissaient-ils le porche que Gautier aperçut, postée dans un œil-de-bœuf au coin du grand corps de logis, la belle Françoise qui l'attendait au passage. Il se redressa fièrement, lança quelques ordres brefs puis, se découvrant d'un geste fort ample, salua très bas celle qu'il eût rêvé d'attirer à sa suite vers un tout autre voyage.

Château de Saint-Germain.

Tous ceux qui fréquentaient Louise de Savoie savaient quelle peur s'emparait d'elle à la vue de ce qui, de près ou de loin, lui évoquait la mort – ne serait-ce que son lit... Aussi retardait-elle chaque soir l'échéance du coucher, au point parfois de ne s'assoupir, tout habillée, qu'aux premières lueurs de l'aube.

Du reste, à Saint-Germain, la chambre de Madame était, au beau milieu de la nuit, illuminée de cire ardente ; torchères et girandoles y supportaient une bonne centaine de bougies, dont le halo dansant faisait chatoyer le velours cerise des tentures et leurs galons d'argent.

— Avez-vous noté la nouvelle coiffure de la Châteaubriant ? Voilà qui est seyant !

— J'ai surtout noté sa mauvaise mine et son teint défait, laissa tomber, perfide, sa confidente.

Les nuits où, parmi les dames et demoiselles d'honneur, la petite Anne d'Heilly était de service, la mère du roi se sentait plus libre de prolonger ses veilles. Elle savait en effet la jeune fille avide de confidences et de papotages.

— Il ne manquerait plus qu'elle fasse beau visage ! Sa famille a conduit nos armées au bord du gouffre, et tous ceux qu'elle a fait nommer se sont effondrés comme des fromages ! Cette catin-là nous mènera aux pires désastres si mon fils ne se résout très vite à la chasser, et toute sa coterie avec elle !

Anne gloussait d'aise. À quinze ans à peine, elle était belle comme le jour, fraîche comme la rosée, menue comme l'oiseau du matin. Vive, rieuse, piquante, elle savait déjà, comme une femme faite, mettre en avant ses cheveux dorés relevés sur la nuque, sa gorge naissante, sa taille parfaitement souple. Elle avait commandé la traditionnelle décoction de marjolaine, plante réputée souveraine contre les insomnies. Mais pour l'heure, sa maîtresse paraissait plus en train que jamais – peut-être davantage qu'en plein jour lorsque, les yeux mi-clos, elle feignait la somnolence pour éprouver les nerfs de ses visiteurs. Madame s'acharnait à creuser le même sillon.

— Son frère, le maréchal de Lautrec, paraît bien embourbé dans son Milanais. Eh bien, qu'il y reste ! Tenez, je voudrais voir comment il s'y prend, en ce moment même, pour nourrir toutes ses troupes.

— Les moyens lui feraient-ils défaut ?

Louise posa sur la petite d'Heilly un regard ambigu.

— Ils pourraient venir à manquer, répondit-elle avec un dangereux sourire.

Un silence se fit, un rien pesant, durant lequel Anne d'Heilly servit elle-même les infusions dans de fines timbales de vermeil. Elle n'était pas dame à se montrer indiscrète, mais le ton d'énigme adopté par la mère du roi l'autorisait à insister – l'y invitait même.

— Pensez-vous, madame, que nous pourrions aller jusqu'à perdre le Milanais ?

— Et quand bien même ? rétorqua Louise. Ne sentez-vous pas, au fond, que ce rêve italien n'est qu'une chimère ? Et la plus sotte, et la plus coûteuse de toutes les chimères ?

En fait de tisane, Anne buvait du nectar : conférer de haute politique avec la mère du roi de France lui donnait un sentiment d'importance dont elle goûtait avec délice la moindre gorgée. Or Louise, cette nuit-là, était en verve.

— Depuis sept ans, ma petite, j'œuvre sans relâche pour que le règne de mon fils s'appuie sur un État solide, et qu'un jour, François puisse transmettre au dauphin le plus prospère des royaumes d'Occident. Croyez-vous, dès lors, que cela m'enchante de nous voir épuiser nos forces dans une guerre étrangère, motivée seulement par des questions d'orgueil ? Et que m'importe-t-il, à moi, que Charles de Habsbourg se soit fait élire empereur à Vienne ! À quoi rime cette course aux contrées lointaines ?

Sur un signe discret de la demoiselle d'honneur, des femmes de service étaient entrées pour encenser la pièce, bassiner le lit et préparer Madame à ce qui lui restait de nuit. La conversation n'en fut pas affectée.

— Le roi vous doit beaucoup, dit la jeune fille.

— C'est moi qui l'ai fait, ma petite. Fait de pied en cap ; de corps et d'esprit. Je l'ai enveloppé au berceau de l'idée qu'un jour, il régnerait ! J'ai forgé pour lui un sceptre, noué son alliance avec la fille du feu roi, attendu dans les affres le trépas de ce dernier… J'ai protégé le trône, assumé la régence il y a sept ans, et surtout fondé les bases de ce règne ! Aussi bien, j'exècre et abomine ceux qui, aujourd'hui, voudraient priver la Couronne de ce qui lui revient.

— Vous pensez à monsieur le connétable…

— Je pense à celle qui, derrière le connétable, fait passer les intérêts de sa famille avant ceux de la France.

La petite ouvrit grands ses yeux : on lui avait dit que Madame avait été, jadis, élevée par Anne de Beaujeu ; se pouvait-il, dès lors, qu'elle lui manquât de respect ? Louise lut dans ses pensées et devança son étonnement.

— Autrefois, j'ai respecté cette femme ! Je l'ai même adulée. Jusqu'à ce qu'elle vende la pureté de mes douze ans à un époux vicieux de trente-quatre !

Anne buvait les paroles de sa maîtresse. Louise donnait à présent le sentiment de vouloir s'assoupir, tandis que ses femmes dénouaient ses longs cheveux et les coiffaient avec application.

Elle reprit cependant, mais d'une voix éteinte.

— Son manoir de Chantelle ressemble au Paradis, ma petite. Mais c'est un paradis d'après la Faute. Ma famille est apparentée à Mme de Beaujeu ! Eh bien, cela m'autorise d'autant plus à déplorer que la fille en soit venue à saper l'œuvre du père.

Louise de Savoie faisait allusion aux efforts du roi Louis XI, jadis, pour agrandir le territoire de la Couronne ; il lui semblait que l'ancienne régente, quoique fille préférée de ce grand souverain, travaillait plutôt dans le sens opposé...

Il y eut un nouveau silence. Madame paraissait vaguement sommeiller ; en vérité, elle rêvait. Elle se rappelait le temps béni – c'était en 1505 – où séjournant à Moulins pour le mariage du petit Charles de Montpensier, celui même qui deviendrait le connétable de Bourbon, elle avait éprouvé le plus vif élan pour ce prince de quinze ans... À la simple idée de ces temps de grâce, Louise se sentit parcourue de frissons.

Cette année-là, deux ou trois jours avant les noces, elle n'avait pas hésité à initier, de volonté délibérée, le beau Charles au plus délicieux des devoirs ; elle conservait, intact, le souvenir de son jeune corps plein de sève. Dieu qu'il était gauche, alors, gauche et gracieux à la fois, et doux et brusque ! A présent Charles rejetait avec mépris sa demande en mariage – pire : il intriguait contre elle et contre le roi, son fils... Comme tout change, se disait Louise, comme tout se tourne et se défait dans le cours d'une vie !

La délicieuse Anne d'Heilly croyait sa maîtresse endormie quand elle eut la surprise de l'entendre murmurer.

Que disait-elle ?

Que le projet du roi Louis XI, son grand dessein français, serait mené à bien. Coûte que coûte.

Chapitre III

Printemps 1522

Manoir d'Anet.

Pour le grand sénéchal et sa jeune épouse, les beaux jours étaient devenus prétexte à se retrouver au vieux manoir d'Anet, demeure de brique et de pierre, avec ses tourelles, ses échauguettes, ses poivrières héritées de la guerre de Cent Ans. Le climat du Vexin, doux, presque tendre, enchantait ce cadre désuet, et donnait à ses hôtes le sentiment d'un bonheur plus accessible. De bon matin, Louis de Brézé suivait sa femme à travers bois, pour des courses roboratives. Comme dans les contes, sa monture était noire de charbon ; celle de Diane, blanche comme le lait… Ils évitaient soigneusement le manoir de Rouvres, où le père de Louis, Jacques de Brézé, avait tué sa mère un demi-siècle plus tôt : ayant trouvé sa femme, une des filles d'Agnès Sorel, au lit avec un de ses veneurs, il avait percé les amants de plus de cent coups de dague !

Les Brézé rentraient de leurs chevauchées fourbus mais ravis, et plus proches l'un de l'autre en dépit des quarante ans qui les séparaient. Quarante années… Qu'importait au vieux cavalier ! Grand veneur de France et donc chasseur invétéré, il conservait une forme étonnante. Certes, il apparaissait voûté, au point que certains l'aient dit bossu ; mais les épreuves de la vie n'avaient pas entamé sa vitalité. De larges mâchoires, un nez massif, des yeux pénétrants ajoutaient à la force de son allure. Mais à qui le connaissait bien, le comte de Maulevrier – c'était son titre – réservait des trésors de bienveillance et de compréhension. Rompu aux missions de bons offices, il savait à l'occasion se montrer charmeur, et n'avait pas mesuré sa peine pour se faire respecter et même chérir de la très jeune femme qu'Anne de Beaujeu lui avait procurée en secondes noces. Il était âgé, déjà, quand Diane lui avait donné son premier enfant ; et l'amour qu'il vouait maintenant à leurs deux filles n'en était que plus entier.

Les petites le sentaient. Françoise et Louise vivaient comme une fête chaque retour de leurs parents au vieux castel ; l'aînée surtout, du haut de ses quatre ans, savait mettre à profit la licence qui, fatalement, s'attachait à ces moments passés en famille. Couvant sa petite sœur, mais ne manquant aucune occasion de chahuter les servantes, elle s'était du reste trouvé un souffre-douleur dans la demoiselle de compagnie de sa mère. La complaisante Françoise de Longwy, si blonde et si bouclée, tellement pimpante dans ses robes ouvrant sur des cottes de taffetas, paraissait incapable de lui résister. En vérité, elle ne se pliait aux désirs de la petite diablesse que par souci de tromper son ennui, ou nostalgie de sa propre enfance...

Un matin qu'elle participait ainsi à une folle partie de cache-cache, Françoise en vint à se faufiler sous l'épaisse courtine d'un lit que personne n'occupait jamais. Elle s'y tenait immobile, jubilant à l'avance de la belle frayeur qu'elle allait procurer à la petite fille, quand elle entendit le sénéchal et sa femme entrer dans la pièce.

Ils évoquaient la visite prochaine du beau-frère du roi, le duc d'Alençon, gouverneur en titre de la Province. Cet échange, qui en d'autres temps l'aurait laissée insensible, captiva Françoise. Car dans la suite du duc d'Alençon figurait ce bel écuyer qu'elle avait rencontré le soir de la naissance du prince Charles, et aperçu de temps à autre par la suite, au gré des mouvements de la Cour. À chaque fois, elle l'avait trouvé plus à son goût ; et ce qu'elle avait pu apprendre sur lui l'avait confortée dans cette idée très personnelle : Gautier de Coisay n'était venu au monde que pour croiser son destin et vivre à ses côtés le restant de ses jours.

— Pourquoi s'embarrasser de toute la suite ? demandait Louis de Brézé à sa femme. Nous n'avons qu'à recevoir le prince à Nogent-le-Roi, en compagnie restreinte ! Le reste de l'escorte passera son chemin...

— C'est ici que nous devons l'honorer, insista Diane. Flattons-le, traitons-le en intime ! Il est le gouverneur de la province ; il est le beau-frère du roi ! Sa visite peut nous rapporter beaucoup... Alors, s'il faut, pour loger tout le monde, avoir recours aux fermes et aux granges des environs, eh bien nous devons y passer.

— Y passer, dites-vous ? Mais il me semble que vous savez ce que cela veut dire...

Le sénéchal, en prononçant ces mots égrillards, s'était avancé vers sa jeune épouse et, dans un mouvement qui devait leur être habituel, la basculait déjà sur le lit. Françoise ferma les yeux ; elle fut soudain au supplice. Mais puisqu'une indiscrète curiosité l'avait poussée à demeurer cachée, elle ne pouvait plus se trahir.

Quand Louis de Brézé se vautra sur sa pauvre femme, la demoiselle réprima un haut-le-cœur. Elle qui rêvait d'étreintes juvéniles ne pouvait que plaindre sa maîtresse d'avoir à satisfaire ce vieux mari passablement brutal. Françoise, pétrifiée, serrant les poings, retint son souffle pour assister, interdite, à un viol transmué en devoir conjugal par les sacrements du mariage… Heureusement, l'assaut du grand sénéchal, pour hardi qu'il fût, se révéla plutôt bref ; la place s'était rendue sans résistance ; le soldat put donc se rajuster sans tarder et, non sans gratifier sa belle d'un baiser, quitta la chambre en sifflotant pour cacher son essoufflement.

— Que faites-vous ici, Françoise ? demanda calmement la grande sénéchale, quand le pas de son époux se fut éloigné.

L'archange ne répondit pas. Diane insista.

— Je vous ai vue, vous savez… Du moins je vois un pan de votre robe. Vous jouiez à cache-cache avec ma fille, et vous n'avez pas osé vous manifester…

Françoise demeurait coite, immobile sous sa courtine. Diane de Brézé se releva et, rajustant ses effets, se dirigea vers la porte à son tour.

— Au moins, si cela peut vous dissuader de courir au mariage…

Restée seule, la jeune fille fondit en larmes. Elle mit un moment à reprendre ses esprits : la scène qu'elle avait surprise, la bestialité du rapport, les mots de sa maîtresse, tout cela suscitait en elle une gêne poisseuse. Elle tenta de concentrer ses pensées sur la grande nouvelle de la journée ; la perspective de revoir son bel écuyer dissipa quelque peu ses sombres pensées.

Forteresse de Chantelle.

Je n'ai jamais aimé le printemps, dit le connétable de Bourbon. Mais depuis l'an dernier, c'est une saison maudite pour moi : elle a emporté Suzanne et ravi ma joie de vivre.

— Allons, monseigneur, considérez la douceur de l'air ! Voyez comme Chantelle brille au soleil... Est-il rien d'aimable comme cela ?

— L'ami, je n'ai que faire de ton avis.

Le barbier se voûta, tel un gros mâtin rabroué. Il baissa les yeux et se concentra sur son rasoir à manche d'or. Car le précieux métal environnait le duc Charles jusque dans ses déplacements – fondu, tissé, tiré, brodé... Le prince, même lorsqu'il résidait chez Anne de Beaujeu, sa marraine et belle-mère, faisait suivre par chariots entiers bassins de vermeil et aiguières d'or repoussé.

Le gros homme tamponna les joues de son maître avec une serviette tiède ; une senteur de rose envahit la pièce.

— Apporte-moi donc un miroir, ordonna le duc.

Un page en livrée jaune paille devança le barbier, pour tendre à bout de bras un grand plat d'or poli.

Ce qu'y distingua Charles de Bourbon n'avait rien de réconfortant : lui, dont les poètes s'étaient évertués à vanter le fin visage et les traits délicats n'offrait plus, sous ses cheveux mi-longs, qu'une face amaigrie, passablement marquée par la fatigue et les soucis. Seuls les yeux noirs, mélancoliques à souhait, demeuraient intacts ; ils lui donnaient le plus troublant des regards.

Au fond du miroir, le duc entrevit le déplacement d'une portière, et l'irruption d'un reflet bleu dans son dos.

— Pompérant ! lança-t-il aussitôt. Apportez-vous quelque nouvelle ?

L'homme s'avança, s'inclina, tendit la main ; Charles interrompit son élan.

— Pas ici. Je vais vous voir en particulier.

Le connétable s'étira comme un chat, jeta au sol la grande serviette qui lui enserrait le cou ; puis il entraîna l'homme en bleu vers un dégagement tout proche.

— Vous venez de Moulins, devina-t-il.

Il se saisit du petit rouleau de cuir, l'ouvrit, décacheta le pli et se plongea dans sa lecture avec l'avidité de ceux qui attendent depuis longtemps un courrier d'importance. Il fut bientôt pris de sueurs froides et, d'un geste machinal, glissa directement le rouleau de papier dans sa manche de satin noir, pourfilée d'or.

— Vous retournerez chez M. de La Vauguyon, ordonna-t-il au messager. Ma réponse sera prête à deux heures de relevée[1].

L'homme s'inclina, rangea sous sa chamarre le tube de cuir vide, et quitta la pièce sans broncher. Le connétable demeura un moment le regard vide, à se

1. Deux heures de l'après-midi.

mordre les lèvres. Puis il gagna l'escalier menant tout droit chez sa marraine.

Depuis la mort de sa fille, l'illustre Anne de Beaujeu ne quittait plus la chambre, et guère le lit. Avant de se présenter, le filleul prit la peine de contrôler son aspect : après tant d'années, la fille de Louis XI continuait de lui faire impression comme personne. Elle l'entendit entrer.

— Approchez, Charles, approchez, mon enfant.

Anne de Beaujeu n'avait guère plus de soixante ans, mais elle en paraissait vingt de plus, tant les épreuves ultimes l'avaient flétrie. Vêtue de linon blanc sur le lin blanc de sa parure de lit, ses cheveux, tout blancs aussi, épandus sur l'oreiller autour de son visage, elle paraissait ne plus tenir à la vie que par le fil de ses devoirs ultimes en ce monde : mettre ses affaires en ordre, bénir les siens, prier Dieu...

— N'est-ce pas qu'il est beau ? dit-elle en désignant le duc au médecin Jean de l'Hospital, penché à son chevet. Beau mais triste...

Le connétable salua le maître en silence, et prit avec respect la main déjà froide de l'ancienne régente.

— Comment se porte aujourd'hui ma bonne-mère ?

— Comme au bord de la tombe : sereine et lasse.

— Vous ne devriez...

— Charles ! J'ai passé le temps des coquetteries. Vous êtes un gentil gendre, je le dirai jusqu'à la fin ; mais je connais mon état. Du reste, je connais aussi le vôtre, et devine aisément que, vous aussi, souffrez de son absence.

— C'est vrai.

— Ma fille n'était pourtant pas un être éclatant... Seulement elle était de ceux qu'on ne remplace pas.

Le duc se contenta de secouer la tête.

— Ma mère, en vérité je suis monté quérir votre conseil.

D'un geste, la princesse renvoya le médecin et son aide.

Quand ils furent sortis, elle interrogea Charles du regard. Il hésitait. La lettre qu'il venait de recevoir provenait en droite ligne de Charles Quint, et ne lui proposait rien moins que la main de la sœur de l'empereur. Autant dire que le Habsbourg l'invitait à trahir le Valois son maître, s'il désirait sauver ses vieux territoires et en récupérer de nouveaux...

Pour élaborer sa réponse, Charles aurait eu grand besoin de l'avis et des conseils de l'ancienne régente. Mais pouvait-il lui révéler le contenu d'une telle lettre, au risque de la tuer sous le coup de l'émotion ? Au risque, surtout, de voir cette mourante prendre trop vite un parti trop extrême... Charles, au dernier moment, choisit de biaiser.

— Vous savez que Madame nous attaque devant le Parlement de Paris...

— Cette Louise de Savoie ! fulmina la vieille princesse. Cette vipère que j'ai nourrie dans mon sein ! Ah ! la méchante ! La vilaine grande perche !

Charles souriait sous cape du soudain emportement de sa marraine. S'il avait eu l'ambition de lui rendre un peu d'énergie, la manœuvre était un succès.

— Madame rêvait de m'épouser, dit-il pour le seul plaisir de voir sa marraine pester de plus belle.

Anne haussa les épaules.

— Elle rêve surtout de votre fortune ! De notre fortune... Et de nos apanages, et de nos fiefs ! Cette femme est insatiable. Elle n'en aura jamais assez. La couronne elle-même, dont elle a pourtant ceint son fils, la couronne de saint Louis ne lui suffit pas.

Elle eut une quinte de toux qui redonna des couleurs à son visage. Ses grands yeux gris-de-lin étaient demeurés beaux, et leur noblesse impérieuse donnait une haute idée de la régente qu'elle avait dû être, quarante ans plus tôt, lorsqu'elle matait les nobles et défendait le trône de son jeune frère, Charles VIII. Ce sont ces yeux de chat qui, dans la pénombre du chevet, scrutèrent l'éclat des petites médailles entretenant le souvenir des enfants de Suzanne, tous morts au berceau.

— Les auriez-vous oubliés, Charles ?

— Ma mère !

— Auriez-vous jeté le voile sur ce que cette ogresse a fait subir à votre descendance ?

Anne cherchait à tâtons les mains de son filleul, pour les saisir avec force.

— Jurez-moi, Charles, de n'oublier jamais le mal que nous a fait cette horrible femme. Et jurez de nous venger.

— Ma mère...

— Jurez !

D'une voix brisée, le connétable articula tout bas les mots fatidiques.

— Je vous le jure.

Il détourna vivement la tête pour dissimuler son aigreur. Elle avait fermé les yeux et soupirait profondément.

— Je ne regrette qu'une chose : c'est d'avoir renoncé à vous envoyer à Paris, lorsque mon mari est mort... Vous n'aviez alors que quinze ans, certes ; mais vous auriez prêté hommage au roi Louis XII. Votre qualité de duc de Bourbon eût alors été reconnue ; et nous n'en serions pas là...

— N'ayez aucun regret, ma mère. Cela n'aurait sûrement rien changé.

La vieille dame ferma les yeux.

— Je m'en vais, souffla-t-elle, je m'en vais doucement, mais sûrement. Or je veux être certaine qu'après moi, les terres des Bourbons ne vous seront point arrachées !

Une angoisse perçait dans sa voix.

— Remariez-vous, mon enfant, remariez-vous très vite et faites-nous de petits Bourbons ! Je ne serai plus ici pour les élever, mais je vous promets que, de là où le Bon Dieu m'aura mise, je veillerai sur eux comme sur vous.

— Il n'est point temps...

— Il est grand temps, au contraire ! Trouvez-nous donc une femme, Charles !

Le duc de Bourbon considéra que le moment était venu, peut-être, de révéler à sa belle-mère la teneur de cette maudite lettre... Mais comment s'y prendre ?

— J'ai revu hier Jean de Saint-Vallier, dit-il. Il m'a supplié, encore une fois, de demander à la reine la main de sa jeune sœur.

— Sa jeune sœur ?

— Oui, la petite Renée de France.

— Ha ! Votre Saint-Vallier ne vient jamais ici qu'en mission ! Dites-vous bien que s'il vous propose cela, c'est qu'on l'a prié de le faire. D'ailleurs sa fille a l'amitié de la reine Claude... Diane de Brézé ! Je l'ai faite, comme les autres...

— J'avais l'intention d'accepter.

— Non, Charles ! N'en faites rien. Vous avez mieux à espérer.

Sur quoi elle ferma les yeux, finit par s'assoupir. Le duc de Bourbon en profita pour se retirer, sur la pointe des pieds.

La lettre de Madrid n'avait pas quitté sa manche.

Manoir d'Anet.

Le festin en l'honneur du duc d'Alençon et de sa suite parut en tous points somptueux. De grandes tables avaient été dressées, couvertes de nappes brodées, amidonnées. Devant le duc et le sénéchal, un formidable surtout d'argent représentait tout un combat naval. On passa, du reste, le plus clair du repas à deviser sur la guerre en cours. Les confidences du prince étaient protégées par le bruit des autres causeries, mais aussi par la musique d'une bande assez fournie de joueurs de hautbois, luths, flûtes et cornets.

⁂

La récente campagne italienne venait, pour la France, de se solder par un nouveau désastre. Tout avait pourtant commencé dans la confiance... François Ier, bien décidé à reprendre Milan perdue la saison précédente, avait fait lever dans ce but plus de seize mille mercenaires au sein des cantons helvétiques. Il plaça cette armée sous les ordres du maréchal de Lautrec – un frère de Mme de Châteaubriant, sa favorite. Le jeune capitaine chargé du recrutement en Suisse, Anne de Montmorency[1], était un protégé de Brézé ; du reste, c'est par lui que le grand sénéchal avait pu suivre les opérations, et deviner l'incurie du commandement.

— M. de Lautrec, dit-il au duc d'Alençon, avait pour lui une armée puissante. Le malheur, monseigneur, est qu'il n'ait su qu'en faire !

— Lautrec se voyait déjà dans Milan... Je crois qu'il a failli réussir. Après tout, Novare a été prise, et bien prise...

— C'est le jeune Montmorency qui a repris Novare. Et dans des conditions héroïques, encore !

Le prince estimait la bravoure ; mais il était d'abord soucieux de trouver des excuses au clan Châteaubriant.

— Après une telle mise en jambe, on comprend que le maréchal ait eu envie d'aller prendre Pavie.

— Si ce n'est qu'il y a loin, parfois, de l'envie à l'effet...

— Que voulez-vous, cher sénéchal ? On ne peut triompher à chaque fois !

— Il se trouve, monseigneur, qu'ayant échoué à Pavie, Lautrec a reflué vers Milan, puis est revenu jusqu'à Pavie ! Cet homme-là, semble-t-il, ne savait guère ce qu'il voulait...

— Ce que voulait Lautrec ? Mais pardi : rependre le Milanais !

— Seulement il nous l'a fait perdre, trancha Brézé dans un accès de soudaine sévérité. Les Impériaux ont profité de notre indécision. Ils ont fait leur jonction et se sont retranchés dans cette maudite Bicoque[14] – ce qu'ils avaient de mieux à faire, du reste, en attendant le printemps...

1. Anne était alors un prénom mixte.

Mais le duc d'Alençon s'ingéniait à nier l'évidence.

— Jamais, de lui-même, M. de Lautrec ne se serait attaqué à La Bicoque...

— Néanmoins il l'a fait. Pour notre malheur.

Louis jeta un regard furtif en direction de son épouse qui, tout en feignant l'indifférence, ne perdait pas une miette de leur échange. Il concevait un secret amusement de l'étrange passion de Diane pour la politique et les grandes affaires. Le prince reprit.

— À ce qu'on dit, ce sont les Suisses qui auraient contraint Lautrec à attaquer !

— Monseigneur, vous savez mieux que moi qu'un bon général doit maîtriser ses troupes.

— Bien sûr, bien sûr... Mais savez-vous pourquoi, aussi, les piqueurs d'Helvétie ne tenaient plus en place ? Parce qu'ils n'étaient pas payés !

— C'est ce que l'on murmure, concéda Louis de Brézé.

— Des soldats sans solde ne pensent plus qu'au butin !

— Admettons, je vous l'accorde.

Le sénéchal songea que, pour une fois, le prince approchait peut-être d'une vérité... Or celui-ci n'était plus très loin de livrer le fond de sa pensée.

— Il se dit même que la Cour n'aurait pas facilité l'acheminement des fonds dont M. de Lautrec avait un besoin vital. Quand je dis « la Cour », je sous-entends « Madame »

Le sénéchal ne le suivit nullement sur ce terrain glissant.

— Quelle que soit l'excuse, conclut-il, nous venons de connaître une déroute. Nous avions perdu Milan, nous sommes maintenant exclus du Milanais tout entier. Je crois que La Bicoque vient de sonner le glas de nos ambitions italiennes.

— Mais pensez-vous !

Le beau-frère du roi haussait les épaules.

— Sa Majesté ne se laissera pas vaincre aussi facilement.

M. de Brézé n'eut pas la cruauté de demander à son hôte par quels moyens le roi comptait reprendre l'avantage.

❊

À l'issue du festin, les tables une fois escamotées, il appartenait à l'illustre convive d'ouvrir le bal avec la maîtresse de maison. Le duc d'Alençon ne se fit pas prier ; il mena la grande sénéchale en une pavane aussi grave, aussi empesée que possible, mais où Diane fit montre, comme toujours, d'une noblesse très au-dessus du commun. Tant il était vrai que chez elle, l'agilité de l'esprit ne le cédait en rien à celle du corps.

Forteresse de Chantelle.

À Chantelle, un escadron de dames avait investi la chambre d'Anne de Beaujeu. Pendant qu'on la coiffait, qu'on la parait, des valets firent entrer, par la double porte, une litière aux rideaux blanc et or. La princesse voulut bien s'y laisser installer ; quatre porteurs soulevèrent ensuite le brancard, et au prix de longues manœuvres dans l'escalier abrupt, emmenèrent leur précieux chargement jusqu'à la terrasse en à-pic sur le ravin. Quand on eut rouvert les rideaux devant les collines de son cher Bourbonnais, Anne de Beaujeu joignit les mains devant ses lèvres passées au rouge, et ouvrit des yeux émerveillés sur un paysage, il est vrai, grandiose. Le connétable était à ses côtés.

— On pourrait croire que vous voyez cela pour la première fois, s'étonna-t-il.

— Ou pour la dernière… Ces buttes-là sont nos os, mon fils, et ces terres, notre moelle ! Tâchez de ne jamais l'oublier.

— Et vous, tâchez donc de ne pas prendre froid, dit-il en ajustant une étole de loup-cervier aux épaules de la princesse.

Anne de France s'appuya mollement aux coussins de la litière ; elle contempla de loin chaque arbre, chaque ruisseau, puis ferma les yeux et s'abandonna au chant des oiseaux. Un rayon de soleil réchauffait ses jambes ankylosées.

⁂

— Charles ?

— Ma mère.

— J'ai fait de vous mon légataire unique.

La chose étant prévue depuis neuf mois déjà, le connétable se contenta d'acquiescer. Elle poursuivit.

— Vous allez hériter bientôt Gien, Cariât et Murât. En plus des duchés de Bourbon et d'Auvergne, des comtés de Clermont et Forez, des vicomtés et seigneuries de Châtellerault, de Beaujolais, d'Annonay, de Bourbon-Lancy, de Roche-en-Régnier ! Tout cela pour vous, mon petit ! De sorte que, si le roi de France et sa mère persistent à vous chercher des poux dans la tête, il leur faudra démêler toute une tignasse !

Elle serra les mâchoires, rouvrit les paupières ; ses yeux gris, brillants, nerveux, étaient ceux d'une fille de vingt ans.

— Ma Suzanne a eu bien de la chance de pouvoir vous serrer dans ses bras, mon petit Charles. Vous ai-je dit que, parfois, je me suis surprise à l'envier ?

— Ma mère !

— C'est pourtant vrai ! Mon mari était un excellent prince ; simplement il était Jupiter plus qu'Apollon ; et il avait vingt ans de plus que moi... Charles ?

— Plaît-il ?

— Louise de Savoie aussi vous a connu, n'est-ce pas ?

— Une fois.

— Elle a été la première...

— Oui.
— C'est bien ce que je pensais.

Les courtisans du connétable, ameutés par les manœuvres dans l'escalier, avaient fini par approcher, à la manière de moineaux venant grappiller les miettes d'un dîneur. Ils firent bientôt cercle autour de la litière. La plupart étaient impatients de constater l'état de la fille de Louis XI, qui depuis des mois vivait comme recluse en ses appartements. La princesse sourit poliment aux uns et aux autres, et voulut bien satisfaire à leur curiosité.

— Monsieur de Lurcy ! appela-t-elle.

— Madame ?

Un gentilhomme s'était détaché du petit groupe pour venir s'incliner devant la litière.

— Monsieur de Lurcy, n'est-ce pas que la journée est agréable...

— Fort agréable, madame.

L'échange en resta là. D'un geste poli mais ferme, le duc de Bourbon fit signe aux curieux de se retirer. C'est alors que se produisit l'inattendu : les courtisans, spontanément, se mirent à applaudir – applaudir en sourdine d'abord, puis de plus en plus fort, à mesure qu'Anne de France les encourageait par ses saluts et ses grâces. À la fin, le connétable lui-même battait des mains.

— Tous ces gens vous adorent, dit-il quand l'assistance se fut égaillée.

— Oui ! Comme on adore une vieille idole... Mais c'est à vous, maintenant, qu'ils doivent obéissance et loyauté.

Charles s'accroupit au chevet de sa marraine et commença de lui parler bas, si bas qu'elle-même dut faire un effort pour entendre.

— Je vous ai menti, ce matin.

— Je m'en doute !

— Au vrai, il faut que vous sachiez que l'empereur m'a fait proposer par La Vauguyon la main de sa sœur Éléonore. La reine du Portugal.

— Bien.

— C'est une invitation lourde de conséquences, et qui vise à me faire entrer dans une alliance contre le roi François.

— Fort bien.

— Cela fait plusieurs mois, maintenant, que l'empereur et le roi d'Angleterre me font des avances à peine voilées. Pour tout dire, je crois qu'ils me verraient assez bien tous deux dans la peau d'un traître.

— Où serait la traîtrise ?

— Je suis connétable de France, madame, et j'ai juré fidélité...

—à un suzerain qui vous délaisse, vous maltraite et cherche à vous déposséder ! N'oubliez jamais, mon fils, que l'empereur est à nos yeux le véritable héritier de la Bourgogne, et qu'il existe un pacte séculaire entre Bourguignons et Bourbons.

Le duc Charles soupira douloureusement. Il se releva, fit quelques pas jusqu'au rempart, en bordure du ravin. Dans son dos, sa belle-mère s'était redressée dans la litière et, d'une voix devenue forte, posa la seule question utile.

— Avez-vous donné votre réponse ?

— Joachim de Pompérant vient de partir la porter.

— Et quelle est-elle ?

— J'ai décliné... Poliment.

— Au diable votre politesse !

Charles se retourna. La douairière, défigurée soudain par la colère, venait en un instant de retrouver la fougue et l'autorité de la régente.

— Il n'est pas trop tard, rugit-elle. Faites lancer des chevaucheurs avec ordre d'intercepter ce message ! Et si cela ne se peut, qu'ils aillent eux-mêmes chez La

Vauguyon et l'avertissent que vous voulez un peu de temps pour reconsidérer l'offre de l'empereur.

Le connétable secoua la tête. Puis il soupira plusieurs fois de façon très sonore, et se résolut à héler son intendant ; il lui répercuta l'ordre de l'ancienne régente. Mot pour mot. Il paraissait perplexe, néanmoins, et cherchait manifestement un appui dans le regard de sa marraine.

— Mon pauvre Charles, lâcha-t-elle mi-courroucée, mi-railleuse. Je me demande ce que vous ferez quand je ne serai plus là.

— Vous serez là longtemps encore.

Les yeux pâles d'Anne de Beaujeu s'abreuvaient des lointains bleutés de son Bourbonnais.

— Je ne crois pas.

Manoir d'Anet.

Les danseurs d'Anet avaient envahi le carrelage jonché d'herbes odorantes. La bande des musiciens attaqua deux ou trois branles, dans le but de leur dégourdir les jambes. C'était une danse animée, joyeuse : au centre d'une vaste ronde, un couple exécutait des figures que les autres, aussitôt, reprenaient en cadence.

Serré parmi ceux qui ne dansaient pas, le jeune Gautier de Coisay chercha des yeux cette jolie blonde qui, depuis le matin, n'avait cessé de lui jeter des regards à la dérobée. Ce teint lumineux, ce sourire angélique, ne lui semblaient pas inconnus. Il était même à peu près sûr de les avoir déjà remarqués – peut-être chez Mme Marguerite... Comment s'appelait-elle ? L'écuyer comptait ses bonnes fortunes au saut des girouettes ; en général, peu lui importaient les noms.

Tout à coup, il la repéra, qui dansait au bras d'un gentilhomme de la suite. Elle paraissait rêveuse, absente même ; et Gautier eut la vanité de croire que c'était à lui qu'elle songeait...

— Qui est donc cette jolie personne ? demanda-t-il à un ami des Brézé. La connaissez-vous ?

— Et comment ! C'est Françoise de Longwy, répondit le barbon. Elle est très liée à la grande sénéchale.

C'était donc ça... Le jeune homme se rappelait, à présent, qu'il avait eu, quatre mois plus tôt, commerce galant avec la jouvencelle. C'était à Saint-Germain, le soir de la naissance du prince Charles – juste avant son départ pour Moulins... Ce soir-là, il avait pensé rencontrer l'amour ; puis d'autres galanteries avaient chassé celle-là de son esprit.

Voyant se préparer un « branle du chapelet », au cours duquel les cavaliers désignent des dames en les coiffant d'une couronne de fleurs, il courut se mettre sur les rangs. La danse commença.

Quand, après quelques voltes et plusieurs tours, la petite couronne échut à Gautier, il feignit un moment d'hésiter sur le parti à choisir, au grand amusement de l'assistance ; puis, passant près de son admiratrice, il déposa les roses tressées sur sa chevelure d'or, non sans un brin de désinvolture... Françoise manqua de trébucher. Son visage s'empourpra si fort que ses voisines échangèrent des sourires entendus. Le jeune homme profita de cette petite faiblesse pour la soutenir discrètement. La jeune fille ne s'y opposa pas.

Après toutes sortes de danses, Gautier reprit l'initiative.

— Ne trouvez-vous pas qu'il fait ici une chaleur affreuse ?

— Vous avez raison, admit-elle.

— Si nous sortions un moment...

— Je n'osais vous le proposer.

Alors qu'ils se faufilaient parmi les danseurs, le beau parleur décocha la première de ses terribles flèches.

— En vérité, je ne pense qu'à vous depuis la dernière fois.

— Allons, monsieur !

— Puisque je vous le dis ! Suivez-moi, j'ai des secrets à vous confier.

Ils ne tardèrent pas à trouver refuge en un dégagement où s'entassaient, dans l'ombre, les coffres dont on avait extrait la vaisselle d'argent des Brézé.

— Vous n'êtes pas raisonnable, grondait la belle Françoise tout en abandonnant déjà son bras nu au garçon qui, dans l'attitude du gentilhomme entreprenant, le couvrait patiemment de tout petits baisers. Jusqu'au coude d'abord, puis un tantinet au-dessus...

— Monsieur ! Non, vous me mettez au supplice !

— Cela ne fait pas trop mal, au moins ? La torture est supportable ?

— Non ! Arrêtez cela...

Les lèvres de l'écuyer, après avoir effleuré une épaule soyeuse, descendaient hardiment vers le creux du cou. De ses yeux vifs aux grands cils, il scrutait sa victime avec avidité. La jeune fille frissonna de désir.

— Gautier, non ! redit-elle sur un ton de plus en plus théorique.

Lui, donnait le sentiment de s'amuser. Ses lèvres étaient désormais à portée de celles, si charnues, si bien dessinées, de Françoise. Il allait s'abandonner à des songes très doux quand une gifle le ramena sur terre. La jouvencelle avait su réagir, mais ce fut pour fondre en larmes aussitôt. Le damoiseau feignit la colère.

— Je n'ai pas fait tout ce chemin vers vous pour me laisser souffleter, protesta-t-il.

— Oh, pardon, pardon... Mais enfin, puisque je vous dis que je ne suis pas libre ! On n'épouse pas qui l'on veut dans ma position !

Il l'observa tout un moment, prenant bien soin de garder le silence.

— Si je me donnais à vous, demanda Françoise à toutes fins utiles, jurez-vous que vous m'épouseriez ?

Cette fois, c'est lui qui regimba.

— Pas si vite !

— Pardon ?

— Je dis : pas si vite. Il est normal que vous résistiez un peu…

Ses lèvres étaient de nouveau tout près de celles de la jeune fille.

— Résistez donc, mais sans me frapper ! Faites cela gentiment !

Avant qu'elle ait pu réagir, il l'embrassa à pleine bouche, et profita de sa surprise pour l'acculer contre un coffre qui paraissait plus grand que les autres, à défaut d'être plus confortable. De sa main libre, il caressait tout le corps de Françoise, maintenant sans défense.

Mais un maître d'hôtel, attiré peut-être par des soupirs amoureux, fit irruption dans la resserre.

— Qui est là ? Qu'est-ce donc ?

Françoise eut tout juste le temps de plonger derrière le coffre. Quant à Gautier, se rajustant de son mieux, il sortit en s'époussetant, et gratifia l'intrus du plus insouciant des sourires.

Le jeune écuyer ne tarda pas à s'apercevoir que les danseurs venaient de déserter le bal, et qu'une tension anormale régnait à présent parmi les valets.

— Que se passe-t-il ? demanda-t-il à un frotteur.

— Encore la guerre, répondit l'homme.

Sans même prendre congé de son archange, le sieur de Coisay regagna ses quartiers au plus vite. À la mine excédée du chambellan, il comprit qu'on l'avait cherché.

— Où étiez-vous fourré, Coisay ? J'ai besoin de vous !

— Monsieur, je...

— Qu'importe ! Sellez vite un cheval !

Puis le chambellan lui ordonna de partir sans délai pour Lyon, où séjournait la Cour ; on venait en effet d'apprendre – avec deux ou trois jours d'avance sur le roi – que le gros Henry VIII d'Angleterre, oubliant le Camp du Drap d'or et jetant bas tous les masques, était passé bel et bien dans le camp impérial, et que cette fois, ouvertement, il déclarait la guerre à la France.

Chapitre IV

Été 1522

Palais de Lyon.

La pluie ruisselait aux verrières. Ses reflets dessinaient de curieuses ridules mouvantes sur le visage de Marguerite, brouillant ses traits singuliers. Depuis l'installation de la Cour à Lyon, la princesse passait le plus clair de son temps en compagnie de sa mère. Ce jour-là, feuilletant un paquet de lettres, elle lui rappelait les avantages de faire lire aux chrétiens l'Évangile dans le texte, et non dans ces versions abâtardies qui n'évoquaient plus rien à personne. Elle répercutait, ce faisant, les conseils que Mgr Briçonnet, l'infatigable évêque de Meaux, lui prodiguait à longueur d'épîtres.

— Le bon père m'écrit que le feu, le vrai feu est dans notre cœur ; dans le mien, dans le vôtre, dans celui du roi...

Elle se tourna vers sa mère.

— Il nous recommande aussi les écrits de Lefèvre d'Etaples. Saviez-vous que ce maître avait rejoint Meaux ?

— Meaux est un foyer de jacqueries, répondit Madame. Beaucoup de grains, beaucoup de laine... Il faut se méfier de ces cardeurs et autres ouvriers.

— Et s'ils étaient appelés, tout au contraire, à former le levain d'une foi régénérée ?

— La religion est une chose, ma fille. La politique en est une autre.

— Je ne parlais pas de politique.

— Il convient d'en parler toujours. Personne n'y échappe : même le nouveau pape est un ancien conseiller de l'empereur Charles !

— Je ne dis pas autre chose...

— Marguerite, enfin ! Le royaume est en guerre ; nos frontières sont menacées, les Anglais seront bientôt en Picardie... Partout rôde la famine qui fait, comme chacun sait, le lit des épidémies. Paris nous mégote ses deniers, des brigands saignent nos provinces – et vous, ma fille, m'entretenez de théologie !

Marguerite s'apprêtait à répliquer, mais sa mère ne lui en laissa pas le temps.

— Un jour, vous comprendrez, mon enfant. Vous êtes déliée, fine même ; la politique n'aura pour vous aucun secret... En votre sang, ma chérie, je reconnais le mien, plus peut-être que chez votre frère...

— Mère !

— Allons... Apportez-moi donc ce carreau, conclut-elle en désignant un grand coussin de velours frappé. Placez-le dans mon dos, si vous pouvez.

Madame était, ce jour-là, sujette à l'une de ces crises de goutte qui, régulièrement, la terrassaient. Clouée au lit de repos qu'elle avait fait installer dans sa chambre, elle tâchait de soulager ses douleurs à l'aide d'une huile au genévrier dont le parfum piquant embaumait l'espace. Pour rien au monde elle n'aurait consenti à s'aliter vraiment ; c'eût été, à ses yeux, une première concession à la mort qu'elle redoutait tellement.

— Marguerite, reprit-elle en attrapant la main de cette fille qu'elle admirait, quoique sans la comprendre toujours ; il faut que je vous confie ce qui m'inquiète et me perturbe.

— Oui, mère, dites-moi.

— Il s'agit du retour de ce mauvais Lautrec. Voilà des semaines que j'intriguais pour le tenir loin de votre frère. Et voilà que le connétable qui se proclame désormais mon ennemi – quand c'est moi qui devrais lui en vouloir – voilà que le duc de Bourbon profite de notre séjour ici pour s'annoncer à la Cour et nous rapporter cet incapable dans ses charrois ! Je sais le roi remonté contre les frères de la Châteaubriant ; j'ai mesuré la force de son ressentiment pour ces gens-là. Mais dans le même temps, je connais mon fils ; il est si prompt à changer d'avis ! Le savoir, en ce moment même, en train de conférer avec cet homme-là, voilà ce qui me crucifie.

En vérité, un étage plus bas, l'audience de Lautrec avait pris fin depuis longtemps, laissant le roi surpris, choqué même de ce qu'il y avait appris. A peine le maréchal avait-il quitté la pièce que le roi, toute affaire cessante, avait convoqué M. de Semblançay, général des Finances.

La prestance du baron n'impressionnait nullement son maître. D'ailleurs, depuis que la Cour résidait à Lyon, François avait pris l'habitude de le recevoir plus souvent, de manière informelle, afin de se familiariser à ces matières jusque-là captées par sa mère.

— Semblançay, lança-t-il sans lui proposer de s'asseoir, vous avez eu, n'est-ce pas, beaucoup de mal, l'hiver dernier, à réunir des fonds pour M. de Lautrec.

— Oui, sire.

— Cependant vous y êtes parvenu. Je vous en félicite.

Dehors, la pluie venait de redoubler ; elle tambourinait en grêle aux carreaux.

— Il y a moins d'un an, poursuivit le roi en levant un moment le nez de ses papiers, nous avions promis, vous et moi, à M. de Lautrec qu'il trouverait de l'argent à Milan ; et que si, l'argent d'Italie venait à manquer, le Languedoc y suppléerait. C'est bien cela ?

— Oui, sire, exactement.

— Dites-moi si je fais erreur : les banquiers de Florence ont préféré, en fin de compte, prêter à l'empereur plutôt que me tenir parole...

— Hélas, sire !

— Et cependant vous avez trouvé d'autres fonds. Vous rappelez-vous le montant des sommes affectées aux armées d'outremonts ?

— Plus ou moins quatre cent mille écus.

— Quatre cent mille écus !

Le roi ne s'intéressait plus aux liasses ; pâle de colère contenue, il fixait à présent son trésorier dans les yeux.

— Voyez-vous, je viens de recevoir M. de Lautrec en audience. Eh bien, aussi aberrant que cela paraisse, il m'a juré n'en avoir jamais vu la couleur ! Quatre cent mille écus.

La voix du roi résonnait sous la voûte. Le baron répondit du ton le plus uni.

— Cela n'est guère étonnant, sire.

— Ah non ? Mais alors, comment expliquez-vous ce prodige ?

François avait frappé la table du poing. Sa barbe frémissait maintenant d'une irritation impossible à cacher. Le baron désigna discrètement les secrétaires. Le roi comprit ; il pria tout le monde de sortir et de s'éloigner des portes. Alors le grand commis se sentit libre de tout révéler à son maître.

— Eh bien voilà... Les quatre cent mille écus ont bien été réunis ; seulement ils n'ont jamais franchi les monts.

— Je crois bien, toussa le roi. Et pourquoi cela, je vous prie ?

— La question de Votre Majesté me place dans une situation délicate...

— Parlez, Semblaçay, dites-moi tout !

— C'est-à-dire... Autant que vous le sachiez : Madame avait réclamé la même somme entre-temps.

— Réclamé ? Ma mère ?

— Disons que Madame a dû solliciter pour son usage les fonds initialement destinés au maréchal. Selon les propres directives de Votre Majesté, je n'ai pu faire autrement qu'accéder à ses augustes instances...

Le roi scruta son grand commis d'un regard noir. Ses longues paupières en amande lui conféraient, lorsqu'il était en colère, des airs de satrape ou de grand vizir.

— Allons, disparaissez ! ordonna-t-il. Je vous ferai connaître mes arrêts en temps voulu.

Le baron, impassible en apparence, s'inclina profondément avant de quitter le cabinet.

Le roi demeura seul quelques minutes, respirant fort. Tout à coup, il repoussa son fauteuil, se leva, le regard fixe, et se rendit tout droit chez sa mère.

Cathédrale de Rouen.

Incensum istud dignetur Dominus benedicere, et in odorem suavitatis accipere.

Des volutes d'encens, blanches et grasses, montèrent vers les voûtes, où elles s'étiolèrent en un voile opaque, avant de répandre leurs puissants effluves sur la foule recueillie, serrée debout. En ce jour d'Assomption, la cathédrale de Rouen avait revêtu ses atours de fête ; des centaines de cierges y brûlaient en dépit du jour ; et l'on avait jonché le sol de tout petits branchages en guise de tapis. C'est que cette grand-messe rassemblait la ville entière autour de ses pasteurs et de ses maîtres. Le cardinal-archevêque et tout son chapitre, parés de lourdes chasubles, la voulaient solennelle, grandiose – comme un avant-goût du Jugement dernier.

Rouen, deuxième ville du royaume et l'une des plus actives d'Europe, manifestait ainsi sa puissance. À la croisée du transept, entre la nef où se pressaient les laïcs, et le chœur, dévolu aux clercs, s'alignaient derrière d'opulents prie-dieu le grand sénéchal de Normandie, son épouse et son beau-père, parmi quelques autres sommités dont le représentant du duc d'Alençon, gouverneur de la province. Tous incarnaient la sujétion des instances civiles aux autorités religieuses et partant, celle du trône à l'autel.

À peine visible sous ses voiles pourtant très fins, la belle Diane donnait le sentiment d'être la fille de son mari et l'épouse de son père. Il est vrai que Jean de Saint-Vallier comptait quinze ans de moins que son gendre, et que Louis de Brézé ne faisait aucun effort pour se rajeunir. Pour l'heure, abîmé dans ses prières, il semblait impassible à l'incessant bavardage du père de Diane.

— Ma petite fille, chuchotait le gentilhomme, je vous aurais crue plus curieuse d'apprendre ce qui s'est dit à Lyon, chez Madame…

— Je ne savais pas que Madame vous avait reçu !

Saint-Vallier se rengorgea.

— Le motif de l'audience m'était offert par la mort, à La Bicoque, du jeune Miolans, et par le sort que la Maison de Savoie entend réserver à son orpheline.

— Parlez plus bas, dit Diane.

— Oui… Je vous ai dit, reprit-il en sourdine, que l'on a bien voulu approuver un projet de mariage de cette enfant avec votre frère Guillaume. Seulement… Ce que vous ne savez peut-être pas, c'est que voyant la mère du roi si bien disposée, j'ai profité de l'entrevue pour évoquer une autre affaire.

La grande sénéchale s'affaissa sur son prie-dieu, sans que sa piété – certes irréprochable – en fût la cause. Son père poursuivait.

— J'ai cru pouvoir m'ouvrir à Madame d'un vieux procès qui oppose notre famille à la Couronne. Ne me regardez pas comme cela ; n'étais-je pas dans mon droit ?

— Parlez plus bas, dit Diane.

— Pardon... Du reste, Madame s'est montrée conciliante. « Fiez-vous à moi, je ferai vider votre procès » : ce sont là ses propres termes. Nous verrons ce qu'il en advient. En attendant vous ne trouvez pas que votre père a bien fait ?

Si Jean de Saint-Vallier espérait des compliments, ils ne vinrent pas.

— Alors, je suis allé plus loin.

Diane sentit son estomac se nouer. Son père s'échauffait tout seul.

— Ne sommes-nous pas, ma petite fille, liés par un pacte, vous et moi ?

Il attendait un signe de connivence qui ne vint pas.

— Il se trouve, reprit-il, que je me suis investi sans compter dans la dernière campagne en Italie, et que cette petite aventure m'a tout de même coûté quarante mille livres. Quarante mille livres qui viennent s'ajouter à tout le reste !

— De grâce, parlez moins fort !

— Je ne suis pas le seul à parler.

De fait, un bourdonnement s'amplifiait dans la nef, à mesure qu'avançait la messe ; l'assistance, de moins en moins recueillie, en venait même à déambuler dans la cathédrale, échangeant de discrets saluts et de petites nouvelles...

C'est Diane de Brézé qui relança l'échange.

— Et que vous a répondu Madame ?

— Eh bien, justement : des choses peu engageantes.

— Mais encore ?

— Vous voyez : c'est vous qui me poussez au bavardage ! Réponse de Madame : « Je solde vos frais, mais à la condition que vous m'aidiez à lancer le connétable contre ces bandes de brigands qui mettent à sac des provinces entières. » Enfin ! Vous qui connaissez votre père ; l'imaginez-vous en sergent de prévôt ?

Diane pensa que Madame avait trouvé ce moyen d'occuper le connétable, et d'éviter qu'il ne se laissât séduire par une alliance éventuelle avec l'Empire ou l'Angleterre.

— Vous avez refusé ?

Cette fois, la question venait du grand sénéchal lui-même, dont l'oreille avait dû traîner…

— Évidemment !

Jean de Saint-Vallier releva le menton ; un sourire illuminait son frais visage ; il semblait tout content de son coup d'éclat. Le vieux gendre insista, cependant.

— Et le connétable ? Vous lui avez fait part de la proposition ?

— Monseigneur a trouvé, comme moi, que ce serait mal employer son fer. Et je crois pouvoir dire qu'il a pris ce marchandage de travers…

Le grand sénéchal, soudain plus qu'intéressé, céda sa place à sa femme pour se rapprocher du bavard. Un prie-dieu demeurait vide au bout de la rangée, dans l'attente d'un fidèle en retard.

— Dites-moi, mon cher – il n'osait l'appeler « mon père » –, vous avez donc vu le connétable après votre audience chez Madame…

— Monseigneur m'avait convié à Moulins pour banqueter, concéda-t-il.

— Pour banqueter !

— Oui. Il m'a même fait prier d'apporter des artichauts !

Louis de Brézé sourit[1].

— Curieuse requête !

— Le connétable est veuf endurci, et fort en veine de galanterie… Je lui ai fait porter une douzaine d'artichauts, et j'ai dit à ses gens que monseigneur ferait un

1. L'artichaut était alors considéré comme aphrodisiaque.

bon homme, et qu'il aimerait les femmes. De surcroît, je leur ai confié, pour son usage, un livre d'Allemagne plein d'images sur le plaisir qu'on prend avec les dames...

— Précisément ! dit le gendre qui paraissait suivre une idée préconçue. N'auriez-vous pas eu vent, chez le connétable, d'un certain projet de mariage ?

— De mariage ?

— Oui. Une proposition venue de l'étranger.

Saint-Vallier était bavard, soit ; mais il n'était pas naïf.

— Non, déclara-t-il d'un air dégagé. Je crois que les visées de monseigneur, en fait de remariage, se portent sur des partis bien français.

— Cependant, nous avons de bonnes raisons de penser que l'empereur et le roi d'Angleterre ont récemment tenté d'approcher le connétable.

— Vraiment ?

— On vous l'aura caché, sachant nos liens...

Saint-Vallier n'était pas naïf, soit ; mais il était glorieux.

— Pour ne vous rien celer, reprit-il, le duc m'a entrepris d'un mot sur le sujet. Sa religion là-dessus est loin d'être faite. Mais pour ma part, je lui ai remontré, bien sûr, toute l'abomination d'une telle alliance !

— Que lui proposait Charles Quint ?

Le père de Diane soupira ; la conversation prenait un tour déplaisant.

— Au juste, je ne sais plus. Mais rassurez-vous, monseigneur est aussi bon vassal du roi que vous et moi.

— À cela près qu'il est aussi un très puissant suzerain... Voyez-vous, je pense qu'il commettrait une lourde faute en trahissant la Couronne. Et d'autant plus que – je vous dis cela entre nous – je sais de bonne source que l'intention du roi, quelle que soit l'issue du procès intenté par Madame, est de restituer au connétable l'ensemble de ses possessions, afin qu'il en jouisse sa vie durant.

— Un usufruit, en somme...

— Un usufruit, c'est bien cela.

Palais de Lyon.

À peine un huissier eut-il annoncé : « Le roi ! » que François fit irruption dans la chambre de sa mère. Il avait le regard sombre et le teint fort animé. Les effluves de genévrier flottant autour de Madame le firent toussoter. On referma doucement la porte derrière lui, laissant la sainte Trinité sans témoin. Marguerite accourut vers son frère.

— Je connais ce visage, dit-elle, c'est celui des mauvais jours.

Le roi salua sa sœur puis, se plantant au pied du lit de jour de Louise de Savoie, attendit que sa mère daignât le considérer.

— Qu'avez-vous donc, sire ? finit par demander Madame d'une voix éteinte. Ne voyez-vous pas que votre mère souffre le martyre ?

— Toujours cette crise de goutte, confirma Marguerite, anxieuse.

François n'était pas d'humeur à s'attendrir.

— Madame, j'ai besoin que vous m'expliquiez certaines choses d'importance.

— Un autre jour, voulez-vous ?

— Non, tout de suite. À l'instant même !

Frappée par la fermeté du ton, Madame se redressa dans un râle de douleur. Elle affectait de surmonter d'intolérables souffrances, mais posa sur son fils un regard néanmoins attentif.

— Parlez, François.

— Je vois M. de Semblançay qui m'annonce que la somme énorme de quatre cent mille écus, destinée à Lautrec pour sa campagne à Milan, n'en aurait jamais pris le chemin.

— Allons, bon.

— Et cela pour une bonne raison : elle aurait fini dans vos propres caisses !

— Eh bien ?

— Mais... Confirmeriez-vous, madame, que ces fonds ont été détournés sur vos ordres ? Si cela était...

— Il suffit, mon fils ! Apprenez, avant d'en faire emploi, le sens de certains termes. Je n'ai jamais, grands dieux, *détourné* le moindre écu. Tout au plus me suis-je trouvée, récemment, dans la nécessité de rentrer dans les fonds que j'avais prêtés, jadis, aux généraux des Finances. À combien se montait l'ensemble de la créance ? Semblançay pourrait le dire... Elle est à présent apurée.

— Madame, c'est le roi de France qui vous le demande : avez-vous, pour une raison quelconque, capté les quatre cent mille écus qui m'ont fait perdre le Milanais ?

— Je déplore autant que vous la perte du Milanais, et je sais bien à qui – et non à quoi – l'imputer ! Et je vous redis que je n'ai donné aucun ordre concernant vos fonds de guerre ! J'ai tout simplement, de la manière la plus nette, été remboursée par le Trésor de sommes que je lui avais avancées.

Un éclair illumina la chambre ; et bientôt, le tonnerre retentit. Le roi, livide, était fou de rage. Madame poussa son faible avantage.

— Voyez-vous, je trouve assez malvenu que, sachant ce que vous savez, et notamment ce que vous devez aux efforts infinis de votre pauvre mère, vous osiez l'importuner, sur son lit de douleur, avec des accusations abjectes et dont on ne peut ignorer d'où elles viennent. Le clan grenouillant autour de votre catin est aux abois, mon fils, il essaie de vous circonvenir. Et n'osant vous mettre en cause vous-même, c'est à moi qu'il porte ses plus vilains coups !

— Madame !

— Dites à M. de Lautrec et aux dégénérés qui lui servent de frères et sœur, que si votre mère gérait vos finances aussi mal qu'ils commandent à vos armées, ce n'est pas le Milanais que nous aurions perdu, mais la France elle-même !

Le roi demeura un moment silencieux, immobile. Interdit. C'est un nouveau coup de tonnerre, plus puissant, qui le tira de sa stupeur. Des larmes s'accrochaient à ses yeux. Il fit mine de vouloir parler, serra les mâchoires, se retourna et, d'un geste violent, brisa net le premier objet qu'il trouva : une aiguière en cristal de roche.

Quand il quitta la chambre, toujours muet, Marguerite lança vers sa mère un regard effaré. Des yeux, Madame l'invita à suivre son frère : elle était la seule à pouvoir le calmer.

François était anéanti par le sentiment de trahison qui le submergeait. Comment imaginer qu'il se soit vu contrer, dans une affaire d'État essentielle, une action engageant tout le crédit de sa personne royale, par celle-là même qui eût été sensée le soutenir, le seconder : par sa propre mère ! Il n'avait pas trouvé la force de rentrer chez lui, et s'était arrêté dans une antichambre de Louise. Planté dans l'embrasure de la fenêtre, il observait sans le voir le paysage détrempé qu'illuminait encore, de temps à autre, un bref éclair. L'orage s'éloignait.

Marguerite surgit à ses trousses. Les pleurs dont son visage était baigné paraissaient un tribut aux pluies diluviennes, et son frère le lui fit remarquer. Elle eut un pauvre sourire.

— Ce sont vos larmes, sire, qui coulent par mes yeux.

François serra Marguerite dans ses bras. De tout son cœur.

— Ainsi donc, murmura-t-il, vous seule ne m'aurez jamais déçu.

S'affalant dans la chaire de bois sombre qui meublait l'embrasure, il l'attira contre lui, et posa sur sa poitrine cette chère tête de grande sœur adorée. Elle avait deux années seulement de plus que lui, mais par sa grande maturité, aurait pu être son aînée de cinq ans, de dix ans peut-être... Le roi soupira.

— Notre mère est effrayante, dit-il.

— Elle ne fait tout cela que pour vous. Sa seule passion est de vous être utile.

— Peut-être... Mais cette fois, elle est allée trop loin.

— Ne pensez-vous pas qu'il soit tôt pour en juger ?

François se mit à pleurer à son tour. Discrètement. Tranquillement. Alors, sa sœur tira de ses jupes un mouchoir de dentelle, et dans un geste infiniment pudique, entreprit de sécher les larmes royales.

— Vous m'êtes plus cher que tout au monde. Plus cher que ma propre vie.

Le roi donnait le sentiment d'être perdu dans ses pensées ; mais en vérité, il buvait les doux mots de sa sœur comme un blessé boit son remède.

— Continuez, pria-t-il.

— Ne vous ai-je pas supplié, récemment, d'éprouver pour moi, ne serait-ce qu'une petite part de ce qu'à chaque seconde, je ressens pour vous[15] ?

— J'en ressens plus que vous ne croyez, dit-il en embrassant sa sœur tendrement.

Il prit dans ses mains la tête de Marguerite, et la porta vers lui pour en humer pleinement les cheveux, pour en caresser le front de son nez, pour en contempler les yeux tout humides, pour en baiser, pour en lécher la bouche... Sa langue voulut s'insinuer entre les lèvres de sa sœur.

La jeune femme eut un sursaut ; elle tenta de repousser cet appendice, secoua la tête. Mais le roi tenait ferme. Il s'appuya contre elle, la plaqua douloureusement sur la chaire et entreprit de bouger lentement son corps contre le sien. Marguerite, affolée, n'osait pourtant alerter la garde ou le service. La nuque lui brûlait, des douleurs lui parcoururent le dos.

Elle eut alors le désir de tuer ce frère monstrueux.

Quand il finit par desserrer l'étreinte, elle se dégagea comme une proie mourante, se jeta hors de l'embrasure et gagna le coin opposé du cabinet ; elle demeura là, prostrée.

— Marguerite ! implorait François.

— Non, gémissait-elle. Non...

Le roi finit par se lever et, sans un mot de regret, l'abandonna aux idées désordonnées qui s'agitaient sous son crâne. Car la pauvre princesse ne pouvait se libérer des images obscènes qui l'avaient envahie. Cherchant à retrouver les traits apaisants du Christ de Miséricorde, tel qu'on les avait figurés sur son beau livre d'heures, elle hoquetait, comme privée d'air... Le visage qui lui revenait toujours était celui de sa mère – de leur mère – visage énigmatique, intimant à la fille l'ordre muet d'aller calmer le fils… De se plier, de se soumettre.

Marguerite s'en remit tout entière à la figure du Christ.

— Seigneur, implora-t-elle, Seigneur, ayez pitié de nous !

Cathédrale de Rouen.

Communicantes, et memoriam venerantes, in primis gloriosae semper virginis Mariae genitricis Dei et Domini nostri Jesu Christi. Depuis le chœur, l'incantation sacrée des prélats tendait à se perdre dans un certain brouhaha, mais sans que la dignité de l'office en fût sérieusement affectée. Des groupes de fidèles s'étaient formés autour de différentes statues de saints et de saintes, auxquels les uns et les autres confiaient leurs prières en français : la plupart ignoraient tout du latin.

Le recueillement général se fit de nouveau à l'approche de l'Eucharistie. Mais pour une grande partie des ouailles, cette messe solennelle était plus une obligation qu'un élan spontané. Alors que la clochette retentissait et que l'assistance, dans un mouvement de ferveur partagée, s'agenouillait comme un seul homme sur les brindilles, à même le sol, l'œil éveillé de Diane vit se rapprocher, de pilier en pilier, une silhouette massive et preste à la fois, qu'elle savait être celle du jeune Montmorency[16].

— Votre invité vient d'arriver, murmura-t-elle à l'adresse de son mari.

Le grand sénéchal, émergeant de ses pensées, s'en assura aussitôt. Son guerrier avait le visage large, la poitrine large, les cuisses larges aussi ; mais sa haute taille et son port superbe faisaient oublier cet aspect massif, de même que ses yeux de myope, extrêmement intelligents, éclipsaient son front trop large et son trop large cou. Barbe châtaine opulente, chaîne d'or, somptueux habit de soie bordé de martre... Il est vrai qu'Anne de Montmorency n'était plus, désormais, que le vainqueur de Novare ! Ses succès militaires, dans un temps qui en comptait peu, lui valaient tous les honneurs : Madame l'appelait *mon cousin*, la duchesse d'Alençon lui faisait volontiers *mille grâces* ; quant au roi, il l'avait fait tout bonnement maréchal de France, avec le collier de saint Michel comme son père – de sorte qu'on ne l'appelait plus, à la Cour, que *le maréchal de Montmorency*. Tous ces lauriers ne lui avaient pas tourné la tête, cependant. Et sans se laisser griser par les louanges, c'est à son vieux protecteur, le sage Louis de Brézé, qu'il continuait de venir se confier.

— C'est l'encens qui vous attire... Je vous saluerai tout à l'heure, dit sobrement le grand sénéchal, en lui désignant la place libre à côté de Saint-Vallier.

Anne de Montmorency se signa plusieurs fois et prit donc la messe au stade de l'*Agnus Dei*. Il chanta mais ne récita guère, salua mais ne communia point ; c'était du reste le cas d'un grand nombre de fidèles, dans une époque où la confession était conçue de manière stricte.

Quand, l'office tirant à sa fin, des cris d'allégresse retentirent dans la foule et que les cloches de la tour de Beurre se mirent à sonner par dizaines, à toute volée, le cardinal Georges II d'Amboise s'en vint, entouré de son chapitre, donner son anneau à baiser au grand sénéchal ; celui-ci lui présenta le nouveau maréchal, qui eut un mot aimable à la mémoire de l'oncle du prélat, grand ministre du précédent règne.

— Le maréchal de Montmorency sera ces jours prochains sur la Côte, expliqua Louis de Brézé. Il inspectera nos défenses, et préparera nos marins à repousser l'Anglais à la mer...

L'archevêque approuva hautement, et demanda des précisions sur un ennemi dont le souvenir, à Rouen, demeurait vif.

— Le roi Henry compte beaucoup sur Calais, son seul pied sur le Continent, expliqua le jeune capitaine. Si nous pouvions prendre cette place, la menace anglaise se réduirait à peu de chose.

— Et qu'est-ce donc qui s'y oppose ? demanda Brézé.

— Oh ! Je crois que le roi n'est pas à Lyon par hasard : tout son esprit est en Italie, et les côtes normandes, comme les frontières du Nord, le soucient finalement assez peu...

Il y avait une pointe d'aigreur dans la voix de Montmorency qui secouait la tête.

— Notre situation par-delà les monts est pourtant compromise... Vous savez que, maintenant, Venise elle-même prétend nous tourner le dos !

Mais déjà l'archevêque s'éloignait ; quant au sénéchal, il s'avançait vers les corporations... Sur le parvis, la foule des mendiants, à la barbe des gardes, tentait de soutirer aux bourgeois quelque obole. En dépit des auvents, le soleil était déjà brûlant. Tandis que Saint-Vallier et sa fille se retiraient en litière vers le donjon de Bouvreuil, Louis de Brézé prit son protégé par la manche et, le dos plus arrondi que jamais, le conduisit, sous escorte légère, de l'autre côté de la place dite de la Pucelle.

— Rouen ne s'est jamais si bien portée, lança-t-il. Métallurgie, soierie, draperie à Darnétal... Nous recevons du sel de Guérande, mais aussi du Portugal ! Nos marins s'en vont pêcher le hareng dans la Baltique, et la morue du côté de Terre-Neuve. Savez-vous que l'on peut acheter des draps rouennais jusque dans les Indes ?

— Quelle confiance peut-on faire à votre beau-père, et que sait-il des intentions du connétable ? demanda Montmorency.

Le grand sénéchal éclata de rire. Son disciple pouvait aussi, quand rien ne s'y opposait, se montrer fort direct.

— Mon petit, répondit-il – je devrais dire : « monsieur le maréchal » –, je sondais justement notre homme avant que vous n'arriviez. Je n'affirmerais pas qu'il est dans toutes les confidences, mais assurément, il en sait plus qu'il ne veut bien en dire. Nous devrions pouvoir l'utiliser pour tenter de savoir ce qui se trame à Moulins.

— Assurons-nous déjà que le connétable ne l'utilise pas pour apprendre ce qui se dit à Saint-Germain !

— Sauf si cela devait nous arranger...

Devant une échoppe, des artisans reconnurent le grand sénéchal. Tout fiers dans leurs costumes de fête, ils voulurent que ce haut personnage touchât leur progéniture et goûtât une brioche à peine sortie du four. Louis de Brézé tira une pièce d'argent de son gousset, et la donna à l'aîné des enfants qui en parut transfiguré.

Un peu en retrait, Montmorency observait tout cela, goguenard ; à scruter sa large face, on n'aurait pu dire s'il participait de loin à la jovialité ambiante ou s'il s'en moquait tout à fait.

Chapitre V

Été 1523

Château de Saint-Germain.

La reine Claude dînait seule vers trois heures de relevée, servie par ses officiers de bouche, devant ses dames et quelques seigneurs de passage – notamment un ambassadeur allemand qui, ce jour-là, s'était mis au premier rang pour compter les pâtés et ragoûts qu'une si grosse princesse pourrait ingurgiter ; il en fut pour ses frais, la reine s'avérant sobre dans ses agapes.

Il est vrai que la souveraine, usée par sept pénibles grossesses, avait acquis, au fil des ans, une corpulence confinant à l'obésité. De son père, le roi Louis XII, elle avait hérité un nez trop grand, qu'accusait un léger strabisme ; sa mère, la reine Anne de Bretagne, lui avait légué de surcroît sa petite taille et sa claudication… Pourtant, en elle, ces disgrâces physiques se trouvaient éclipsées par une distinction suprême. Pieuse et juste, la reine de France possédait aussi une vaste culture. Sa conversation était un enchantement, et le charme qu'elle y mettait justifiait sans doute que François Ier, en dépit de ses infidélités, fût demeuré si proche de son épouse, attentionné autant qu'il pouvait l'être.

— Monseigneur le connétable de France ! annonça soudain l'huissier.

La reine – chose rare – interrompit un moment son repas. Au milieu du murmure étouffé de l'assistance, Charles de Bourbon s'avança jusque devant elle et fit sa révérence. Le visage de Claude s'illumina.

— Cousin, quelle belle entrée !

— Madame, je venais présenter mes devoirs à Vos Majestés. Mais on me dit que le roi est parti pour la chasse...

— En effet. Depuis son retour de Lyon, mon mari ne tient pas en place. Il courre le cerf tous les jours et parfois davantage. Il aura choisi, probablement, de dîner avec les veneurs...

— Votre table, madame, me paraît admirable.

— Mais, mon cousin, qu'à cela ne tienne ! Pourquoi ne partageriez-vous pas mon ordinaire ?

On installa très vite, et comme par magie, un couvert pour le connétable, et Charles, non sans se faire un peu prier, finit par s'asseoir à droite de la souveraine. Il appréciait beaucoup la gentillesse et la noblesse d'âme de Claude ; elle, de son côté, n'avait jamais caché un vrai penchant pour ce beau seigneur, brillant chef d'armée. Certains courtisans auraient pu prétendre qu'en distinguant ainsi l'ennemi attitré de Madame, la reine s'offrait la satisfaction de défier une belle-mère bien rude avec elle...

— Vous vous faites rare, mon cousin. Et je n'avais pas eu, encore, l'occasion de vous dire combien m'a peinée la disparition de la régente Anne. C'était une dame de valeur, et qui eût mérité, bien plus que moi-même, d'être reine.

— Vous faites, madame, une reine idéale. Mais pour ce qui est de ma marraine, je vous accorde qu'elle était d'une nature si haute qu'on en rencontre peu comme elle.

— Sa disparition vous laisse orphelin pour la seconde fois ; et je me dis que ces temps-ci, les conseils d'un tel esprit doivent cruellement vous manquer.

— En vérité, je m'efforce de les deviner ; et très souvent il m'arrive de demander conseil à Mme de Beaujeu par-delà la mort...

— Comme je vous comprends ! C'est ce que je fais toujours avec le feu roi mon père.

En vérité, la mort d'Anne de Beaujeu, dans son manoir fortifié de Chantelle, avait sonné, pour Charles de Bourbon, l'heure de l'incertitude et de la confusion. Car s'il interrogeait en effet bien souvent le fantôme de sa marraine, il n'en obtenait jamais que des avis fantomatiques...

La conversation aurait pu prendre le tour d'amicales confidences – n'était le public qui en épiait le moindre mot. Le connétable s'enquit de la santé de la reine, de ses dernières couches, de ses prochains déplacements...

À sa surprise, Claude ne se cantonna pas à des sujets si anodins. Soit bravade, soit volonté d'en apprendre davantage, elle évoqua de front la question du procès, des confiscations et du double héritage de la duchesse Suzanne et de sa mère. Le duc de Bourbon s'efforça de rester évasif ; il sembla même un instant faire mine de pouvoir comprendre le roi, de vouloir pardonner à Madame. Puis, quand il sentit que l'attention des courtisans faiblissait, et qu'un léger murmure reprenait son cours habituel, il en vint au sujet qui avait motivé sa visite.

— Je ne sais, dit-il, si vous avez arrêté déjà quelque parti pour votre jeune sœur, la princesse Renée. Mais dans le cas providentiel où rien de solide n'aurait été envisagé, j'aimerais fort solliciter sa main auprès du roi et de vous-même... Il me semble que ce serait le moyen le plus agréable d'éteindre une querelle dont je vous avoue qu'elle me met au supplice, et finit par gâcher tous mes plaisirs.

La reine ne répondit rien, mais sous le sourire parfait, presque complice, qu'elle adopta sur-le-champ, le connétable ne put s'empêcher de remarquer les signes d'une gêne confinant presque à la panique.

En vérité, la raison de cette attitude était exogène : par la fenêtre entrouverte, la reine venait de percevoir certains bruits trahissant, à n'en pas douter, le retour prématuré des chasseurs. Visiblement inquiète, la pauvre Claude fixa dès lors la grande porte latérale donnant sur le palier du roi. Elle se forçait cependant à conserver les formes de la politesse.

— Peut-être vous serait-il agréable de voir combien ma sœur a grandi, et quelle petite femme elle...

La reine n'avait pas achevé sa phrase que l'huissier, d'une voix implacable, annonça le roi. Et la porte latérale s'ouvrit à deux battants.

Alors François parut. Il était tout sourire, mais sa démarche vacillante, son maintien appliqué, n'annonçaient rien de bon.

— Vous voilà, M'amie, en bien galante compagnie ! dit-il alors que l'assistance s'abîmait dans une seule révérence.

— Monsieur le connétable m'a fait la grâce de partager mon repas, crut bon de préciser la reine.

Le monarque la reprit d'un ton rogue.

— C'est vous, madame, qui faites les grâces.

Assurément, le roi n'était pas dans son état normal. Un curieux air de finesse bridant son visage, un éclair malsain dans son regard et, plus encore, la puissance d'une voix anormalement sonore, trahissaient chez lui un excès de boisson.

Le duc de Bourbon sentait fort bien monter l'orage ; aussi faisait-il des efforts pour se montrer le plus discret, le plus soumis possible.

— Sire, nous disions justement…

— Ce que vous disiez, mon cousin, ne me regarde pas. Ce qui me concerne, en revanche, c'est ce mariage admirable que vous vous apprêtez à faire.

— Certes… La princesse Renée ferait, je pense…

— Je sais fort bien, monsieur, et tout le monde sait comme moi, qu'il entre surtout dans vos intentions d'épouser la sœur de l'empereur.

— Sire, je…

— Et puisque l'empereur Charles est pour l'heure l'ennemi de mes peuples, je ne suis pas certain, au vrai, de pouvoir approuver ce choix.

Le connétable, debout, affichait tout ensemble une raideur et une pâleur cadavériques. Il était grand, mais François, plus grand que lui, fit le geste de lui toucher l'épaule pour le faire asseoir. Charles se dégagea dans un mouvement de défiance qui fit gronder l'assistance, au demeurant sidérée.

— Allons, allons, ricana le roi. Vous voilà bien chatouilleux !

— Sire, je supplie Votre Majesté…

— « Je supplie » ! hurla soudain François. « Je supplie Votre Majesté » ! Eh bien moi, mon cousin, je supplie tous ceux qui vous conseillent de bien mesurer la portée de leurs avis.

— Sire…

— Faites bien attention !

— Je perçois une menace…

— Oui, monsieur, vous percevez bien !

— Assurément, je n'ai pas mérité semblable traitement.

D'un pas raide et précipité, le connétable se dirigea vers l'issue.

— Si c'est mon épée que vous souhaitez reprendre, je vous la ferai remettre sous peu.

— Moi, je ne vous reprends rien !

— Si ce n'est mes domaines ! Les terres de ma défunte épouse et celles de ma bien-aimée marraine ! En voilà plus, cette fois, bien plus que ne saurait souffrir un homme d'honneur !

Le connétable de France disparut sous les regards tétanisés de l'assistance. La reine fondit en larmes, ce qui eut pour effet de faire frémir son époux de colère. Moment terrible. François quitta la pièce à son tour, dans un silence lourd de réprobation partagée.

Montbrison.

Quand il aperçut les murs de Montbrison, Jean de Saint-Vallier ne put réprimer un hosanna de soulagement. Il avait chevauché quatre jours en dépit d'un accès de fièvre[17] plus tenace que de coutume.

— Allons, j'aurai bientôt bonne table et bon lit ! lança-t-il à l'homme d'église et au marchand qui avaient chevauché à ses côtés depuis Lyon.

Dominant la ville, la tour des comtes de Forez semblait tout à la fois familière et menaçante. Messire Jean désigna les bannières qui pendaient à son faîte.

— Le connétable est en ses murs. Voyez comme on pavoise !

— Êtes-vous attendu ? s'enquit l'abbé.

— Pour tout avouer, je viens ici quêter le soutien du duc de Bourbon dans une affaire d'union importante pour ma famille.

— En ce cas, peut-être serez-vous reçu !

Saint-Vallier le toisa.

— Apprenez donc, mon père, que les gens de ma famille sont toujours bienvenus chez les Bourbons, et spécialement chez Monseigneur ! Voyez-vous, en mon jeune temps, j'ai moi-même combattu sous son père...

La pluie récente avait semé la route de flaques, et constellé buissons et taillis de gouttelettes. Elle avait surtout détrempé les voyageurs qui, du coup, avisèrent avec joie l'enseigne d'un bouge. Les trois hommes, dès qu'ils eurent mis pied à terre, se trouvèrent assiégés d'enfants du faubourg en quête de menue monnaie. Le marchand, par amusement surtout, les chassa comme on eût effrayé des pigeons.

Un aigre fumet d'oisons rôtis mit les trois voyageurs en appétit, dès qu'ils eurent franchi le seuil du cabaret. La salle principale en était pauvrement meublée de tables à tréteaux couvertes de tapis douteux, avec des bancs hétéroclites. Dans un coin, près d'une fenêtre aux carreaux translucides, un groupe de soldats jouait aux dés. Malgré d'évidents efforts de discrétion, cette escouade se laissait aller par moments à des jurons et autres cris... en espagnol !

— Ennemi en vue... murmura l'abbé.

Saint-Vallier n'eut pas le cœur à plaisanter : la présence de soldats impériaux dans un fief du connétable ne lui inspirait rien de bon. Il n'en dîna pas moins copieusement, avant de prendre congé de ses compagnons de voyage. Et, dans la soirée, c'est le rose aux joues et le sourire aux lèvres qu'il franchit le pont-levis du château.

Une volée de pages l'accueillit ; tous ne portaient pas la livrée des Bourbons. Conduit droit chez le connétable, Jean de Saint-Vallier dut pourtant y patienter près d'une heure. Il s'était même assoupi quand un page vint le chercher pour l'introduire dans un vaste cabinet dont les boiseries, trop sculptées, trop dorées surtout, contrastaient avec la sévère architecture du donjon.

Le duc Charles, dont les cheveux étaient devenus fort longs, arborait une mine de circonstance.

— Mon bon Saint-Vallier, que nous vaut ?

La chaleur de cet accueil se trouvait démentie par un ton où messire Jean, lucide, perçut une pointe d'agacement.

— Monseigneur, je m'en voudrais de vous importuner...

— En rien, cousin, tu es ici chez toi.

Saint-Vallier s'inclina, la main posée sur le cœur. Le connétable lui demanda, pour la seconde fois, quel était l'objet de sa visite ; mais, sans même prendre la peine d'écouter la réponse, il se saisit d'un coffret très ancien, orné d'émaux en champlevé, et vint fixer son visiteur dans les yeux.

— Mon bon, commença-t-il, notre intention première était de te tenir à l'écart de tout cela. Mais, puisque aussi bien, la Providence t'a conduit, en ce jour, en ce lieu, je m'incline devant ses arrêts. Nous allons donc te mettre dans le secret.

Le gentilhomme toussota, vaguement inquiet. Il lui sembla que sa fièvre augmentait – mais ce n'était peut-être qu'une impression. Le duc de Bourbon se montrait résolu.

— Après tout, lâcha-t-il, que tu découvres cela maintenant ou plus tard...

— Mais de quoi s'agit-il ?

En lieu de réponse, le duc tendit à son vassal le petit coffret reliquaire. Il se signa plusieurs fois d'affilée et prit son air le plus grave.

— Ceci, dit-il, est une relique des plus sacrées ; cette petite nef contient un morceau de la Vraie Croix. Tu vas donc me jurer sur ce Saint Objet de ne jamais, sous aucun prétexte, révéler ce que tu vas apprendre ce soir.

Jean de Saint-Vallier se sentait à présent partagé entre un malaise de plus en plus vif, et la plus forte curiosité. Il se signa à son tour. Puis, d'un geste hésitant, il posa la paume, bien à plat, sur le sommet du reliquaire, et jura. Alors seulement, le connétable le prit par les épaules.

— Parfait ! À présent, cousin, suis-moi.

Ils empruntèrent une coursive mal éclairée, puis une autre ; descendirent deux longues volées d'escaliers, s'enfoncèrent, à ce qu'il semblait, dans les entrailles de la forteresse. Quand ils furent enfin à proximité d'une vaste salle basse, couronnée d'ogives, une rumeur se fit entendre. Le duc Charles et son invité rejoignaient une assemblée tenue en ces lieux sombres.

À la lueur des torches, il était ardu de distinguer les visages et les expressions ; mais Saint-Vallier n'en repéra pas moins plusieurs princes de l'Église, serrés vers le fond, parmi lesquels, notamment, l'évêque d'Autun et celui du Puy, frère du maréchal de La Palice… Il reconnut aussi des familiers des Bourbons, tel le sieur de Saint-Bonnet, homme de confiance du connétable. De brefs saluts furent échangés.

Charles de Bourbon prit la parole.

— Messeigneurs, annonça-t-il, laissez-moi présenter à ceux d'entre vous qui ne le connaîtraient pas, notre ami et féal Jean de Saint-Vallier, seigneur de Poitiers. C'est un homme de confiance et qui, comme nous tous, vient de prêter serment sur la Vraie Croix.

L'atmosphère, à ces mots, parut se détendre. Le duc fit les honneurs de l'intrus au second chambellan et légat de l'empereur, Adrien de Croÿ, seigneur de Beaurain. Puis, se détournant de Saint-Vallier, il pria

Château, le secrétaire de Beaurain, de reprendre au début la lecture qu'il avait dû interrompre.

Le petit homme déroula cérémonieusement sa peau d'âne et, d'une voix éteinte, se mit à récapituler les différents points de ce que Saint-Vallier identifia au premier mot comme un accord diplomatique. Avant toute chose, le duc de Bourbon s'y engageait à épouser l'une ou l'autre des sœurs de Charles Quint : Éléonore, veuve du roi de Portugal, ou bien l'infante Catherine !

Le nouveau venu n'en croyait ni ses yeux, ni ses oreilles.

La dot était fixée à deux cent mille écus, qui viendraient « en avance des dépenses de guerre ».

Des dépenses de guerre !

À ces mots, Messire Jean réalisa que les rumeurs circulant sur le connétable n'étaient que trop fondées. Oui, Bourbon trahissait. Oui, Bourbon s'alliait bel et bien avec l'empereur Charles et le roi Henry, « envers et contre tous, sans exception de personne » – autrement dit : même et d'abord contre François Ier !

Saint-Vallier avait dû prendre sur lui de ne pas tituber ; devait-il s'effrayer plutôt, ou bien s'émerveiller d'assister, au premier rang, à de si grands bouleversements ? À mesure que Château détaillait les modalités du traité, ses tremblements firent place à une envie très forte, bientôt irrépressible, de rire. Mais il parvint à surmonter son désarroi.

Les félons avaient convenu par écrit d'attendre le passage de François Ier en Italie, à la mi-août, pour envahir ses États. L'Espagnol y entrerait par Narbonne, l'Anglais par la côte normande ; quant au connétable, appuyé par dix mille lansquenets allemands, il attaquerait partout où il le pourrait, et ce au cœur même du royaume... Après quoi l'on se partagerait la dépouille de la France : Charles Quint prendrait pour lui la Bourgogne, la Picardie et Paris ; Henry VIII la Champagne, la Normandie, le Poitou ; Charles de Bourbon, la Provence, avec une option sur la succession impériale, non seulement en France, mais aussi à Aix-la-Chapelle ! C'était écrit, là, de la ferme graphie des chancelleries : si jamais Charles Quint venait à mourir sans postérité, le connétable monterait à sa place sur le trône impérial !

— Mon Dieu, murmura Saint-Vallier pour lui-même, c'est un songe et je vais m'éveiller.

Un songe ? Les applaudissements qui ponctuèrent cette lecture paraissaient bien réels, tout comme les accolades qui la conclurent. Château proclama solennellement la date : le 18 de juillet 1523. L'un après l'autre, solennellement, les représentants des souverains apposèrent leur paraphe au bas des deux exemplaires de l'incroyable document. Charles de Bourbon signa le dernier, d'un geste mécanique, longuement mûri sans aucun doute.

Cette fois, le pas était franchi.

Château d'Argentan.

Dans les communs de son château d'Argentan, sur les bords de l'Orne, le duc d'Alençon avait fait aménager des écuries où il veillait lui-même à l'entretien de chevaux de selle et de trait parmi les plus fringants du royaume. Ce matin-là, très tôt, entouré de ses commis, il inspectait quelques destriers spécialement préparés en vue de la campagne d'Italie. Les stalles aux parois rouge sang, jonchées de foin frais, s'ornaient des trophées remportés par leurs occupants successifs, au cours de tournois de chevalerie.

Le duc d'Alençon entra dans la plus décorée ; flattant vigoureusement la croupe d'un étalon bai, il se répandit en compliments.

— Si le roi veut mon avis, c'est sur cette bête-là qu'il franchira les monts !

Le petit groupe approuva, quoique tout le monde sût fort bien que le roi ne solliciterait jamais, sur rien, l'avis de son beau-frère...

— Coisay ! s'étonna le duc d'Alençon en ressortant. Vous voilà bien matinal.

Le jeune écuyer s'inclina, visiblement nerveux.

— Votre Altesse Royale, commença-t-il, connaît déjà mon jeune frère, Simon.

Le prince avisa Simon.

— Et comment ! C'est vous qui, naguère, à Compiègne, chevauchiez à demi-mort... Eh bien, vous paraissez remis sur pied !

Le visage balafré du jeune homme s'illumina d'un agréable sourire. Son demi-frère poursuivit.

— Monseigneur, j'ai parlé à Simon de notre prochain départ pour le Milanais, aux côtés de Sa Majesté. Simon est brillant cavalier, meilleur sans doute que moi-même. Aussi...

— Je sais vos talents d'écuyer, Coisay, et ne doute pas de ceux de votre ami.

— Simon est mon frère...

Le prince disparut dans une stalle, fort peu soucieux de telles précisions familiales.

— Navré, lâcha-t-il en ressortant, mais nous n'avons déjà que trop d'écuyers, et point assez d'hommes en armes. Vous-même, Coisay, ne partez plus ; je comptais vous en faire avertir aujourd'hui.

— Monseigneur...

— Je regrette. N'en parlons plus.

Gautier était abasourdi.

— Je ne comprends pas, soufflait-il, tout penaud.

— Pour moi, ce n'est rien, le rassura Simon. Mais je suis désolé que tu ne partes plus.

Un éclat métallique, étrangement froid, éclairait le regard bleu de Gautier ; il observait le prince qui s'éloignait déjà.

— Puisque c'est ainsi, annonça-t-il, nous proposerons tes services à un autre maître.

Simon n'osa lui demander lequel ; il suivit humblement son demi-frère hors des écuries, jusqu'au galetas où se trouvaient leurs coffres et leurs paillasses. Gautier monta l'échelle en trois enjambées.

— Un certain nombre de grands seigneurs vont rester auprès de la reine et de Madame, dit-il. Notamment M. de Brézé, le grand sénéchal. Lui aura besoin d'écuyers.

— Alors, nous irons à Paris ?

— Pour l'heure, les Brézé sont sur leurs terres. En Normandie.

Simon craignait, par ses questions, d'importuner son grand frère. Mais Gautier reprit de lui-même.

— Dès que le duc sera parti pour la guerre, c'est-à-dire sous deux à trois semaines, nous filerons à Rouen proposer tes services.

— On m'a dit que les Rouennais faisaient, en ce moment, la chasse aux luthériens...

— Je ne suis pas luthérien ! protesta Gautier. Et puis, nous serons seulement de passage.

Il paraissait si sûr de lui, tout à coup, et dissimulait si mal une joie galopante, que son frère, toujours intuitif, voulut connaître la raison d'un si brusque changement d'humeur. Gautier resta sibyllin.

— Le grand sénéchal me porte chance ! répondit-il. Tu verras : son épouse, la jeune dame de Brézé, est une personne extraordinaire !

— Tu ne serais pas amoureux, par hasard ?

— De qui donc ? De la grande sénéchale ?

Gautier partit d'un grand rire.

— Bien sûr que non, voyons !

— On pourrait le croire...

Simon s'apprêtait à tourner les talons quand son frère l'arrêta d'un geste.

— Après tout, dit-il, je peux bien te le dire, à toi ; ça me soulagera... Tu as raison, petit : mon cœur est ensorcelé. Mais pas par Mme de Brézé.

— Par qui, alors ?

— Par sa demoiselle de compagnie.

— Sa demoiselle...

— Une créature céleste, Gautier. Nous ne nous croisons pas souvent, mais c'est à chaque fois un ravissement... Si tu voyais son teint de rose !

— De rose...

— Et ses yeux, de superbes yeux en amande !

— En amande...

— Cesse de tout répéter, perroquet !

Il décoiffa Simon d'un geste affectueux.

— Elle est si belle, ma Françoise ! Tu vas voir : toi aussi, elle va te plaire !

— Françoise... Déjà, je n'aime pas le nom.

— Mais tu l'aimeras, elle ! D'ailleurs, peu m'importe ! Elle peut bien te sembler belle ou laide, bonne ou mauvaise ! Tout ce que je sais, c'est que sa présence, à moi, me fait du bien.

— Allons bon !

— Simon ! Je me sens heureux quand elle s'approche, malheureux quand elle s'éloigne ; le mot merci me vient à la bouche pour peu qu'un son sorte de la sienne ; le seul fait qu'elle existe me réconcilie avec toute la Création ; et lorsque, une seule fois, j'ai eu l'honneur de la serrer dans mes bras, j'ai eu l'impression d'étreindre un petit être de lumière !

— D'accord, tu es amoureux, dit Simon en soupirant comme s'il venait d'apprendre que son frère était atteint de gale ou sujet au rhume des foins.

Il regarda Gautier d'un drôle d'air et sortit en haussant les épaules.

Désormais, Castor et Pollux allaient mettre au point leur départ. Ils feraient des provisions de bouche, et se renseigneraient discrètement sur l'itinéraire à suivre jusqu'à Rouen. Il fallait partir par Bailleul et Trun jusqu'à Vimoutiers, puis gagner Bernay par Orbec et, de là, traversant Brionne, rejoindre la Seine à la Bouille et remonter le long du fleuve.

Ils apprendraient, au passage, que M. de Brézé, préparant sa province contre une invasion anglaise, ne résidait plus à Rouen, mais tout près de Harfleur, en son château d'Orcher. Il serait donc plus judicieux, finalement, de passer par Lisieux et Pont-Audemer, quitte à traverser la Seine sur un bac…

Simple détail, pour un écuyer amoureux.

Tour de Montbrison.

Un souper, discret mais luxueux, avait été servi dans la salle basse du donjon de Montbrison – là même où le traité venait d'être signé. Un grand service en vermeil avait été apporté de Moulins pour la circonstance, et l'on avait soigné la cuisine. Si Jean de Saint-Vallier n'avait guère fait honneur au festin, il avait bu, en revanche, et confié aux délicieux vins de paille le soin de lui rendre un peu de cette légèreté qu'habituellement, on se plaisait à lui reconnaître.

Quant à la nuit qui suivit le grand événement, elle lui avait paru longue, interminable même. Le gentilhomme, calé au creux de ses oreillers, s'était senti parcouru de frissons et de sueurs froides... Réalisant peu à peu toute la portée des accords passés la veille, il lui avait semblé qu'un univers s'écroulait, et que l'épisode dont il venait d'être témoin le portait loin de toute innocence, jusqu'à le rejeter dans un monde plus dur et plus froid. Non, jamais plus il ne reverrait les temps insouciants de sa jeunesse...

Et tout cela, songeait-il, tout cela parce qu'il avait eu la guigne de tomber au mauvais endroit, au pire moment !

Trahison. Ce mot s'imposait à lui dans son odieuse brutalité ; il se le répétait à l'infini, avec l'espérance illusoire d'en atténuer l'effet :

— Trahison, trahison, nous sommes des traîtres, des traîtres, des traîtres...

Le seul résultat de cet exercice d'apprivoisement du réel avait été de le lui rendre plus insupportable encore. Du coin de l'œil, Saint-Vallier avait fixé la courte flamme de la veilleuse en quête d'un réconfort ; mais il ne parvenait qu'à s'y brûler les yeux.

Constamment, ses pensées l'avaient ramené vers ce royaume dont il serait bientôt coupé, vers cette Cour qui, désormais, par un affreux hasard, allait lui devenir étrangère, ennemie même. Il avait surtout songé à sa fille – sa Diane – et à ses petites-filles, et une douleur intense avait pris possession de sa poitrine et de sa gorge. Dans quelles difficultés sa présence à Montbrison n'allait-elle pas les précipiter toutes trois ? Comment mesurer, pour les siens, les conséquences de cet acte qu'il n'avait, en rien, ni voulu ni cherché ? Si la trahison réussissait, Diane y perdrait évidemment sa position ; mais en cas d'échec, elle n'échapperait pas non plus à la disgrâce dans laquelle toute la famille ne pouvait qu'être précipitée...

Une idée, d'abord vague, avait fini par s'imposer au gentilhomme comme la seule vérité acceptable : il lui fallait tout tenter en vue d'empêcher une telle vilenie !

Sautant d'un bond au bas du lit, Saint-Vallier, hagard, se mit à arpenter sa ruelle dans la semi-obscurité propice aux chimères. Aux grands maux les grands remèdes : il allait révéler à son gendre, le sénéchal, l'existence et la teneur du honteux traité.

— À félon, félon et demi ! marmonna-t-il. Le roi de France est mon suzerain bien autant que le duc de Bourbon ; je lui dois cette franchise !

Puis, dans la foulée, il prenait conscience de l'inanité d'un tel raisonnement : à qui ferait-il croire qu'il n'était pour rien dans la machination ? Du reste, n'avait-il pas juré de se taire ?

À tout prendre, se disait-il, la meilleure attitude était peut-être de suivre Charles de Bourbon dans son aventure, et de s'en remettre, pour tout le reste, à la Providence et à ses impénétrables desseins... C'était la force des choses : le soutien conjugué de l'empereur et du roi d'Angleterre avait quelque vraie chance de conduire cette alliance à la victoire, et pour peu que le souverain français fût déchu et sa dynastie écartée, de très vastes dépouilles se trouveraient vacantes...

À moins qu'il ne s'agît d'un piège, songeait-il aussitôt en se laissant retomber sur le marchepied du lit. Mais oui, évidemment : tout cela n'était qu'une épouvantable nasse dans laquelle les Impériaux et les Anglais rêvaient d'enfermer monseigneur.

— Je dois à tout prix le mettre en garde, résolut tout haut le gentilhomme, en s'approchant de la fenêtre pour y chercher les premiers signes de l'aube.

Jamais le soleil ne lui avait paru si long à monter dans le ciel, en dépit de la brièveté de cette nuit d'été. Il se mit à égrener les minutes qui le séparaient encore du moment libérateur où, tirant enfin le connétable de son fatal aveuglement, il lui ferait sentir tout le danger de sa folie, et la nécessité de revenir loin en arrière.

Aussi bien Jean de Saint-Vallier se fit-il annoncer tôt dans la chambre de son hôte ; au point de le surprendre au lit.

— Eh, cousin ! s'exclama le connétable d'une voix où perçait plus d'ennui que de surprise. Aurais-tu croisé quelque fantôme ?

Au vrai, l'apparence du père de Diane laissait fort à désirer ; et si l'œil, très bleu, savait demeurer vif, on devinait pourtant, aux traits tirés du visage, à l'aspect hirsute de la barbe, que le pauvre homme n'avait pas dû dormir à son aise. Au moins, il avait eu le temps de roder son plaidoyer.

— Monseigneur, se lança-t-il sans autre préambule, cette nuit m'a porté conseil. Et je crois devoir au grand respect que je porte à votre famille, ainsi qu'à la mémoire de Mme de Beaujeu, le sacrifice de vous déplaire et la peine de vous contredire.

— Allons donc, les grands discours ! Charmante aubade…

— Avez-vous bien pleinement songé, mon cousin, aux très graves conséquences de la résolution que vous avez prise ?

— Je n'ai pris nulle résolution ; j'ai signé un traité. Voilà tout. Quant à toi, tu as fait serment de discrétion…

— Aussi je ne m'en ouvre qu'à vous, rien qu'à vous. Mais je vous prie, très humblement, de considérer les effets immédiats de cette guerre à laquelle vous allez ouvrir la porte. Songez au gros mal qui s'ensuivra, en effusion de sang humain, en destruction de villes, de bonnes maisons et d'églises même, en forcement de femmes et autres calamités que je ne saurais imaginer !

— C'est là le tribut de toute guerre, hélas !

— Mais, monseigneur…

Charles de Bourbon, visiblement las de ces leçons matinales, rabattit d'un coup ses draps brodés d'or et d'argent.

— Il suffit, souffla-t-il. Tu as juré sur la Vraie Croix, je te demande le silence. Rien de plus !

Jean de Saint-Vallier, de sa vie, n'avait jamais senti peser sur lui le poids de telles responsabilités. Moment difficile. Fallait-il, pour sauver une paix du reste fort compromise, qu'il sacrifiât le crédit accumulé, dans l'estime des Bourbons, par plusieurs générations de Poitiers ?

— Ah monsieur, dit-il, j'aimerais tant pouvoir me ranger à vos augustes avis ! Mais cela ne serait digne ni de ce que vous êtes, ni de ce que je crois. Songez encore, je vous en supplie, que si, sur un simple mouvement de plume, vous deviez causer la ruine de ce royaume, vous seriez la personne la plus maudite qui fût jamais, et que l'on honnirait votre nom mille ans encore après votre mort !

— Allons, comme tu y vas !

La voix du connétable faiblissait, cependant. Et le gentilhomme en profita pour asséner un coup décisif.

— Songez, monsieur, à la grande trahison que vous faites à l'égard d'un roi absent et confiant. Et même, si vous n'avez égard au roi et à Madame, ce que je puis comprendre – ô combien ! –, au moins respectez la reine, respectez messires ses enfants !

Le connétable soupira. Saint-Vallier se prenait à son raisonnement.

— Ne causez pas, vous, un Bourbon, la perte d'un royaume dont les ennemis, une fois dans la place, auraient tôt fait de vous chasser le premier !

Charles demeurait muet à ce discours ; mais à sa façon de renifler, Jean comprit, plein d'espoir, qu'il ravalait des larmes. Un court silence s'instaura ; puis tous deux reprirent la parole en même temps ; le vassal s'effaça devant son suzerain.

— Cousin, que veux-tu que je fasse ?

Le duc de Bourbon, connétable de France, descendit de son lit et jeta sur ses épaules une curieuse chape de brocart.

— Je t'écoute : que diable veux-tu que je fasse ? Le roi m'a lâché, Madame a juré ma perte, la Cour a déjà fait son deuil de moi. Non, tout le mal vient de cette femme ; elle fait sur le Parlement une pression terrible pour qu'il entérine ses déprédations et ses injustices !

— Le roi vous a fait savoir, monseigneur, qu'il vous restituerait vos biens...

— A titre viager, oui ! Mais que transmettrai-je ? Et à qui ? Alors que, si je me marie, que si j'étends mon domaine... Si je deviens un jour empereur...

— Empereur ?

— Empereur, mon bon Saint-Vallier. Et toi, chambellan, pourquoi pas ?

— Chambellan !

— Eh oui : un de ces grands barons à qui l'on ne saurait rien refuser. Ni pour lui, ni pour les siens !

En vérité, le connétable ne croyait guère à ces châteaux en Espagne ; mais Saint-Vallier, volontiers rêveur, ne put s'empêcher de les prendre en compte. La perspective, même fumeuse, même imposée par le hasard, de devenir un jour intime et confident du futur maître du monde, cette chimère trouvait à ses yeux un début de consistance. Sans étouffer ses derniers scrupules, elle contribuait à les rendre un peu plus vivables. C'est elle qui, finalement, l'inciterait à se taire.

Château d'Orcher.

Jean Le Veneur, évêque de Lisieux, se déplaçait ordinairement en litière ou à dos de mule, revêtu de la tenue épiscopale et entouré de son chapitre, bannières au vent... Mais le 10 août 1523, c'est presque seul et en tenue de cavalier, botté, éperonné, qu'il se présenta au château d'Orcher, sur une falaise aux portes de Harfleur. Un pénible vent de mer avait soufflé depuis le matin, si bien que le prélat, quand il mit pied à terre, était ivre de sel et d'iode.

Louis de Brézé le reçut toutes affaires cessantes, dans une bibliothèque où s'étalaient, dépliées sur de longues tables, plusieurs cartes de la côte normande. Le grand sénéchal savait qu'une telle visite ne pouvait être dictée que par de graves circonstances, et il fit en sorte qu'aucune oreille indiscrète ne vînt troubler leur tête-à-tête.

— Monseigneur, commença-t-il, ne perdons pas de temps en politesses. Dites-moi tout de suite ce qui me vaut l'honneur de votre visite.

— Mon cher fils, pour la première fois de ma vie – et j'espère que ce sera la seule – je me vois dans l'obligation de violer le secret du confessionnal.

Louis de Brézé avait désigné une cathèdre à son visiteur ; Jean Le Veneur s'y laissa choir avec soulagement. Tout en parlant, il se massait vigoureusement les jambes.

— J'ai beaucoup réfléchi avant de vous confier ce qui va suivre, mais tout bien pesé, je crois qu'il y va de mon devoir de bon chrétien et de sujet loyal. Les renseignements que je vais vous livrer m'ont été confiés en propre, hier, par deux jeunes seigneurs de mon diocèse, alors que...

— Leurs noms ?

L'évêque hésita quelques instants.

— Argouges et Matignon. Après tout, ils n'ont rien fait de répréhensible... Jacques d'Argouges et Jacques de Matignon.

Louis de Brézé nota ces noms sur un morceau de papier. Le prélat poursuivit.

— Hier donc, dans la soirée, ces deux gentilshommes m'ont fait prier de les entendre en confession. Ils rentraient d'un périple en Vendômois, où ils s'étaient rendus au-devant, me dirent-ils, de l'envoyé d'un très haut et très puissant personnage.

— Le connétable de Bourbon ?

— En effet. L'émissaire du connétable s'appelle Lurcy ; vous le connaissez peut-être.

— Je le situe assez bien.

— Ce Lurcy, venant de Montbrison, a rencontré mes jeunes fidèles en une chambre isolée de l'hôtellerie des Trois-Rois, à Vendôme. Tout de suite, il leur a fait jurer de garder pour eux ce qu'il avait à leur dire ; puis, tout comme on donnerait des nouvelles de la Ville ou de la Cour, il les a informés du prochain mariage de son maître avec une sœur de l'empereur Charles !

— Nous savons déjà tout cela, répondit Brézé, presque rassuré.

— Mais ce n'est pas tout !

L'évêque haussa légèrement le ton.

— Il leur a fait part, également, d'une récente alliance passée entre l'empereur, le roi d'Angleterre et le duc de Bourbon pour enlever François Ier, l'enfermer à Chantelle, envahir son royaume et en démanteler jusqu'au dernier arpent !

Le sénéchal resta tout un moment tétanisé.

— C'est donc cela !

Sa voix avait perdu toute assurance. Le prélat s'enflamma.

— Une ignominie, mon fils ! Les Anglais doivent attaquer par la Normandie, les Espagnols par le Roussillon, Bourbon dans le cœur même du royaume, avec des soutiens germaniques et tout un appui logistique à Dijon !

— Mon Dieu... Et quel rôle avait-on réservé à vos gentilshommes ?

— Celui de faciliter, par tous moyens, l'accès des côtes normandes à l'amiral d'Angleterre !

— Évidemment ! tonna Brézé en remuant ses cartes.

L'évêque de Lisieux paraissait assez satisfait de son effet.

— Bien entendu, Matignon et Argouges ont refusé tout net de tremper dans ce complot, précisa-t-il. Ils préféreraient mourir, plutôt que de trahir ainsi leur souverain seigneur. Ils sont venus au plus vite me confesser cette horreur ; du reste, je les ai sentis soulagés de se décharger sur votre serviteur d'un poids trop lourd pour leur conscience.

Le grand sénéchal de Normandie, les mains croisées sous le menton, se tenait à présent immobile, au point que le prélat se demanda s'il n'était pas en prière... Finalement, il reprit la parole d'une voix posée.

— Monseigneur, il vous a fallu courage et résolution pour braver les interdits canoniques ; je vous en loue bien sincèrement, et puis déjà vous assurer que l'on vous en saura un gré infini en haut lieu. Il est important que je puisse voir au plus vite vos deux gentilshommes ; mais il me paraît plus urgent encore de faire avertir le roi et Madame.

Il appela son secrétaire, et lui donna des ordres concis.

— Mon ami, vous allez constituer à l'instant deux groupes de chevaucheurs en armes, l'un à destination du roi, l'autre à destination de Madame. Qu'ils se tiennent prêts à partir sur-le-champ ; je rédige moi-même leurs missives, elles seront prêtes dans une demi-heure.

Joignant le geste à la parole, il commença une longue lettre qui s'ouvrait sur ces mots : « Sire, j'ai su par un homme d'église véritablement que deux gentilshommes, désirant votre bien et honneur... » Tout en le regardant écrire, Jean Le Veneur se releva, non sans grimacer un peu, et s'approcha de la table où Louis de Brézé n'avait même pas pris le temps de s'asseoir.

— Vos messagers sont connus et pistés. Ne craignez-vous pas que l'ennemi ne les intercepte ?

— C'est un risque...

Soudain le visage de Brézé s'éclaira.

— Vous me donnez une idée, dit-il. Mes propres écuyers vont me servir de leurres. Quant aux vraies lettres...

Il rappela le secrétaire, et le pria de lui envoyer au plus vite ces deux jeunes écuyers qui s'étaient présentés le matin même, tout fourbus, et que l'on projetait d'héberger à l'écurie.

Les frères de Coisay pénétrèrent à petits pas dans la bibliothèque. Ils saluèrent poliment l'évêque et le sénéchal, et manifestèrent la plus grande attention aux consignes du maître des lieux.

— Messieurs, leur déclara-t-il, je vous ai dit tantôt que nous n'avions aucun besoin de nouvel écuyer ; je me ravise. Il nous en faut deux, à présent, et des plus véloces. Je vais donc vous confier à chacun une lettre extrêmement confidentielle, que vous porterez seul, sans craindre de crever vos montures à la tâche. Peu m'importe l'état dans lequel vous arriverez, pourvu que vous arriviez vite.

Les deux frères échangèrent un regard aussi ravi qu'intrigué. Le grand sénéchal insista lourdement sur l'importance de leur mission, les dangers qu'elle pouvait comporter et, plus que tout, son caractère hautement confidentiel.

— Quel est l'aîné de vous deux ?

— Gautier de Coisay, messire, pour vous servir !

— Vous porterez votre pli au roi, et le lui remettrez en mains propres. Je ne puis vous préciser au juste où Sa Majesté se trouvera d'ici à quelques jours ; mais vous n'aurez nulle peine à vous le faire indiquer. Quant à vous…

Il s'était tourné vers le gracieux Simon.

— Quant à vous, c'est à la mère du roi que vous porterez votre pli. En mains propres également. Ces temps-ci, vous devriez trouver Madame à Blois ou dans les environs.

Simon et Gautier s'inclinèrent. Mais au moment où ils allaient prendre congé, Louis de Brézé les retint encore et, d'une voix vibrante, leur confirma que, du succès ou de l'échec de leur mission, pouvaient découler des conséquences extrêmes quant au sort du royaume.

Les jeunes gens descendirent aux écuries pour y choisir les coursiers les mieux déliés en apparence, les plus nerveux aussi.

Une heure plus tard, leurs missives biens roulées tout contre eux, les deux cavaliers étaient lancés au galop dans la direction de Rouen, qu'ils atteignirent le lendemain matin. Gautier se disait heureux d'un tel revirement du sort ; mais en vérité sa déception était palpable de n'avoir pu, ne serait-ce qu'apercevoir sa bien-aimée. Dès leur arrivée à Gonfreville, un valet du sénéchal leur avait en effet appris que la demoiselle de Longwy se trouvait pour lors auprès de Mme de Brézé, au manoir de Nogent-le-Roi, en Vexin.

À Rouen, ils ne prirent pas le temps de dormir, et changèrent simplement de montures pour repartir dans la brume, toujours bride abattue. Le soir, ayant subi plusieurs avanies, ils n'étaient parvenus qu'aux abords de Château-Gaillard, et prirent néanmoins le temps de baigner leurs chevaux dans un méandre de la Seine ; ils perdirent encore deux heures avec le bac, avant de chercher une auberge discrète et sûre à l'entrée de Gaillon.

Ce soir-là, quoique fourbus, tous deux tardèrent à trouver le sommeil. Dans la nuit propice aux confidences, Gautier parla de Françoise… Simon sut le ramener à des soucis autrement pressants.

— Je donnerais très cher pour savoir ce que contiennent ces lettres, confessa-t-il à son frère.

— Cela ne nous regarde pas. Tu sais combien elles sont confidentielles !

— Je le sais.

— Le grand sénéchal a beaucoup insisté sur ce point.

— C'est bien ce qui m'inquiète...

— Simon ! Le contenu des messages ne concerne en rien le messager !

— Sauf s'il s'agit de documents compromettants... Il faut que j'en aie le cœur net !

Simon observait son rouleau de cuir, pour trouver un moyen de le décacheter discrètement. D'un bond, son demi-frère le lui arracha des mains.

— Ouvre cet étui, et tu es un homme mort !

Le jeune homme ouvrit de grands yeux.

— Tu me tuerais, moi, ton frère ?

— Imbécile ! C'est la justice du roi qui te mettrait à mort s'il s'avérait que tes sceaux avaient été brisés. Simon, crois-moi : on ne plaisante pas avec ces choses...

— Tu as raison. Comme toujours.

Au petit matin, Simon soupesa longuement sa missive, avant de remonter en selle ; Gautier vint lui taper dans la paume ; puis les Dioscures se séparèrent sous un soleil encore rouge.

Lorsqu'il vit son grand frère disparaître derrière un fourré, au détour de la route, Simon sentit sa poitrine et sa gorge se serrer. Piquant vivement des éperons, il lança son cheval au galop dans la direction de Pacy.

Il lui fallut trois jours encore pour gagner Blois et son château royal. Ironie du sort : à Vendôme, il avait logé, innocemment, en la fameuse hôtellerie des Trois-Rois... À la fin, le jeune homme était plus mort que vif lorsque, tombant de cheval, il annonça, non sans un vestige de fierté, qu'il avait un pli à remettre à Madame. En mains propres.

— Madame n'est pas à Blois, lui répondit avec hauteur un huissier ventripotent.

— Et où est-elle donc ?

— Madame est à Cléry, et ne sera pas de retour avant trois jours au moins.

Comme un automate, Simon se remit alors en selle ; il lui fallut chevaucher une nuit encore, le long de la Loire, pour remonter vers Cléry par Beaugency et Meung. Aussi ne parvint-il à destination, épuisé, titubant, qu'au matin du 15 août ; et pour apprendre que Madame, en attendant l'heure de la grand-messe, se recueillait dans le chœur de la basilique, sur le tombeau du roi Louis XI. C'est en ce lieu tout désigné[18] qu'elle allait donc apprendre l'existence d'une conspiration contre l'État.

Saint-Pierre-le-Moutier.

Gautier avait rejoint l'host royal dans un village, un peu en amont de Moulins. C'était aussi le 15 août, et l'église paroissiale avait reçu, le matin, la plus brillante assemblée de son histoire. Par courtoisie autant que par souci de l'efficacité, le jeune écuyer se présenta d'abord aux quartiers du duc d'Alençon.

— Vous ici, Coisay ? s'exclama le prince. Je croyais vous avoir...

— Monseigneur, j'accomplis céans une mission de haute importance auprès de Sa Majesté, pour laquelle le grand sénéchal m'a remis la missive que voici.

— Donnez, donnez, je transmettrai.

— Sauf votre respect, monseigneur, j'ai ordre de remettre le pli en mains propres.

On décelait, dans ces derniers mots, une délectation qui aurait pu passer pour vengeance si, par ailleurs, le jeune Coisay n'avait eu la réputation d'un garçon loyal. Muni de tous les sauf-conduits, il s'en alla donc trouver le roi dans ses quartiers du bailliage.

François Ier devisait, entouré d'un petit groupe de seigneurs, dont le jeune Montmorency et l'amiral de Bonnivet qui, comme des collégiens, singeaient la componction de ces messieurs du Parlement pour mieux stigmatiser l'avarice de leur assemblée. Ce faisant, ils essayaient de dérider leur maître, fort irrité en fait contre ce connétable qui, sachant le souverain à quelques lieues seulement de Moulins, avait piétiné les usages et négligé d'accourir à sa rencontre. Pour excuser une grossièreté frisant le lèse-majesté, le duc de Bourbon avait prétexté une fièvre maligne.

Le roi s'empara de la lettre du grand sénéchal, en scruta brièvement les sceaux qu'il brisa lui-même et, continuant de sourire aux pitreries de ses amis, la déplia d'un geste sec. À mesure qu'il lisait, cependant, la gaîté disparut de son visage pour faire place à de l'inquiétude. François était livide quand il transmit la lettre à Bonnivet.

— À peine croyable, souffla-t-il.

Gautier comprit qu'il devait à présent se retirer.

— Laissez-nous, ordonna le roi aux autres gentilshommes.

Il n'avait retenu, outre Bonnivet, que Montmorency, le vieux La Tremoille et le comte de Toulouse-Lautrec. Quand il leur eut exposé, dans un silence à chaque phrase plus pesant, le contenu de la missive, il sollicita l'avis de ces grands soldats.

Bonnivet prit la parole.

— Courons sus au traître ! grogna-t-il. Allons-y de ce pas, qu'attendons-nous ?

Une rumeur favorable accueillit ce cri du cœur. Seul Montmorency demeurait silencieux. Le roi le remarqua.

— Qu'en pensez-vous, maréchal ?

— Je comprends, sire, et partage la colère de l'amiral. Pour autant... Je me demandais s'il ne serait pas préférable de prendre le connétable à son jeu, et forts de ce que nous savons, d'aller tout benoîtement lui proposer une entente.

Bonnivet s'empourpra.

— Vous voulez faire la paix ? Vous voulez encore faire la paix !

François le calma d'un geste.

— Maréchal, dit-il, vous avez, comme nous autres, pris la mesure de la trahison. Comment dès lors pourrait-il être question d'entente ?

— Comprenez-moi, sire, tenta Montmorency. À supposer que les renseignements livrés par ces gentilshommes normands soient bons – et je ne doute pas qu'ils le soient – cela signifie que le connétable est au cœur d'un vaste complot contre votre sûreté, ourdi par l'empereur et par le roi d'Angleterre. Si, dans ces conditions, Votre Majesté parvenait à retourner la pièce maîtresse du complot, c'est tout l'édifice qu'elle ferait tomber d'un coup. La France éviterait une guerre intestine, vous-même reprendriez le contrôle de la situation – quitte à régler son compte, en temps utile, au connétable félon. Mais plus tard. En position de force...

Bonnivet grogna de plus belle, et le roi manifesta, par une moue dubitative, qu'il n'adhérait guère à ce raisonnement. Après tout, pourquoi eût-il tendu la main à ce grand serviteur retourné, à ce chevalier sans foi qui, en dépit de ses belles protestations, travaillait à la perte de sa dynastie et de son royaume ? Montmorency insista.

— Pour l'heure, plaignez Bourbon de sa maladie et accourez à son chevet ; faites étalage de force et de droiture ; et offrez à cette âme égarée la porte de sortie qu'elle n'a cessé de guigner depuis des mois.

— Et s'il nous tendait un piège ? demanda le vieux La Tremoille.

— Je ne prétends pas qu'il faille se jeter désarmé dans la gueule du loup ! Rappelons si vous voulez, avant d'entrer dans Moulins, les lansquenets du Bâtard de Savoie... Ils ont pris la route ce matin, ils ne doivent pas être bien loin.

Bonnivet haussa les épaules ; quant au roi, concentré sur ses pensées, il faisait songer à ces fauves qui se forcent, hors de tout appétit, à ingurgiter une viande qu'ils savent bonne pour eux.

— C'est bon, lança-t-il enfin au maréchal ; je me range à votre bon conseil.

Il reprit aussitôt un ton de majesté royale.

— Dès que les hommes de M. de Savoie nous auront rejoints, dit-il, nous nous rendrons au chevet de ce cousin par trop souffrant.

Moulins.

C'est entouré d'une troupe imposante – placée sous le commandement du duc de Longueville – que François Ier vint à la rencontre de son connétable. Le roi de France fit dans Moulins une entrée martiale, pour ne pas dire militaire. Il se dirigea droit vers l'élégant château des Bourbons et, laissant à distance sa lourde escorte, se fit annoncer, en petite compagnie, à cet hôte malgré lui qui se disait la proie de fièvres malignes.

Le connétable, travaillé de fait par la maladie, à moins qu'il ne fût rongé de remords, devait présenter à ses visiteurs une face terreuse, hirsute, assez étrangère à sa beauté légendaire. Par un souci de cohérence, il avait décidé de rester alité, et salua le souverain depuis sa couche, les cheveux trempés de sueur, un voile sur les yeux.

— Sire, marmonna-t-il, que Votre Majesté me pardonne ce manquement à tous les devoirs ; simplement, les forces me manquent...

— J'imagine votre gêne, mon cousin, et m'en voudrais de l'augmenter ! Sachez donc quelle part je prends à vos tourments.

Après les civilités d'usage, François s'appuya de manière ostensible sur le bord du lit, ce qui eut pour effet immanquable d'agacer l'entourage du connétable. Pour sa part, Charles affecta de trouver flatteuse une telle marque de familiarité. Le roi, tout en se forçant à sourire, ouvrait déjà les hostilités.

— Monsieur, comprenez le trouble où je suis : l'on m'avertit de toutes parts que vous auriez intelligence avec l'empereur et les Anglais !

— Vraiment, sire...

— Naturellement, je n'en crois rien ! Je suis bien assuré de la bonne affection que vous portez à ma couronne. N'êtes-vous pas, vous-même, issu de ma Maison ? Simplement j'ai eu vent – nous en avons parlé déjà – de vos projets d'union... Et j'aimerais que nous en recausions bien franchement. Entre parents.

Sur quoi, il posa crûment la question.

— Avez-vous l'intention d'épouser une sœur de l'empereur ?

Charles de Bourbon fit à son tour l'effort de sourire, mais son rictus parut à tous fort contraint.

— Sire, je sais que mes ennemis me desservent sans cesse auprès de vous et de Madame. C'est l'envie qui parle par leur bouche. Mais je vous en conjure : ne voyez dans leurs propos que la plus vile calomnie !

— Enfin : allez-vous devenir, oui ou non, le beau-frère de Charles Quint ?

Le connétable sentit qu'il allait lui falloir concéder quelque chose.

— Il est vrai, sire, que l'empereur m'a fait approcher plusieurs fois dans ce but. Mais en pure perte, sachez-le.

— Vous n'épouserez donc point sa sœur ?

— Eh ! N'avons-nous pas assez de beaux partis en France ?

Un éclat métallique traversa le regard du roi ; si dur, si mauvais, que le connétable abandonna sur-le-champ cette première ligne de défense, et consentit à brûler quelques-uns de ses vaisseaux.

— Toutefois... En bon sujet et loyal serviteur, lâcha-t-il à brûle-pourpoint, je souhaiterais révéler certaines choses à Votre Majesté.

Il fit l'effort de se redresser dans le lit, et se mit à frissonner de telle sorte que personne ne douta plus de la fièvre qui le malmenait. L'assistance retenait son souffle. François sauta sur l'occasion.

— À la bonne heure, voilà ce que j'espérais entendre !

Le duc de Bourbon émit une sorte de hoquet. D'un signe, il pria ses proches de sortir ; ceux du roi les suivirent à regret.

Dès qu'il fut seul face à François, Charles reprit.

— Je ne sais quels bruits sont remontés jusqu'à vous, mais il n'est que trop vrai que l'empereur, ainsi d'ailleurs que le roi d'Angleterre, m'ont fait secrètement des avances, ces temps derniers.

Le souverain soupira. L'autre poursuivait.

— Si je ne vous en ai pas averti plus tôt, c'est que je tenais à le faire de vive voix. Bien entendu, je n'ai donné aucune suite à ces offres de vos ennemis ; et pour tout dire, je regarde comme une injure qu'ils aient seulement eu l'ambition démente de m'attirer dans leurs rangs.

— À la bonne heure ! répétait François dont le teint, de soulagement, s'empourprait à vue d'œil.

Le connétable aussi devenait rouge – moins de soulagement, sans doute, que de honte devant tant de mensonge. Le roi hocha la tête.

— Je suis ravi que vous m'ayez fait cette confidence. Cela va dissiper bien des nuées entre nous.

Vainqueur haut la main, François pouvait fort bien en rester là ; seulement il tenait à vider l'abcès.

— Mon cousin, poursuivit-il, j'apprécie d'autant plus votre loyauté que je suis bien conscient de vous avoir fait du tort.

— Sire...

— J'aurais même pu concevoir que la crainte de perdre vos États n'ait quelque peu terni l'affection que vous m'avez toujours portée.

— Sire...

— Et pourquoi pas ? Je puis comprendre ces choses-là. Et je veux vous rassurer tout à fait : soyez donc certain, si jamais vous perdiez votre procès contre la Couronne, que je veillerai moi-même à ce que tous vos biens vous soient maintenus ; et cela, votre vie durant !

Là-dessus, François Ier s'approcha du connétable de Bourbon pour lui donner une accolade fraternelle. Charles frissonna de plus belle.

— Que Votre Majesté parte pour l'Italie l'esprit en paix ; et qu'elle sache bien, surtout, qu'il n'existe et n'existera aucune intelligence entre ses ennemis et son serviteur.

Le roi respira ; son regard s'adoucit, ses yeux s'embuèrent.

— Mais mon cousin, répondit-il, je n'ai nulle intention de partir sans vous. Nous traverserons les monts ensemble !

— Hélas, cousin... Ce qu'il y a de maudit dans cette fièvre, c'est qu'elle me prive de marcher à vos côtés.

— Allons, aucune fièvre n'est éternelle ! Nous attendrons le temps qu'il faudra. Et vous reprendrez votre place au premier rang de mes armées, comme au beau temps de Marignan !

François serra fermement la main de Charles, qui s'efforçait de soutenir son regard ; puis il se dirigea vers la porte.

— À propos, mon cousin... J'aimerais laisser chez vous un ou deux écuyers, afin de me tenir bien au courant des progrès de votre santé.

— Ils seront les bienvenus, lâcha le connétable en essuyant avec sa manche la sueur de son visage. Adieu, sire !

— À demain, cousin ! Ou après-demain...

François rejoignit, dehors, les quelques gentilshommes qui l'avaient accompagné. Parmi eux, l'amiral de Bonnivet se montrait, de loin, le plus échauffé. Il se précipita au-devant de son maître, et oubliant toute civilité, manifesta sa révolte.

— Sire, dit-il, cet homme-là vous trompe !

— Allons, amiral...

— Fiez-vous à moi ! Saisissez-vous céans de sa personne !

— Mais non, sûrement pas.

Le souverain se remit en selle et fit signe d'approcher à son capitaine.

— Longueville, ordonna-t-il à mi-voix. Nous allons lever le camp en bon ordre.

Puis il revint vers Bonnivet toujours bougon.

— Les choses n'en sont pas là, trancha-t-il. Il ne serait pas raisonnable, et ce serait injure à un tel prince, que de le faire saisir comme un bandit, sur de simples rumeurs...

— Mais le grand sénéchal et l'évêque de Lisieux...

— Ni l'un ni l'autre ne me rendront Milan, lança d'un ton cassant le roi de France.

Il donna le signal du départ, et le petit cortège se mit en branle, en direction du gros de l'escorte, qui attendait plus bas, sur la place.

Depuis sa chambre, figé derrière les petits carreaux d'une croisée, le connétable devinait le retrait des troupes royales. Son visage trahissait une grande agitation intérieure. D'un poing fébrile, il serrait sur son cœur la miniature figurant Mme de Beaujeu « du temps de sa gloire ».

En Bourbonnais.

Le 25 août, le roi étant à Lyon, Gautier de Coisay avait quitté la capitale des Gaules pour se rendre, sur son ordre, auprès du connétable. À Moulins. Il était porteur d'une lettre de créance où François Ier, prenant au mot son « cousin », lui redisait que jamais il ne franchirait les monts sans lui. Le faux malade avait renvoyé ce messager bien vite, avec moult assurances lénifiantes sur sa fidélité, sa convalescence, son désir de rejoindre au plus tôt l'host royal…

Renvoyé dès le 3 septembre vers le séditieux, Gautier devait retrouver celui-ci à Saint-Gérand-de-Vaulx, près de Varennes. Plus invalide que jamais, le connétable affectait de ne pouvoir cheminer qu'en litière, par très petites étapes ; ce qui ne pouvait, protesta-t-il, que retarder son arrivée à Lyon… Lors d'une halte à La Palisse, le duc de Bourbon franchit même un palier dans la feinte : il se déclara si faible, tellement souffrant, qu'il retint les médecins à son chevet, malgré eux. Pendant la nuit, ses gens firent exprès grand tapage dans toute la maison, s'agitant, courant, s'apostrophant comme on peut le faire autour d'un agonisant. Dans le même temps, il se murmurait sous cape que le soir même, le connétable irait coucher à Gayette, à quatre lieues de La Palisse ; or Gayette n'était pas sur la route de Lyon, mais bien sûr sur celle de Moulins !

Pour la seconde fois, le jeune Coisay rendit compte au monarque ; et pour la seconde fois, François le renvoya au duc, muni cette fois d'une mise en garde à peine voilée, ainsi que d'une demande d'explication dans les formes. Le roi jugeait « bien étrange » la marche arrière du connétable vers Moulins – encore ignorait-il qu'au même moment, son cher « cousin » recevait la visite d'un envoyé solennel du roi d'Angleterre...

Quand il atteignit Gayette à son tour, le 7 septembre à l'aube, Gautier fut surpris de n'y trouver ni Bourbon, ni sa suite. Il est vrai que celle-ci, depuis La Palisse, s'était fort allégée dans un souci de mobilité. Le jeune écuyer tenta de se renseigner ; mais la population, visiblement achetée, demeurait muette sur les mouvements du prince. À Varennes, cependant, un batelier finit par éclairer sa lanterne : il avait vu passer le connétable de France, apparemment en bonne santé, au milieu de ses hommes ; il avait eu le temps d'admirer sa belle haquenée baie, mais ne s'était nullement enquis de sa destination... Heureusement, un vivandier des environs s'était montré plus curieux ; il fut capable de préciser que la troupe avait l'intention de parcourir d'une traite six ou sept lieues, jusqu'à Chantelle.

Chantelle ! Au nom de cette forteresse qu'il savait sous la garde d'une vingtaine de canons, Coisay ne put réprimer un frisson. Ainsi, le duc se réfugiait ; il avait enfin franchi le Rubicon et, sans défier ouvertement le roi, se mettait toutefois à l'abri de ses coups éventuels...

Gautier piqua des deux[1] en direction de l'ancienne demeure d'Anne de Beaujeu ; or il fit si bien, si vite, qu'il atteignit Chantelle sur les talons du connétable. Après une longue attente imposée à sa pesante assiduité, le duc de Bourbon accepta de le recevoir. Il avait cette fois tombé le masque, et ne prit même pas la peine de s'asseoir sur son lit pour mimer la maladie ou la fatigue. C'est debout qu'il reçut l'écuyer royal, tandis qu'il soupesait et admirait une épée somptueuse, dont la garde était d'or ciselé.

— Soyez le bienvenu, lança-t-il à Gautier du ton le moins chaleureux.

— Monseigneur, je...

— Vous êtes bon cavalier, je le savais ; mais il me semble tout de même que vous me serrez les éperons de bien près.

Gautier ne s'attendait pas à tant de franchise. Il hésita un instant avant d'adopter, pour répondre, le même ton d'ironie faussement bienveillant.

— C'est aussi que vous avez, monsieur, de bien meilleurs éperons que je ne pensais...

Le connétable fit disparaître la lame de l'épée dans un fourreau doré. Il paraissait léger, comme libéré d'un poids, et consentit à sourire à l'impertinente remarque de l'écuyer.

— Vois-tu, petit, se confia-t-il en adoptant tout à coup le ton le plus familier, ce repli dans Chantelle pourrait passer pour un acte de défiance à l'égard de notre souverain. En vérité, il n'en est rien. Simplement, je sais le roi en colère ; je connais la malveillance de ceux qui l'entourent, et j'ai pu maintes fois juger des intentions de la Couronne à mon égard.

— Monseigneur, je puis vous assurer que le roi n'est point du tout en colère, et que...

1. Éperonna.

— Tes dénégations, petit, sont ridicules ; elles ne changeront rien !

Gautier sentit le sol se dérober sous ses jambes fourbues ; il n'avait pas été préparé à de tels échanges, et se savait, du reste, peu versé dans la politique.

— Monseigneur…

— Tais-toi ! Et retiens bien simplement que si j'ai préféré mettre cette distance entre le Maître et moi, c'est pour nous donner, à lui, le temps d'infléchir ses décisions, à moi, celui d'affermir les miennes.

Le duc de Bourbon avait reposé sa belle épée. Il fixa le jeune Coisay droit dans les yeux.

— Apprends-le : j'ai su, il y a quelques jours, que ces messieurs du Parlement étaient revenus sur leurs positions, et qu'ils rendaient exécutoire un arrêt de séquestre de tous mes biens et possessions. Dit-on cela chez le roi ?

L'écuyer demeura court. L'autre répéta la question sur un ton soudain véhément.

— Dit-on cela chez François ?

Gautier baissa les yeux. Il ignorait, forcément, qu'en Gascogne, les troupes espagnoles pointaient le nez ; que des lansquenets allemands chevauchaient déjà par centaines en Champagne. Il ignorait qu'un gros détachement de quatre mille hommes, en ce moment même, marchait sur Chantelle. Il ignorait toutes ces choses que le duc de Bourbon, lui, savait pertinemment…

Le lendemain, dès avant l'aube, le connétable de France se mettrait en route entouré d'une escorte de deux cent quarante hommes à cheval. Mais ses longues hésitations lui avaient fait perdre le bénéfice de la surprise. Talonné par les troupes royales, incapable d'opérer sa liaison avec de quelconques renforts parmi les conjurés, il allait bientôt connaître les affres de la retraite, puis de la course-poursuite... Et l'Europe étonnée le verrait tour à tour abandonner le gros de ses troupes, fuir et ruser, aller jusqu'à revêtir la tenue de valet, jusqu'à ferrer ses chevaux à rebours pour finir, accompagné du seul et fidèle Pompérant, par gagner Brioude, Le Puy, Vienne en Dauphiné – tel un fugitif !

Au pont de Vienne, Pompérant s'inquiéterait de savoir si le passage était gardé. Et les deux fuyards passeraient le Rhône à bord d'un bac sur lequel une vieille femme, intuitive, les reconnaîtrait.

— Ne seriez-vous pas de ceux qui ont fait les fous avec M. de Bourbon ?

À cette question cruelle et cependant innocente, l'ancien connétable ne devait répondre que par un triste sourire...

Puis il irait se perdre dans les confins de la Comté.

Chapitre VI

Automne 1523 - Hiver 1524

Château de Blois.

Le connétable enfui, Gautier avait repris ses quartiers à Lyon, chez le duc d'Alençon. À peine y était-il rentré que Montmorency, lui-même en partance pour les cantons helvétiques, l'avait chargé de la plus douce mission.

— Mon ami, avait-il ordonné de sa voix chaude, vous irez trouver la grande sénéchale à Blois, chez la reine, et lui remettrez ceci de ma part.

La grande sénéchale ! Cette dame admirable qui jamais ne se déplaçait sans la plus merveilleuse des demoiselles ! Pour un peu, le messager aurait embrassé le maréchal. Celui-ci, tout en précisant ses directives, avait tendu à Gautier une lettre déjà scellée et roulée dans un tube d'écaille.

— Avant toute chose, vous veillerez que Mme de Brézé soit seule et tranquille pour découvrir la missive ; mais vous aurez aussi le plus grand souci de l'urgence : il est important qu'elle soit informée avant que certains esprits malveillants n'aient eu loisir de la surprendre.

Aussi bien Gautier, brûlant les étapes à son habitude, et ne faisant halte aux relais que le temps nécessaire à changer de monture, avait-il volé vers son but comme l'ogre des contes. Pendant tout le voyage, il n'avait guère songé qu'à Françoise, s'usant l'esprit à l'imaginer, à la revoir, à se la figurer de toutes les façons… Il visualisait sans se lasser les infinies variantes de ces retrouvailles, et déclinait à plaisir les péripéties, des plus futiles aux plus graves, dont cette échéance rêvée pourrait peut-être s'enrichir.

Enfin, par une matinée venteuse et changeante, Gautier se vit à portée des faubourgs de la cité royale. N'y tenant plus, il attacha son cheval à une branche, et comme l'aventurier impatient de découvrir un site, grimpa sur le talus bordant la Loire. Merveille : la ville s'étendait là, toute proche, avec ses toits pentus et luisants que dominait, par-delà le fleuve, le grand château tout hérissé encore de palans et de grues. Et dans les flancs de ce château… Le souffle court, Gautier se dit que son heure venait enfin.

Il ne lui restait pas plus d'une lieue à couvrir. Autant dire qu'à une demi-heure de là, quelque part derrière ces murs de tuffeau, sous ces pans d'ardoise fine, respirait celle qui occupait maintenant toutes ses pensées. En ce même instant, d'autres que lui, là-bas, pouvaient croiser le regard tendre et malicieux de l'archange aux cheveux de vermeil filé !

De son côté, après tant de semaines d'une attente vaine, usante, Françoise de Longwy n'attendait plus vraiment. De sorte que, ce jour-là, lorsque, vers midi, ses pas portèrent la jeune fille du côté des écuries – comme ils l'avaient menée cent fois déjà dans le passé – elle était loin de se douter que cette promenade, en dépit d'un temps gris et triste, serait l'une des plus belles, des plus mémorables de toute son existence.

Françoise approchait des arcades de brique et de pierre, totalement désertes à cette heure, quand elle tomba sur lui, à l'improviste.

— Gautier ?

Le jeune homme s'efforça de dominer son émotion ; il souriait à belles dents, le regard joyeux, comme si cette rencontre n'était qu'un heureux hasard – la surprise agréable d'une journée par ailleurs bien remplie.

— Françoise, m'amie !

Elle le fit taire en avançant une main délicate vers ses lèvres. Les amoureux s'embrassèrent, timidement d'abord, puis à pleine bouche ; ils s'enlacèrent tendrement, sans se préoccuper du tout des éventuels témoins. L'un comme l'autre étaient trop emportés, soulevés trop loin de la terre des hommes, pour s'en soucier le moins du monde.

Ce fut sans doute Françoise qui reprit pied la première. Depuis tant de semaines et tant de mois, elle avait espéré ces retrouvailles ; elle n'allait pas, à présent, se laisser déborder par ses sens ! Exactement comme dans ses rêves, elle tira Gautier par la main – toucher sa main ! – et, discrètement, comme en cachette, le conduisit jusqu'aux marches menant aux étuves.

C'était la seule destination possible pour un cavalier rompu – destination interdite, évidemment, aux jeunes filles bien nées… L'attrait n'en était que plus vif. Et c'est le cœur battant que Françoise, elle-même surprise de sa propre audace, menait au bain son galant.

Lui, souriait et se laissait faire. Lentement, posément, elle lui ôta son bonnet de velours, dégrafa son pourpoint, dénoua ses aiguillettes. Il fit au mieux, de son côté, et vint à bout, sans trop de peine, de la robe de velours bleu tendre, des cottes, vertugale et vasquine, et des jupes de la demoiselle... Seulement l'impatience de Gautier, son avidité même, ne valaient pas la méthode de Françoise, exquise et désarmante de doigté. Des frissons de plaisir parcoururent le corps du garçon quand elle lui défit sa chemise et tira sur ses bas-de-chausses. Il était nu bien avant elle, et ne chercha pas à cacher les avantages dont la nature l'avait doté.

Ils n'étaient rien, cependant, comparés aux appas de la jeune fille. Tout en elle fascinait les regards et ravissait les sens : la douceur nacrée de la peau, la perfection d'un corps aux hanches galbées, au ventre menu, aux seins ronds et fermes ; et ces tétons pointant haut ; et cette ineffable magie se dégageant de la plus opulente des chevelures...

Sans le secours de ses mains, Gautier caressa de son corps les parties les plus cachées, les plus sensibles de celui de Françoise. Sa bouche fit merveille où ses doigts s'interdirent d'aller, et l'eau tiède, presque chaude, qui les couvrait tous deux tour à tour, leur semblait un voile de douceur ajouté à d'autres douceurs.

Quatre fois, cinq fois même, émergeant d'un éther savonneux, c'est un Gautier plein de vigueur qui honora sa Françoise offerte. À chaque fois, elle accompagna sa jouissance extrême, la devança même et la sublima. Quand, à la fin, les amants comblés se trouvèrent fatigués de leurs propres sens et repus de la chair de l'autre, enfin Françoise consentit à parler.

— Bonjour, mon aimé, dit-elle.

— Oh m'amie, bonjour à toi.

— Tu as fait bon voyage ?

— Puisque je chevauchais vers toi !

— Et quelles nouvelles avais-tu...

À ces mots, comme piqué d'un coup d'éperon, Gautier sursauta et s'assit. Il était revenu tout à lui.

— Mon Dieu, la lettre !

— Quelle lettre ?

— Celle que m'a confiée le maréchal à destination de Mme de Brézé. Il faut que je la porte à l'instant !

— Rhabille-toi, mon cœur. La grande sénéchale est assez farouche...

Françoise rit de bon cœur ; mais Gautier s'affolait.

— J'ai failli à ma mission, dit-il. Je devais remettre cette lettre à mon arrivée.

Le jeune Coisay, séché, coiffé, paré par des mains amoureuses, fut bientôt introduit dans les appartements de la reine Claude. La souveraine, alors souffrante, gardait le lit. Rideaux tirés. Gautier s'inclina néanmoins dans cette direction, bien respectueusement ; puis il salua très bas la mère du roi qui se chauffait les mains au foyer. Enfin il se dirigea vers la grande sénéchale et, baissant la voix autant qu'il était possible, lui révéla l'importance de la missive et sa provenance.

Le ciel chargé avait avancé la nuit, et la grande sénéchale dut s'approcher de bougies allumées pour déchiffrer la fine écriture du maréchal. À mesure qu'elle lisait, Gautier vit le sang disparaître de son visage ; il se dit que, décidément, la destinée lui confiait un bien étrange office...

À la fin, presque évanouie, Diane se précipita vers Madame et, tombant à genoux, demanda pitié d'une voix meurtrie.

— Oh, madame, c'est un coup terrible...

Louise de Savoie la toisa, étonnée.

— Eh bien, ma chère petite, mais qu'est-ce donc ? De quoi me parlez-vous ?

— C'est mon père, madame... Mon père, Jean de Poitiers...

— Mon Dieu, serait-il mort ?

— Non, madame, mais je crois qu'il eût mieux fait.

La mère du roi, tournant le dos à la cheminée, tenta de relever Diane de Brézé ; mais celle-ci s'abîmait dans une révérence exagérée.

— Pardon, madame, ayez pitié de nous !

— Mais qu'en est-il, à la fin ?

Rassemblant ses esprits, la grande sénéchale se redressa, recomposa quelque peu son visage et, d'une voix blanche, livra enfin l'explication de sa détresse.

— Le roi, madame, vient de faire arrêter mon pauvre père. On l'accuse nommément d'avoir trempé dans l'affreuse conspiration. Celle du connétable !

Madame ouvrit de grands yeux.

— Si cela était, Brézé, je vous avoue que je serais bien ennuyée.

— Oh, madame !

— Il suffit ! Relevez-vous et tâchez d'en savoir davantage.

La mère du roi s'interrompit un instant, puis elle ajouta un de ces mots dont on disait qu'ils finiraient par lui aliéner les meilleures volontés.

— Les jeunes princes vous aiment beaucoup ; ils seraient bien chagrinés de vous perdre !

Prison de Loches.

Commencée à Tarare, la détention de Jean de Saint-Vallier devait se poursuivre en Touraine, à Loches. C'est au vieux donjon de Foulques Nerra, faisant office de prison depuis le règne de Louis XI, que l'on avait conduit le père de Diane. Sa cellule, au sommet de la tour, était de tradition celle des criminels ; on avait eu soin, pour sa honte, de le lui préciser.

Du reste le malheureux, très accablé, sujet depuis son arrestation à un regain de cette fièvre qu'il avait rapportée d'Italie, n'était que l'ombre de lui-même. Un valet fidèle, Chabaud, installé non loin du château à l'auberge de la Tête noire, était régulièrement admis à le visiter ; et c'était à chaque fois pour constater, impuissant, la dégradation de son état. Fort amaigri, le teint blafard, les yeux tout enfiévrés, le « gentil seigneur » donnait le sentiment d'aller au-devant de sa déchéance.

Le valet, ce matin-là, fut admis peu après l'aube dans la geôle de son maître. Un petit jour blafard s'insinuait à peine en ces lieux sinistres.

— Messire, lança Chabaud en exagérant son entrain, l'on m'a fait quérir afin de vous rendre tout beau !

Le captif émergea, presque hagard, d'un coin d'ombre.

— Dieu du Ciel... Ont-ils parlé d'une visite ?

— On ne m'a rien dit, mais c'est probable !

Le gentilhomme voulut se jeter, plein d'espoir dans les bras du valet ; mais une chaîne retint son élan, qui le reliait au mur par un collier de fer. Il retomba sur les genoux.

— Ah, Chabaud, faut-il que tu me voies dans cet appareil ?

— C'est grand pitié, mon maître, je le déplore autant que vous !

La douleur altérait la voix du serviteur. Il n'en poursuivit pas moins, d'un ton faussement enjoué.

— Dites-vous que c'est tout passager... Bientôt les juges verront leur méprise.

— Chabaud, gémit le prisonnier, ils m'ont enchaîné comme une bête.

Le valet s'enhardit à le prendre par les épaules, pour l'aider à se relever ; pendant un moment, les deux hommes mêlèrent leurs soupirs. Puis Chabaud entreprit la toilette du captif : le pauvre homme paraissait vieilli ; il était sale. Ses cheveux et sa barbe, de blonds, avaient viré au blanc.

— Plaise à Dieu que mes lettres aient touché leur but, qu'enfin je puisse voir ou mon gendre, ou ma fille ! Ma petite fille...

— Allons, messire, allons !

Le gentilhomme tenta de se ressaisir.

— Si c'est mon gendre qui est venu, je m'en vais tout lui justifier. Lui, sait bien que je ne suis pas un traître ! Il va me prendre en pitié. Nous allons concevoir ensemble un moyen de m'ôter de là au plus vite. Il est grand sénéchal, tout de même, grand sénéchal !

— Il faut vous calmer.

— Seigneur Dieu, implora Saint-Vallier en levant au ciel un regard déchirant. Faites que je sorte de céans !

— Il faut songer d'abord à vous vêtir...

Le valet l'assista pour passer une chemise sur son torse étique, cacher ses cuisses osseuses sous un haut-de-chausse, couvrir de bas, tant bien que mal, ses jambes et ses pieds meurtris. Saint-Vallier ne se prêtait que distraitement à cet habillage, car son esprit restait tout enivré d'espérance.

À peine fut-il vêtu que deux archers firent irruption, suivis de près par le geôlier.

— Allons, dit celui-ci. Êtes-vous décent ?

— Monsieur, commença Saint-Vallier dans un raidissement, en fait de décence...

— Oui, très bien. Soldats, conduisez-le.

Les archers détachèrent le prisonnier pour lui faire dévaler les degrés du donjon, jusqu'à la grande salle où siégeaient ce matin-là des commissaires désignés par le roi – en personne le premier président du Parlement de Paris et trois hauts conseillers[19]. Ces messieurs, tout empesés, affectèrent de n'attacher aucune importance à l'entrée de l'accusé, aussitôt mis sur la sellette. Ils dissertaient gravement à voix basse, en mystérieux conciliabule.

Jean de Saint-Vallier montrait un sombre visage ; la déception se lisait sur ses traits : ainsi, ce n'était pas pour la visite d'un parent ou d'un allié qu'on l'avait, aux aurores, tiré de son cachot – mais en vue de l'interroger encore ! Après un long moment, le président de Selve daigna jeter un regard en sa direction.

— Poitiers, l'apostropha-t-il durement, nous avons étudié vos réponses, naguère, au maître des requêtes Lhuillier. Elles ne nous ont pas convaincus. Nous sommes persuadés que vous avez menti.

— Monsieur...

— Taisez-vous donc ! Vous parlerez quand on vous le demandera.

Le premier président marqua une pause.

— Du reste, ajouta-t-il comme pour lui-même, il sera bien temps de parler quand on vous appliquera la question.

Cette menace acheva d'abattre Saint-Vallier. Était-il possible qu'on projetât de le torturer, lui, vaillant soldat, seigneur d'antique famille, comme un vulgaire brigand, et qu'on lui arrachât des aveux au prix de souffrances indicibles ?

— Ainsi, reprit le président, vous affirmez et réaffirmez n'avoir jamais, de près ou de loin, été seulement au fait de la conjuration fomentée par le duc de Bourbon.

— Monsieur, j'ai fait publier par mes gens un cartel de défi contre quiconque oserait prétendre le contraire.

L'un des conseillers ne put réprimer un éclat ; mais il fut rappelé à l'ordre, d'un simple geste, par le président.

— Nous n'avons cure de vos défis. Nous voulons seulement que vous nous disiez, tout net, ce que vous avez su du pacte secret passé à Montbrison.

— Rien du tout, monsieur. Je n'en ai rien su, du tout.

— Et pourtant vous avez vu le connétable au plus fort de la conspiration.

— J'ai vu le connétable, mais seulement pour lui parler du mariage d'un de mes fils avec la demoiselle de Miolans...

— Et vous n'avez pas assisté à l'entrevue de Montbrison.

— Non, monsieur.

Le président commençait à prendre la mouche.

— En un mot, n'avez-vous pas reçu la moindre confidence sur la félonie du connétable ?

— En trois mots : pas la moindre.

— Bien… Très bien.

Le président de Selve avisa ses conseillers, puis d'un signe de tête, il demanda qu'on fît entrer le témoin qu'il gardait en réserve. C'était le sieur de Saint-Bonnet, homme de confiance du connétable. Dès qu'il le vit paraître, Jean de Saint-Vallier vacilla ; il sentit de froids tentacules lui enserrer le cœur, et fut pris d'une irrépressible quinte de toux.

Le pauvre témoin, enchaîné lui-même par les poignets, faisait maintenant face aux commissaires.

— Connaissez-vous ce gentilhomme ? demanda posément Selve.

— Oui, monseigneur.

— Pouvez-vous l'identifier ?

— C'est M. de Saint-Vallier, seigneur de Poitiers. Le père de Mme la grande sénéchale.

Le président hocha la tête.

— L'avez-vous vu à Montbrison en juillet ?

Saint-Bonnet fit tarder sa réponse. Encore ne la murmura-t-il que dans un souffle, et après qu'on lui eût répété la question.

— Oui, monseigneur.

— Était-ce le soir de la conspiration ?

— Oui, monseigneur…

— Il ment ! tenta Saint-Vallier.

— Mais taisez-vous, à la fin ! Saint-Bonnet, pouvez-vous affirmer devant nous que ce gentilhomme se trouvait parmi les conspirateurs de Montbrison, le 18 juillet dernier ?

À présent Saint-Bonnet pleurait à chaudes larmes.

— Oui, monseigneur, je vous l'affirme.

Il se tourna, tout éploré, vers l'accusé qui toussait de plus belle.

— Pardon, messire, pardon. Mais on m'a menacé des pires tourments...

Le délateur se replia sur lui comme un insecte délivré de son poison. Le Premier président le fit évacuer ; il avait obtenu ce qu'il en attendait. Le magistrat vrilla un regard glacé dans celui, plus fiévreux que jamais, de l'accusé.

— Vous êtes un traître, monsieur. Et vous n'avez même pas le courage de vos engagements.

La fièvre, chez Saint-Vallier, redoubla si bien qu'il fut dès lors parcouru de frissons et secoué par la toux. On l'avait, avec mépris, remonté jusqu'au cachot dont on ne le sortit, quelques jours plus tard, que pour lui tirer des aveux complets sur sa présence à Montbrison en ce jour fatidique, et sur sa pleine et entière connaissance de la trahison.

— Dieu m'est témoin que j'ai pourtant bien tenté de dissuader monseigneur d'aller au bout de son projet...

— Mais pourquoi, lui demanda l'un des commissaires, pourquoi, dans ce cas, n'avoir pas dénoncé le complot ?

Assez piteusement, Jean de Saint-Vallier prétendit qu'il en avait eu le projet, mais l'avait différé dans le seul but d'en apprendre davantage.

— Mon intention était, par la suite, d'aller tout révéler au roi...

— Eh ! Mais que vous fallait-il de plus ? demanda le premier président en haussant les épaules.

Les trois magistrats échangèrent un regard entendu. À leurs yeux, le sort du gentilhomme était scellé.

Château de Blois.

Quand François remonta de Lyon, son plus grand bonheur fut de revoir Marguerite. Leurs retrouvailles, comme toujours, furent mieux que chaleureuses ; et le souvenir pénible de l'après-dînée d'orage semblait s'être dissipé. Leur liaison si forte avait retrouvé la franchise, l'assurance qui, seules, permettent d'épancher les sentiments. Et sans rien oublier, sans doute, d'un douloureux épisode, ils firent le choix tacite de n'y plus faire la moindre allusion.

François, pour autant, n'avait pu s'extraire du crâne certaines impressions funestes ; plus que tout, il gardait à l'esprit, prêt à ressurgir à l'occasion, ce regard affreux – regard de mort – que la sœur adorée, surprise et comme tétanisée, lui avait décoché au moment de la faute. Il arrivait même qu'au milieu de la nuit, le roi s'éveillât d'un coup, le cœur démonté, la sueur au front, tiré de rêves agités par ce coup d'œil effroyable et tenace.

Il n'avait osé en parler à son confesseur, s'était juste risqué à évoquer l'affaire, à mots couverts, avec un Bonnivet qui ne prenait rien au sérieux. Le plus simple, et le plus naturel, eût été, assurément, de s'ouvrir discrètement de son remords à Marguerite elle-même ; toutefois lorsque François tenta quelque approche en ce sens, il comprit que le remède, en la matière, serait sans doute pire encore que le mal, et qu'en cas de blessures très intimes à la conscience, le silence seul pouvait cautériser les plaies. Le silence et le temps...

Insensible à ces crises intestines, Louise de Savoie ne l'était nullement, en revanche, à celles qui agitaient le gouvernement. Ainsi, à peine eut-elle son fils près d'elle, de nouveau, qu'elle multiplia les occasions de noircir à ses yeux le baron de Semblançay[20]. Écarté du pouvoir, avec ses parents et alliés, le vieux financier commençait à payer pour ses indiscrétions de l'an passé. Madame, qui remâchait volontiers ses vengeances, avait juré sa perte ; et sans relâche elle œuvrait à susciter une commission chargée de pointer les registres du vénérable commis. Le roi semblait prêt, du reste, à se laisser fléchir : il espérait peut-être que – miracle de l'arithmétique – ce créancier gênant se révélerait, en fin de compte, débiteur de la Couronne...

Parmi les seigneurs qu'avait retrouvés François sur les bords de Loire, le grand sénéchal se montrait fort assidu à son service. Il est vrai que les aveux de son beau-père, le transfert de celui-ci au Châtelet de Paris et, dans la foulée, sa condamnation par le Parlement, avaient beaucoup fragilisé sa propre position. Quand

Louis de Brézé avait appris, à la mi-janvier, que son beau-père, déjà privé de ses dignités et prérogatives, allait être mis à mort, il s'était senti pris de vertige... En d'autres temps, il aurait sûrement dû remettre sa charge et se retirer honteusement sur ses terres de Normandie ; mais outre qu'il était propice à la défense de côtes menacées par l'Anglais, le grand sénéchal jouissait à la Cour d'un crédit considérable. Quant à sa jeune épouse, elle avait eu l'heur de se rendre utile à Madame et presque indispensable à la reine. Aussi le sort des Brézé avait-il été dissocié de celui du seigneur de Poitiers.

Dans un premier temps, Diane, meurtrie d'avoir été jetée dans l'abîme par l'inconséquence de son père, manifesta plus de colère envers lui que de pitié. Elle prit la dure résolution de n'intercéder en rien. Puis, là aussi, le temps fit son œuvre... Surmontant dès lors et sa honte et sa peur, elle osa timidement évoquer l'affaire devant la reine, et finit, un soir, par en toucher un mot à la mère du roi. Celle-ci, égale à elle-même, ne lui laissa guère d'espérance.

— Votre père, mon enfant, s'est mis lui-même en un piège dont je ne vois pas que l'on sorte vivant. Il y faudrait la grâce du roi ; et pour tout vous dire, j'ai beau être sa mère, je ne me sens pas le courage d'aller l'affronter là-dessus.

— Madame...

— C'est qu'il est très irrité, ma chère. Non sans raison, d'ailleurs.

— En punissant le père, madame, c'est la famille que l'on flétrit. Sans compter tous ces biens qui nous seront confisqués...

Louise elle-même fut surprise d'une idée qu'elle ne put se défendre de trouver quelque peu mesquine.

— Cela n'entre pas en compte, trancha-t-elle.

Diane en conclut que seule une intervention de son époux auprès du souverain en personne aurait une chance – d'ailleurs mince – de réussir. Mais elle n'ignorait pas que l'affaire serait délicate à conduire, et qu'à ses habituels talents de diplomate, le vieux guerrier devrait, cette fois, joindre tout son courage.

De son côté, François Ier ne facilita pas la tâche au grand sénéchal. Il s'ingéniait, imité en cela par la Cour, à ne faire aucune allusion au drame qui se nouait ; et même, deux ou trois jours après la condamnation à mort, il poussa l'ambiguïté jusqu'à faire adresser à Brézé, de sa part, vingt-cinq pièces de vin ! Le vieux courtisan y vit la permission de s'enhardir. Et un matin qu'il venait, dans le particulier, de présenter au roi de nouvelles cartes du Cotentin, il profita de cette privauté pour soumettre son humble requête.

— Sire, je m'en voudrais d'importuner Votre Majesté, mais je ne serais ni bon mari, ni digne gendre, si je ne tentais de lui faire valoir, dans un moment grave, certains arguments que tout le monde, ici, lui cache à dessein.

— Vous me parlez de Saint-Vallier ?

— Sire, Votre Majesté doit savoir que dans cette odieuse affaire de félonie, les vrais coupables courent, et que l'on s'apprête à faire payer celui qui, certainement, l'est le moins.

— Allons donc !

— J'aurais garde, sire, de chercher des excuses au condamné, si tant est qu'il en ait... Mais je puis vous assurer fermement qu'en le vouant à la mort, le Parlement ne rend aucun service à la Couronne. L'on sait trop, en effet, combien ce gentilhomme blâmait la folle initiative du connétable, pour ne pas juger la sentence plus injuste que nécessaire.

— Mon cher Brézé, dit le roi, votre discours est bien rodé... Seulement, ce parent que vous défendez a couvert, par son silence, le plus grand des crimes contre ma personne, mes enfants, mes sujets et mon royaume ! Je ne vois dès lors ni cause ni fondement qui doive m'amener à réviser ladite sentence.

— Sire...

— Je le regrette, monsieur, mais je ne serais pas juste envers de bons et loyaux sujets – comme vous-même – si je laissais impunis les crimes de sujets déloyaux et mauvais comme il a pu l'être. Je crains qu'en cette affaire, la justice ne doive suivre son cours.

La tentative aurait dû en rester là ; mais Louis de Brézé, comte de Maulevrier, grand sénéchal de Normandie, n'hésita pas à s'abaisser jusqu'à mettre un genou à terre. François le releva d'un geste vif et, sur un ton qui n'admettait pas de réplique, mit un terme à leur entretien.

Deux jours plus tard, ce fut au tour de Diane de s'agenouiller devant le roi, en présence de la reine Claude qui, tout éperdue, paraissait plus troublée qu'elle-même. François la releva plus doucement que son époux, et lui souriant avec bonté, n'en opposa pas moins de rigueur à ses supplications.

Le lendemain, lors d'un bal de la Cour, le chancelier Duprat s'approcha des Brézé ; affichant une mine attristée, il leur fit part de l'agacement du roi devant des initiatives jugées aussi pénibles qu'inutiles. Dans l'esprit de Diane, ce fut comme si une lourde porte s'était refermé d'un coup, sous l'effet du vent.

Paris.

Le 15 février, le chancelier s'était rendu devant le Parlement de Paris, pour exiger, au nom du roi, l'exécution du traître Saint-Vallier. Ces messieurs l'avaient reçu fraîchement, car ils étendaient au malheureux complice l'indulgence que leur inspirait le cas du connétable lui-même... Seulement ils n'avaient guère le choix.

Le surlendemain, leur premier huissier se fit annoncer de bon matin à la Conciergerie, dans la cellule du condamné. Le « gentil seigneur » n'avait quasiment pas dormi, du reste, la terreur d'une issue fatale lui laissant peu de répit. Le gardien fit allumer des torches, pour que le visiteur fût à même de juger de l'état du captif. Ses fièvres avaient redoublé encore, et le pauvre homme tremblait maintenant sans arrêt. Il toussait constamment, se plaignait des dents, des yeux, s'alimentait fort mal, venait de passer des jours à soupirer et des nuits à nourrir l'écho des geôles de longs cris d'angoisse.

— Comment êtes-vous ? lui demanda l'huissier du Parlement.

— Oh, monsieur, je vous en supplie ! Allez dire au roi, notre sire, que je suis innocent. Tout cela m'est tombé dessus, je n'ai rien voulu…

— Je ne suis pas ici pour cela.

— Dites, je vous en conjure à genoux, dites bien à ma fille que je regrette amèrement…

— Je suis venu seulement pour constater votre état, et voir s'il y a moyen de vous faire subir la torture.

— Oh non ! Mon Dieu, non ! Pitié, monsieur, je vous en supplie !

Ce prisonnier pleurait comme un enfant, hoquetait comme un vieillard. L'huissier ne fut pas difficile à convaincre ; il déclara d'emblée que la maladie et la faiblesse du condamné ne permettaient pas, sauf à mettre sa vie en péril, qu'on le soumît à la question. Il le dit à Saint-Vallier qui prétendit alors baiser le bas de son manteau.

— Grand merci, monsieur, soyez béni… Oh, monsieur, l'on m'a dit que monseigneur Duprat était dans vos murs. Est-il bien vrai ?

L'huissier le dévisagea d'un air de commisération.

— Le chancelier est venu entendre l'arrêt que l'on prononce en ce moment devant notre Cour assemblée.

— C'est donc pour aujourd'hui…

L'homme de justice ne répondit pas, et laissa le malheureux à ses fièvres. Quelque temps plus tard, dans la matinée, du bruit se fit entendre à nouveau dans le couloir. Paniqué, Saint-Vallier se rencogna malgré lui dans un enfoncement de la muraille. Déjà le comte de Roussy, accompagné de plusieurs magistrats, entrait pour lui donner lecture de l'arrêt. Apeuré, aux abois, le père de Diane réentendit les mots « condamné », « transporté », « place de Grève », « décapité »

— Non, murmurait-il. Oh, mon Dieu ! Mais quelle malchance ! Quelle injustice, au fond !

« Tous ses biens seront confisqués, ajoutait l'arrêt, et mis en la main du roi. »

Jean de Saint-Vallier se tut ; il se sentait vide, à présent. Et la confirmation de ses pires craintes lui donnait l'étrange sentiment d'être libéré d'un poids. Une voix étouffée, en lui, susurrait à sa conscience que, tout bien pesé, cette exécution allait le délivrer. Mais encore fallait-il subir la honte et l'effroi du supplice – et cela, pour l'heure, lui paraissait insurmontable.

❖

On l'avait tiré vers le centre de la cellule. Un archer venait de lui passer au cou sa plus haute décoration : le collier de l'ordre de saint Michel. Le comte de Roussy s'avança et, tout en lui signifiant que la Cour l'avait privé de ses commandements et capitainerie, d'un geste sec et brutal, arracha la chaîne en faisant vaciller le patient. Messire Jean avait souvent, en songe, vécu ce moment infâme ; il avait imaginé que cela lui causerait une douleur très vive ; quelle ne fut pas sa surprise de constater qu'au réel, cela n'était pas si pénible. Peut-être son esprit, déjà, se détachait-il des vanités de ce monde.

Pour le préparer à mourir, on fit entrer le curé de la Madeleine. Commença sans tarder une confession bien contrite. Elle était loin d'être à son terme quand on pria le prêtre de hâter les derniers sacrements : le greffier criminel et un secrétaire attendaient à la porte. Leur mission était – à défaut du supplice des brodequins – de recueillir d'ultimes révélations du condamné et, si possible, les noms d'autres complices.

— J'ai dit tout ce que j'avais à dire, trancha Saint-Vallier d'une voix plus ferme et comme rassérénée.

— N'avez-vous pas, en confession…

— J'autorise mon confesseur, ici présent, à vous livrer tout le détail de mes propos.

Les deux hommes allaient ressortir quand le gentilhomme déchu, décidément ragaillardi, les rappela vivement. Il entendait demander qu'on lui permît de menus legs en faveur de ses serviteurs, d'un fils naturel, ainsi que de sa fille légitime Françoise, en vue de la doter. À la fin, il se permit une précision, de cette voix sonore qui avait été la sienne, autrefois, mais qu'on n'avait plus entendue depuis son arrestation.

— Ai-je besoin, messires, de vous rappeler que la terre de Sérignan étant au pape, il ne saurait être question de la confisquer à mon fils aîné, Guillaume ?

Ce regain de fermeté ne dura pas. À peine pensait-il à ses enfants, à ses proches, que Jean de Saint-Vallier tombait des affres de la terreur en celles de l'amertume. Il refusa de manger ou de boire quoi que ce fût, et manqua de perdre connaissance quand les aides du bourreau vinrent le préparer. Comme il tremblait, l'un d'eux crut peut-être qu'il avait froid et, renonçant à le déchausser, jeta de surcroît sur ses épaules, au moment de l'extraire des geôles, une sorte de chape doublée de renard.

Jean n'en avait pas moins les mains liées, la tête nue : son calvaire commençait.

Un ciel gris, très bas, pesait sur la Cité, donnant à ses maisons de plâtre et de torchis, entassées dans les rues, amoncelées sur les ponts, un aspect plus lourd et triste encore que de coutume. L'air humide et froid, parcouru de bourrasques, saisit le pauvre Jean.

Le lieutenant criminel voulut le faire hisser sur un cheval. Mais il était si faible, désormais, qu'on craignit de le voir tomber ; aussi un archer vint-il en croupe, sur la même monture, pour le maintenir. Chevauchant une mule à côté de lui, son confesseur pouvait lui tendre un crucifix à baiser. Entouré d'une troupe d'arbalétriers, d'un détachement du guet à pied et à cheval et des sergents du Châtelet, le sinistre cortège traversa la Seine en direction de la Grève. À mesure que l'on approchait du terme, une foule nourrie s'écartait de mauvaise grâce pour laisser passer le condamné, qu'elle dévisageait sans haine, certes, mais avec une impudeur affreuse.

Ce trajet prit vite, pour l'ancien gentilhomme, un tour assez irréel. Plus il avançait vers cette place dont la trouée, là-bas, se dessinait vaguement, et plus la réalité de ce qu'il vivait lui échappait. Jean de Saint-Vallier ne parvenait plus à réaliser qu'il vivait ses derniers instants. Sa fille, la belle et bonne Diane, son gendre, le grand sénéchal, tous ses amis de la Cour l'auraient-ils abandonné ? Le roi lui-même le connaissait et l'appréciait. Et la reine, et Madame en personne qui, à Lyon dix-huit mois plus tôt, l'avait si gracieusement reçu ! « Fiez-vous à moi », tels avaient été ses propres termes !

— Il faut que j'écrive à Madame ! dit le condamné à son confesseur.

Le curé de la Madeleine le foudroya du regard.

— Il n'est plus temps, mon fils, de songer aux affaires de ce monde. Usez plutôt les forces qui vous restent à préparer votre passage dans l'autre.

Ces quelques mots ruinèrent le peu de confiance qu'avait pu rassembler le malheureux ; ils eurent même un effet si néfaste sur lui que l'archer, dans son dos, eut toutes les peines à le maintenir en selle. Le cortège approchait à présent de l'échafaud, dressé non loin de la maison aux Piliers, siège de l'échevinage. Il était temps, pour les gens du Parlement, de remettre le condamné aux mains des exécuteurs.

Deux bourreaux se saisirent du père de Diane dès qu'on l'eut descendu de cheval. Ils le hissèrent sur les planches, lui retirèrent sa cape, le mirent en simple pourpoint – toujours mains liées et tête nue. Une infâme douleur avait pris possession du ventre du condamné, tenaillé moins par la honte, sans doute, que par la peur, et moins par la peur encore que par le regret.

À genoux, Jean accepta de demander pardon à Dieu et au roi, de réclamer justice, de dire hautement qu'il acceptait la mort qu'on s'apprêtait à lui donner.

— Je vais mourir, dit-il, je veux mourir.

Son esprit devenait confus, mais une image ne le quittait pas : celle de Diane, naguère encore, le recevant à Blois du côté des loges neuves, si belle et souriante et menue dans sa belle robe ; Diane qui l'avait gavé d'écrevisses et de beaux projets, et qui croyait pouvoir compter sur lui pour assurer son ascension à la Cour...

Deux larmes douloureuses perlèrent aux joues du condamné.

Autour de lui, les bourreaux préparaient l'appareil de son trépas. À trois reprises, déjà, le plus corpulent des deux avait soupesé lentement la longue et lourde épée qui, dans un instant, allait détacher sa tête de son corps. Plus d'une fois, dans sa vie, Jean avait eu l'occasion d'assister à une décollation. Il s'était dit, alors, qu'il préférerait n'importe quelle autre mort. Cette idée redoubla ses douleurs ; des frissons le secouèrent de plus belle. Un voile, par moments, venait lui troubler la vue.

Dans la foule, un murmure naquit et s'amplifia : le public, avide de sang, s'impatientait. Les spectateurs les plus proches de l'échafaud se sentaient gagnés, peu à peu, par l'angoisse du condamné ; ils auraient aimé qu'on abrégeât son attente et la leur.

— Qu'est-ce qu'on guigne ? demanda une voix perdue.

— C'est bien cruel, enchérit une autre qu'un grondement sourd approuva.

Monsieur de Paris[1] tardait à remplir son office. De longues, très longues minutes s'égrenèrent. Pour soulager le condamné, toujours agenouillé dans le froid, et secoué de tremblements irrépressibles, on hissa sur les planches une sorte d'escabeau sur lequel il put s'appuyer. Ses mains liées étaient réunies dans une prière fervente. À deux pas, le billot attendait, massif et lugubre, plein d'entailles et peint couleur de sang.

— Tuez-le, maintenant ! criait-on dans le public.

— Allons-y, que se passe-t-il ?

Des sifflements, des huées s'élevèrent de la foule, que l'attente rendait plus compacte et fébrile. Le jour, déjà chiche, commençait à décliner. Dans la tribune, certains représentants de la Cour et du Parlement bâillaient ; d'autres toussotaient d'agacement. Sur l'estrade, des signes de nervosité se manifestèrent jusque chez les bourreaux eux-mêmes. Le curé de la Madeleine, rouge et suant en dépit du froid, passait son temps à s'essuyer le visage avec une de ses manches de laine. Seul Jean, apparemment serein – à moins qu'il ne fût déjà inconscient à demi – subissait maintenant sans broncher l'interminable délai.

Une pluie fine, imperceptible mais pénétrante, se mit à tomber.

Enfin d'un pas lourd, l'exécuteur se saisit, pour la quatrième fois, de l'épée de Justice. Il assura sa prise, respira plusieurs fois, et vint lentement se placer tout

1. On appelait ainsi le bourreau de la capitale.

près du billot rouge. Deux aides, déjà, se saisissaient du condamné qui émit un maigre gémissement dans le silence. On lui fit appliquer le côté gauche de la tête sur le billot humide, frais.

Une rumeur venue d'un coin de la place, progressait vers son cœur. Un lointain cavalier, peinant à se frayer un passage, tentait de se faire entendre des exécuteurs. « Holà, criait-il, holà ! » Le confesseur se retourna, comme appelé par une apparition.

— Cessez, cessez !

Quand le chevaucheur, dans un brouhaha maintenant général, fut parvenu à une toise de l'estrade, il brandit un rouleau bien visible, cacheté de cire verte.

— J'apporte céans la rémission du roi !

⁂

Sur le coup, la tribune parut moins surprise que la foule. Ces messieurs avaient-ils été prévenus ? L'un des clercs du greffe criminel quitta prestement sa place pour se précipiter vers l'échafaud. Il s'était saisi au passage de la lettre de grâce, dont il donna lecture aussitôt. L'édit rendait un hommage appuyé au mari de Diane.

« Comme notre cher grand sénéchal de Normandie, ainsi que les parents et amis de Jean de Poitiers, nous ont, en très grande humilité, suppliés d'avoir pitié dudit Poitiers, et eu égard aux grands services qu'ils nous ont rendus depuis notre avènement, et puisque le grand sénéchal nous a montré loyauté et fidélité en aidant à découvrir les conspirations et machinations faites contre nous, nous préservant ainsi des maux qui nous guettaient, notre plaisir est de commuer et changer la peine de mort, et de remettre ledit Jean de Poitiers dans sa prison jusqu'à ce que nous décidions de son sort. »

À ces mots, le curé de la Madeleine laissa si bien éclater sa joie qu'il embrassa tout bonnement le bénéficiaire, prenant à témoin les bourreaux des bienfaits du prince et de la Providence. Le public montra moins d'allégresse, et frustré du spectacle, conscient d'avoir été berné, manifesta bruyamment sa colère. Plusieurs hommes du guet furent blessés dans les échauffourées qui s'ensuivirent ; près des planches, on huait à présent l'homme qu'on eût volontiers pleuré, quelques instants plus tôt.

Le principal intéressé, lui, mit un moment à émerger de l'état d'hébétude où l'avait plongé la conviction de devoir perdre la vie. Mais quand il eut enfin conscience de ce qui lui arrivait, loin de sauter de joie, Jean de Saint-Vallier s'effondra tout au contraire et, la face contre le plancher, laissa jaillir de ses entrailles une plainte étrange dont on n'aurait pu dire ce qu'elle trahissait davantage, de soulagement extrême ou d'extrême lassitude.

Chapitre VII

Automne 1524

Chapelle du château de Blois.

Pendant l'été, la pieuse et douce reine Claude, épuisée par trop de grossesses, avait fini par rendre l'âme. Les médecins la disaient partie d'une infection mystérieuse. Mais certains à la Cour, parlant sous le sceau du secret, insinuaient que c'était le roi, son trop infidèle époux, qui lui avait transmis le mal de Naples[1]...

Du reste, François était loin de sa femme lorsque l'avait atteint la nouvelle de sa mort. En effet, le connétable félon, ayant retrouvé des troupes et un appui, menaçait de contrôler bientôt toute la Provence ; et le roi avait pris la tête de l'armée partie la lui disputer[21]... Les funérailles attendraient bien son retour ! On avait donc embaumé le corps de la reine, et entreposé son cercueil de plomb dans un caveau de la chapelle Saint-Calais, au château de Blois.

1. La syphilis.

C'est là que la grande sénéchale, dame d'honneur de la défunte, se trouvait par un triste matin de fin d'été, priant Dieu pour cette âme candide.

Un tel moment de recueillement était aussi, pour Diane de Brézé, l'occasion de faire retour sur elle, et de songer à ses propres infortunes. En apprenant la grâce de Saint-Vallier, sa première pensée avait été pour ses filles, qui n'auraient pas à subir l'infamie d'un grand-père mort sur l'échafaud. Elle s'était aussi réjouie pour son mari, dont la faveur éclatait à chaque ligne de l'édit royal, et pour ses frères et sœurs qui, pas plus qu'elle-même, ne verraient leur échapper des biens transmis dans la famille depuis des générations.

Ensuite seulement, elle avait songé au condamné. Au risque de paraître dure, insensible, Diane ne cherchait pas à cacher que son père l'avait affreusement déçue. Qu'un tel gentilhomme, si beau, si fier, eût pu fouler aux pieds les intérêts de ses proches au point de se rendre complice de la pire des trahisons, qu'il eût eu la vanité de sacrifier le bonheur des siens sur l'autel d'ambitions chimériques, voilà ce que sa fille aînée, prétendue bien-aimée, ne pouvait – et ne voulait – comprendre. Elle avait dit, une fois, qu'elle eût préféré le savoir mort plutôt que déchu ; elle le pensait.

Mais en son for intérieur, aussi bien, elle avait eu pitié des faiblesses de Saint-Vallier. Elle avait tenté, cent fois, de se mettre à sa place, lui avait peu à peu cherché des excuses, avait fini par en trouver. Avec le temps étaient revenus les souvenirs d'enfance, et la poignante nostalgie des chevauchées de jeunesse à travers le pays diois... Oui, Diane s'était prise à regretter de ne pouvoir serrer dans ses bras ce père prisonnier ; elle s'était imaginée, déplorant avec lui leurs illusions envolées. Et quand elle avait su qu'on ne le tuerait pas, elle avait rendu grâce à Dieu de sa miséricorde, et loué très haut la magnanimité de Madame et du roi.

Une question se posait à présent : le reverrait-elle ? La chose eût été facile, depuis qu'on avait renvoyé le condamné gracié à son donjon de Loches... Cependant Diane hésitait. Elle avait laissé passer l'été, et l'automne venant, remettait cette perspective à l'hiver. Visiter son père au cachot ? Le voir souffrir et s'humilier ? Partager des soupirs impuissants et gémir de concert sur les duretés de l'existence ? À la vérité, la grande sénéchale redoutait tout cela. Et lorsqu'elle osait se montrer franche avec elle-même – ce qui était fréquent –, elle allait jusqu'à se dire qu'elle n'en ressentait peut-être pas l'envie.

Diane se retourna : Françoise de Longwy venait d'entrer dans le caveau. Sans un mot, elle fit de la tête un signe à Diane qui comprit aussitôt : on l'attendait d'urgence à la pouponnière. Depuis quelques jours en effet, la princesse Charlotte, fille aînée des enfants royaux, dépérissait à vue d'œil. À huit ans à peine, elle avait mal surmonté le décès de sa mère, et s'était laissé gagner par une rougeole insidieuse. À présent elle agonisait.

Diane se signa plusieurs fois et, avant de se relever pour suivre Françoise, supplia les mânes de la défunte reine d'intercéder en faveur de la fillette.

— De grâce, madame, ne la rappelez point à vous ! Laissez-la-nous encore un peu !

Château de Blois.

Au chevet de l'enfant mourante, la princesse Marguerite faisait la même prière. Mais, plutôt qu'à Claude, elle l'adressait à Jésus. Librement et sans intercession. Les antiennes qu'elle répétait nuit et jour depuis le début de la semaine avaient fini par la convaincre elle-même que la petite survivrait. Il ne lui semblait pas pensable que le Seigneur mît fin si tôt, si mal, à cette vie sans tache ; il n'était pas imaginable pour elle qu'on eût décidé, Là-haut, de séparer cette petite âme douce, de ce petit corps charmant.

Marguerite se redisait avec ferveur les paroles de consolation qu'elle avait reçues de Mgr Briçonnet, lorsqu'il avait appris la maladie de la princesse Charlotte. Avec le fatalisme onctueux des gens d'église, l'évêque de Meaux avait tenté de faire entendre à sa correspondante que les voies du Seigneur étaient impénétrables, et qu'en montant aussi vite au Ciel, une enfant avait toutes les chances de connaître les ravissements suprêmes et la perfection du royaume de Dieu... D'un côté, cette assurance était douce au cœur de la croyante ; et Marguerite en venait presque, au plus fort de la méditation, à envier le sort de sa nièce. Mais à d'autres moments, dès que les vérités tangibles de ce monde revenaient jusqu'à son esprit, la femme de chair et de sang souffrait violemment d'une fin si précoce et tellement injuste.

Elle prit dans ses doigts la main potelée, exsangue, de sa nièce, et la trouva si froide, soudain, que son cœur se serra et qu'elle ne put réprimer un sursaut. Alors, comme réveillée, la petite ouvrit les yeux. Elle esquissa un pâle sourire et, dans un effort courageux, leva la main jusqu'au visage de sa tante pour essuyer ses larmes.

— Ma Charlotte, soupira la duchesse d'Alençon, mon petit ange, reste avec nous !

Mais déjà le sourire de l'enfant se figeait.

— Tu m'entends ? demanda Marguerite. Reste ici, avec moi ! Charlotte ? Oh non !

La petite rendait son dernier souffle, et les dames assemblées virent la haute silhouette de leur maîtresse se casser d'un coup et s'effondrer sur le corps, le palper, le secouer désespérément en gémissant de manière affreuse.

— Non ! hurlait-elle. Je ne veux pas ! Non, Seigneur ! Miséricorde !

Lorsque Diane et Françoise entrèrent dans la chambre, on tentait d'éloigner Marguerite de la dépouille de sa nièce. Elles aidèrent à conduire vers une antichambre la princesse évanouie, tandis qu'on apportait déjà de quoi toiletter la princesse morte.

— Il faut prévenir Madame, articula Marguerite lorsqu'elle émergea d'un long moment de prostration.

— Vous sentez-vous assez forte pour lui annoncer la terrible nouvelle ?

Diane de Brézé n'attendit même pas la réponse. Elle soutint la sœur du roi par le bras gauche, Françoise de Longwy la prit par le bras droit ; et toutes trois, éplorées, cheminèrent vers les appartements de la régente. Car depuis le départ du roi pour le Midi, sa mère avait repris le titre de régente de France.

Elles la trouvèrent seule, affalée sur le prie-dieu de sa chambre, couverte d'une vaste chape de taffetas noir où brillaient des reflets nocturnes.

— Aidez-moi, murmura Madame, mes jambes me font si mal...

Diane se précipita vers elle avec un empressement où entrait, certes, du respect pour sa nouvelle maîtresse, mais aussi l'inconscient et permanent désir de racheter, par un dévouement zélé, la conduite passée de son père.

— Madame, dit-elle, la princesse Marguerite est venue vous...

— Je suis au courant, coupa Louise. On m'a prévenue.

À présent droite et ferme, elle ouvrit ses bras à sa fille qui vint s'y réfugier, s'y pelotonner comme une enfant. Marguerite sanglotait de nouveau.

— Là, là, dit la Régente en écrasant une larme. Après tout, ce n'est point une surprise... Je vous avais dit, l'autre jeudi, que cette maladie nous la prendrait.

— Croyez-vous, demanda la princesse, croyez-vous qu'elle soit entrée en Paradis ?

— Sans aucun doute.

La grand-mère avait lâché cette réponse du ton le plus détaché. Du moins ses traits, tirés par la fatigue, contribuaient-ils à lui donner un grand air de tristesse... Madame avait passé la nuit à étudier différents moyens de contrer les effets d'une sécheresse terrible, qui partout dans le royaume avait tué les récoltes et multiplié les foyers d'incendie. Elle désigna une pile de rapports.

— C'est le royaume entier qui flambe, dit-elle.

Elle serrait Marguerite contre elle.

— En Provence, votre frère doit avoir bien chaud...

Louise le savait : cette évocation de François était seule capable de distraire un instant l'esprit, si malheureux, de Marguerite.

— Avez-vous reçu des nouvelles ? demanda la princesse en ravalant ses larmes.

— Oui... Le connétable se croit le maître d'Aix, où il parade. Mais il perd du terrain, et nos troupes font merveille.

Marguerite se signa, imitée aussitôt par Diane et Françoise. Soudain, contre toute attente, la régente s'en prit à cette dernière.

— Mademoiselle, dit-elle, je parlais de vous tantôt.

Françoise esquissa une révérence. Louise de Savoie poursuivit.

— Vous n'ignorez pas, sans doute, que vos liens de parenté avec notre Maison vous créent certaines obligations.

— Madame, je n'ai...

— L'on me dit que vous auriez noué liaison avec un simple écuyer de mon gendre, de surcroît luthérien.

— Madame, je...

— Évidemment, cela ne saurait être.

La régente se tourna vers la grande sénéchale.

— Je vous serais reconnaissante de mettre bon ordre à cette affaire, et d'éviter qu'à la bâtardise ne vienne s'ajouter une mésalliance qui nous vouerait tous au ridicule.

Diane s'inclina. Françoise semblait tétanisée.

— Madame...

— L'affaire est close. Je souhaite rester un moment seule avec ma fille.

De ce jour, Françoise devait comprendre qu'aucun bonheur, jamais, n'est fermement établi. En embrassant Gautier, quelques semaines plus tôt, à son départ pour la guerre, elle avait craint pour sa vie, forcément, pour sa santé exposée au périlleux hasard des champs de bataille. Elle avait tremblé pour lui, depuis lors, un bon millier de fois, et n'avait jamais vu entrer un courrier dans la cour d'honneur sans ressentir un pincement au cœur.

A présent, ce qu'elle éprouvait, c'était une douleur plus dense, plus sourde ; elle comprenait que les peurs diffuses n'étaient rien – même, qu'elles étaient douces – comparées à cette assurance de l'adversité, à la certitude de devoir perdre ce qu'elle avait de plus cher.

La jeune fille se jeta tout habillée sur son lit, et s'enfouit le visage dans ses oreillers pour étouffer des plaintes qu'elle ne pouvait contenir. Entre deux plaintes, elle s'en voulait peut-être de pleurer sur son amour plus que sur le sort de la princesse Charlotte. Une pauvre petite qui, elle, ne connaîtrait jamais les tourments de l'amour… Mais n'était-ce pas préférable, à tout prendre ?

Françoise de Longwy demeura longtemps, la nuit suivante, debout à sa fenêtre, imaginant son bel écuyer en train de ripailler quelque part, insouciant, ou bien de dormir, peut-être… Lui, là-bas, ne pouvait se figurer la sentence inhumaine qui venait de s'abattre sur leur histoire. Françoise en portait seule tout le poids ; et c'était comme un poinçon qu'on lui eût enfoncé dans le flanc.

Maudite Louise, maudite ! Satanée vieille au cœur sec, et qui méritait bien, se disait l'amoureuse foudroyée, qui méritait si fort le surnom courant les offices, et faisant d'elle, aux yeux du commun, *la régente noire*.

Seconde Partie

Les Otages

Chapitre VIII

Hiver et Printemps 1525

Lyon, abbaye de Saint-Just.

Surgis de lointains gris, givreux, les cavaliers traversèrent Lyon dans un jour encore maigre. C'était le 1er mars. Ils déchirèrent la brume s'attachant aux lits de la Saône et du Rhône et, gravissant le coteau jusqu'au cloître fortifié de Saint-Just, où résidait la Cour, s'en firent ouvrir les portes à grand bruit. Un remous fébrile agita bientôt les couloirs et galeries du vieux couvent ; on ranima des feux ; on ralluma des torches. La nouvelle se répandit que M. de Montpezat, officier du roi, et le vicomte Adrian, secrétaire de la duchesse d'Alençon, arrivaient bottés et crottés du Piémont. Porteurs de mauvaises nouvelles.

Depuis l'automne précédent, François Ier semblait pourtant bénéficier d'un retour de fortune. Les difficultés de Charles Quint avec les paysans tudesques[1], les atermoiements d'Henry VIII, l'enlisement du connétable de Bourbon sous les murs de Marseille, lui avaient rendu assez de confiance pour l'engager de

1. Allemands.

nouveau à faire campagne dans le Milanais. Écoutant l'avis des boute-feu, comme Bonnivet, de préférence à celui des modérés, comme Montmorency, il avait même fini – au grand dam de sa mère – par mettre le siège devant Pavie où ses troupes, attaquées du dehors, s'étaient retrouvées prises entre le marteau et l'enclume[22]...

La régente, qui cette nuit-là n'avait pas dormi, se fit recoiffer hâtivement et, tout juste emmitouflée dans une chape de grenette noire, reçut les messagers sur-le-champ. Les deux gentilshommes s'agenouillèrent à ses pieds sur le carrelage lustré. Montpezat parla seul, la gorge nouée. Ce qu'il avait à dire relevait du désastre : Pavie perdue, la noblesse décimée, l'armée taillée en pièce. Des morts par milliers... Louise serra les lèvres mais on ne la vit pas chanceler. La Palice, La Tremoille, et même Lescun, frère de Mme de Châteaubriant, tués. Tué aussi le bâtard de Savoie... À l'énoncé du nom de son demi-frère, Louise cligna des yeux et s'appuya au rebord d'une table. Également tué l'amiral de Bonnivet, qui avait poussé à l'affrontement et, réalisant sa faute, de désespoir s'était jeté sans heaume sur les lances ennemies.

— Et le roi ? demanda la régente d'une voix blanche.

— Le roi est sauf, madame. Seulement...

— Seulement ?

— L'ennemi s'est assuré de son auguste personne. Votre fils est tenu captif.

Marguerite d'Alençon était entrée sur ces mots. Bouleversée, elle courut jusqu'à sa mère et se jeta dans ses bras. Les deux femmes demeurèrent un moment silencieuses, frissonnant sous l'effet d'un vent coulis, glacial. La princesse articulait tout bas de vagues prières. La régente hochait la tête. D'un ton souverain, elle finit par demander le nom des prisonniers d'importance.

— Le maréchal de Montmorency a été pris, répondit Montpezat ; et M. Chabot de Brion ; et le roi de Navarre, et le comte de Saint-Pol, et M. d'Albret...

Suivirent des noms illustres. À chacun d'eux Madame vacillait, d'une manière imperceptible.

— Sa Majesté a montré le plus grand courage, crut bon d'ajouter le messager.

Du reste, il ne mentait pas : François Ier s'était battu comme un lion. Il avait eu son cheval tué sous lui, avait essuyé des blessures à la face, au bras, à la cuisse. Avait affronté presque seul, sous les tirs d'arquebuse, des Espagnols et des Napolitains soutenus par les mercenaires du duc de Bourbon... Et cependant il avait tout enduré sans faiblir.

À la fin, il n'avait dû son salut qu'à l'intervention d'un certain Pompérant, homme lige du connétable, et s'était rendu au chef des Impériaux, le Flamand Charles de Lannoy.

La mère et la sœur du roi-chevalier pleurèrent longuement à ce récit, partagées entre un abattement légitime et l'effroi que leur inspirait un avenir des plus sombres. Un jour grisâtre avait fini par traverser les petits carreaux givrés de la chambre.

Marguerite s'adressa au jeune Adrian, son secrétaire.

— Pouvez-vous me promettre, monsieur, que ce rapport ne nous cèle rien, et que mon frère est bien en vie ?

C'est Montpezat, froissé, qui répondit lui-même.

— Je n'ai dit, madame, que la vérité.

— Et mon mari ? rétorqua la princesse. Vous ne nous dites rien du duc d'Alençon...

Cette fois l'officier parut désarçonné. Il esquissa une grimace et baissa la tête.

— Eh bien ? insista Marguerite. Mon mari serait-il mort, lui aussi ?

Le vicomte Adrian vola au secours de son compagnon.

— Que la princesse se rassure, monseigneur est sain et sauf. Il n'a subi aucun dommage.

Cette fois, c'est Madame qui s'inquiéta.

— Vicomte, demanda-t-elle, mon gendre a-t-il au moins fait bon visage ?

— Assurément, madame... Mgr le duc d'Alençon, en charge de l'aile gauche, a su, dans sa grande sagesse, retenir son armée et lui faire tourner bride, ce qui a sauvé le plus grand nombre de ses hommes – sans qu'ils aient même eu à se battre.

— C'est bien, j'ai compris.

La mère et la fille échangèrent un regard de détresse. Ainsi donc, non seulement l'époux de Marguerite ne s'était pas illustré sur le champ de bataille, mais sa conduite fuyante allait être, à n'en pas douter, jugée honteuse, indigne d'un prince aux marches du trône... Surcroît d'ennui : fallait-il que, dans cette hécatombe, la honte vînt s'ajouter au malheur ?

— Ne perdons pas le cœur ! lança bravement la régente.

Souvent, au cours d'une existence jalonnée d'épreuves, Louise de Savoie s'était heurtée à des forces contraires. Jamais elle n'avait renoncé. Dans les pires moments, elle avait su relever le menton, serrer les mâchoires... Faire face ! Elle le ferait une fois encore. Et puisque, une fois encore, le sort du royaume reposait sur ses épaules, elle saurait montrer à tous que cela ne l'effrayait pas.

Elle se tourna vers un secrétaire.

— Ne perdons pas le cœur, redit-elle. Nous ferons dire une messe pour mon frère et pour tous nos héros. Qu'on m'envoie Duprat ! Il convient avant tout d'assurer l'ordre public. Nous allons écrire aux bonnes villes, et prier les Cours souveraines de nous déléguer leurs représentants. Je veux aussi que l'on convoque les lieutenants généraux, et que soit établie au plus vite la contribution possible de chaque province.

Elle s'arrêta, pour reprendre haleine, et vit entrer le chancelier.

— Ah, Duprat ! Vous tombez bien ! Peut-on joindre au plus vite vos amis à la Cour d'Angleterre ? Nous fondons nos derniers espoirs sur l'indécision du roi Henry. Puisse-t-il demeurer en-dehors de cela ! Et puisque l'Histoire nous offre un triste précédent, tâchez donc, tant que vous y serez, de me trouver des renseignements sur la captivité et la rançon du roi Jean, après Poitiers. En 1356, je crois...

Marguerite, hébétée, observait sa mère avec effarement. Mais où donc cette femme puisait-elle son ressort ? Dans quelle rage de vivre ? Dans quelle éperdue passion du pouvoir ?

— Je crois, ajoutait Louise de Savoie, que le moment est venu de reprendre langue avec le Grand Turc[23]...

Marguerite soupirait ; pour sa part, elle ne cherchait plus que le calme, le silence, une retraite où pleurer. La princesse brûlait de réciter des prières pour le salut de son satané monarque de frère, abandonné de la Providence.

Elle allait quitter les appartements de sa mère quand un nouveau messager fut annoncé. Couvert de poussière, à demi mort de fatigue, il apportait une lettre de la main du roi. Marguerite se précipita pour la recevoir et, quoique très désireuse de l'ouvrir, la tendit pieusement à la régente.

— Lisez ! dit Louise en affectant de conserver son calme.

Il est vrai qu'elle avait commencé à dicter d'importantes missives.

Marguerite respira le parfum de la lettre envoyée par son frère adoré, la décacheta nerveusement et, dépliant d'un geste sec le morceau de papier, parcourut le message en silence.

— À haute voix, insista la régente.

Sa fille s'éclaircit la gorge.

— « Madame... » C'est à vous que le roi s'adresse, ma mère...

— Oui, lisez !

— « Madame, pour vous tenir au courant de mon infortune, sachez que, de toutes choses, ne me sont demeurés que l'honneur et la vie, qui est sauve. Espérant que ces nouvelles vous apporteront un peu de réconfort, j'ai prié qu'on me laissât vous écrire... » Oh, mon Dieu !

— Lisez, ma fille !

— « J'ai prié qu'on me laissât vous écrire. Cette grâce m'ayant été accordée, je vous supplie de ne pas vous désespérer, et d'user de votre prudence habituelle. Car j'ai l'espoir, à la fin, que Dieu ne m'abandonnera point. Je vous recommande vos petits-enfants et les miens... » Pauvres petits !

— Mais lisez donc !

— « Vos petits-enfants et les miens. Je vous prie de faire donner sûr passage vers l'Espagne au porteur, qui va chez l'empereur pour savoir comment il veut que je sois traité. Et sur ce, très humblement, je me recommande en votre bonne grâce. Votre très humble et obéissant fils, François. »

Cette lettre voulait sans doute rassurer une mère ; en Louise, elle inquiéta surtout la régente. Tant d'aveuglement, chez ce roi ! En entendant son fils se proclamer obéissant, elle n'avait pu s'interdire un haussement d'épaule...

Quant à la princesse, rassurée certes sur la santé de son frère mais, dans le même temps, épouvantée d'une situation dont elle prenait tardivement la mesure, elle s'était effondrée. Cela rappela sa mère aux réalités. La régente s'en vint la serrer dans son giron. Elle lui prit la lettre des mains.

— Nous devons répondre au roi, dit-elle. Écrivez !

Forteresse de Pizzighetone.

François Ier, à travers les barreaux d'une étroite ouverture, admirait la campagne lombarde, qu'une saison précoce rendait riante et tendre. Tout, dans ce paysage renaissant, concourait à émouvoir le souverain captif : le mugissement d'un veau courant après sa mère, des pousses vertes partout aux arbres, le scintillement du ruisseau courant au pied de la grosse tour... À trente ans passés, le roi de France connaissait la première entrave à sa liberté ; et pour l'infatigable chasseur qu'il était, pour l'athlète épris de vastes horizons, c'était une souffrance indicible.

Le roi soupira, puis il quitta ses barreaux pour revenir s'asseoir sur un coin du lit. Comme la plupart des détenus lettrés, il avait entrepris de rimailler sur son infortune...

Vaincu je fus et rendu prisonnier,
Parmi le camp en tous lieux fus mené
Pour me montrer, çà et là promené...

Les malheurs, une fois mis en vers, devenaient-ils plus supportables ? Il est vrai qu'au soir de Pavie, à la douleur de la défaite contre les Impériaux, et au tracas des conséquences qui n'allaient pas manquer d'en découler, était venue s'ajouter une cascade d'humiliations dont le jeune monarque avait enduré la morsure. On lui avait ôté sa cotte d'argent, on l'avait privé de ses armes somptueuses, on l'avait hissé sur un cheval ordinaire... Puis on l'avait exhibé aux troupes impériales, dans l'intention de les rassurer quant au prochain paiement de leurs gages : quelle plus belle rançon espérer en effet que celle du roi de France ? Au détour d'un bivouac, un arquebusier espagnol, fendant les rangs, avait tendu à François une balle de pistolet tout en or. « Je l'avais faite, annonça-t-il, exprès pour tuer Votre Majesté ! Elle pourrait servir à Sa rançon... » Le prisonnier, aux lèvres un sourire à peine forcé, avait reçu ce don inattendu...

Pour le reste, les généraux ennemis s'étaient montrés bons princes. Le Flamand Charles de Lannoy[24], avec toute la pompe requise, avait reçu la reddition ; puis le marquis de Pessaire, l'un des plus grands capitaines de Charles Quint, avait été jusqu'à revêtir le deuil pour prendre livraison de l'otage... Seulement le roi, vaincu, n'avait pu s'épargner les regards du connétable, vainqueur !

Lors de leur entrevue précédente, à Moulins, Bourbon avait dû feindre la maladie pour échapper à ses obligations féodales. Au fond de lui, il ne pardonnait pas à François d'avoir été contraint de s'humilier de la sorte ; aussi prit-il, au soir de la victoire, une revanche pleine et savoureuse. Entrant, comme à l'improviste, au souper du roi défait, il avait bien appuyé sa révérence et, prenant la parole sans attendre qu'on la lui donnât, assura « son cousin » de la part qu'il prenait à ses malheurs.

— Vous n'êtes pas, fit dignement observer le vaincu, très bien placé pour me plaindre…

— On n'est jamais déplacé quand c'est le cœur qui parle.

— Et le vôtre, ironisa François, m'est dévoué, comme chacun sait…

— À la bonne heure ! s'exclama Charles en reprenant, exprès, une des expressions du roi.

Pour le reste, le connétable mit un point d'honneur à se montrer, au cours de ce dîner, d'une déférence, d'une politesse, irréprochables.

À présent enfermé dans cette tour, en compagnie seulement d'une quinzaine de proches, François Ier méditait amèrement sur cet incroyable revers de fortune. Ses pensées, presque toujours, le ramenaient à sa mère ; tantôt, pour reprocher à Madame d'avoir œuvré sans répit contre le rêve italien et intrigué sans relâche contre les Bourbons ; tantôt – et c'était plus fréquent – pour prier le Ciel de donner à la régente la force et l'habileté qui, seules, pourraient peut-être sauver la Couronne et préserver l'État de plus grands désordres.

— Sire, ne remâchez pas cette défaite ! Songez aux victoires à venir !

Ce conseil audacieux sortait de la bouche d'Anne de Montmorency, jovial et positif.

— Mon cher maréchal, répondit le roi d'un ton ému, je serais bien malheureux si vous n'étiez point à mes côtés dans ce moment…

— Et cependant, sire, vous avez sous les yeux un homme libre !

François dévisagea ce gaillard à la barbe châtaine, dont les yeux intelligents semblaient toujours en décalage avec la situation.

— Un homme libre ? Et comment cela ?

Le jeune maréchal extirpa de sa manche un pli portant les sceaux de la régente, et qui garantissait la rançon nécessaire à son élargissement. Les pupilles de François se dilatèrent.

— Seriez-vous disposé à m'abandonner ?

— Sire, ma place est auprès de Votre Majesté. Simplement, ma nouvelle liberté de mouvement devrait faciliter nos tractations...

— Parlons-en !

Il y avait de l'accablement dans la voix du monarque vaincu. Montmorency passa outre pour annoncer une grande nouvelle.

— M. de Büren, envoyé de l'empereur, patiente dans l'antichambre. Votre Majesté consent-elle à le recevoir ?

— Büren ici ? Si je consens ? Et comment ! Qu'il entre, bien sûr !

L'émissaire impérial, tout revêtu de noir à l'image de Charles Quint, fut introduit dans la pièce. Il salua de manière rigide, à l'espagnole, et bredouilla quelques politesses. Puis il tendit au roi prisonnier un document où devaient figurer les exigences du vainqueur.

François Ier, quoique pâle, sut faire bonne figure. Il saisit avec dignité le parchemin et le remit, presque négligemment, au maréchal.

Montmorency, se hâtant de prendre connaissance du contenu, ne put réprimer une grimace. Alors François, d'un geste poli, mais ferme, congédia l'émissaire. Dès que l'homme fut sorti, le roi harcela son ami de questions.

— Eh bien ? Que veut-il ? Est-ce raisonnable ? Parlez !

— Ce n'est pas vraiment raisonnable, estima le maréchal. En vérité, ça ne l'est même pas du tout.

— La Bourgogne ? demanda François.

— La Bourgogne pour lui, mais aussi la Flandre, l'Artois, la Somme et la Picardie.

— Et pour l'Anglais ?

— Pour l'Anglais la Normandie, l'Anjou, la Gascogne, la Guyenne...

— Ah, les insensés ! Les monstrueux charognards !

— Quant au duc de Bourbon...

— Nous y voilà !

— L'empereur souhaite le voir réintégrer l'Auvergne et le Bourbonnais, auxquels seraient adjointes la Provence et une partie du Languedoc...

— Mon Dieu, gémit le roi. Mais qu'allons-nous faire ? Cet empereur a fait serment de me dépecer... Satisfaire à ses exigences conduirait à l'anéantissement du royaume !

Le maréchal semblait avoir prévu ce cas de figure. En tout cas, il s'efforça d'arborer l'air dégagé, presque souriant, d'un conseiller sur qui les événements n'avaient nulle prise.

— Avant toute chose, dit-il, il est important que nous sachions où sont nos adversaires véritables.

Le roi le regarda en coin. Lui poursuivait.

— Vous pensez peut-être que nos ennemis ont pour nom Charles Quint et Lannoy ? Point du tout ! L'empereur, dans ses exigences, ne fait qu'obéir à son chancelier, l'odieux Gattinara[25]... Quant à Lannoy, j'ai remarqué qu'il se défiait beaucoup de Bourbon et du marquis de Pessaire. Il les suspecte, l'un et l'autre, de vouloir contrôler la péninsule, avec Votre Majesté pour monnaie d'échange.

— Je ne vous suis pas...

— C'est pourtant assez simple. Jouons Lannoy contre Pessaire ! Aidons Charles à se rendre maître de l'Italie ! Demandons le transfert en Espagne de Votre Majesté, ce qui Lui permettra de négocier. Et puisque l'empereur a promis à Bourbon la main de sa sœur, demandons-la pour vous-même... Charles Quint n'y verra que des avantages.

— Vous voulez que j'épouse la veuve du roi de Portugal ?

— L'infante Éléonore est bien plus que cela...

Le roi tournait à présent dans la chambre, à la manière d'un lion dans sa cage. Le maréchal tenta de le calmer.

— Vous devriez...

— Il suffit !

D'un ton brusque, François Ier fit taire Montmorency. La colère l'avait gagné d'un coup. Il prit à deux mains une table couverte d'objets et la renversa dans un soudain vacarme. Des sentinelles, aussitôt, accoururent.

— Ce n'est rien, les rassura le maréchal. Un meuble qui est tombé...

Mais les soldats en armes voulurent des explications ; ils appelèrent du renfort et prévinrent leurs chefs. La soirée promettait de manquer d'intimité.

Excédé, livide, François reprit sa place à la fenêtre, tandis que la soldatesque fouillait sa chambre. Le regard droit, les traits figés, le roi impuissant contemplait, au loin, les rayons du soir illuminant Pavie et caressant les Alpes – ces Alpes enneigées qui s'obstinaient à lui cacher la France.

Lyon, abbaye de Saint-Just.

Chaque après-dînée depuis le drame, Louise de Savoie montait sur la plus haute terrasse du couvent. Indifférente au froid, au vent, à la pluie parfois... Depuis ce poste de vigie, son regard, invariablement, scrutait au loin, derrière la ville vieille et ses cours d'eau, le bleuté des sommets alpestres. Les dames qui l'accompagnaient parfois respectaient son recueillement.

Ce jour-là, la compagnie se limitait à une demoiselle d'honneur : la petite Anne d'Heilly, fine et perfide. La régente finit par émerger d'une interminable rêverie.

— Mon petit, vous souvient-il de notre conversation de Blois sur la vacuité de ces guerres milanaises ?

— Fort bien, madame.

— Et vous rappelez-vous ce que je disais à propos du rêve italien ?

— Que c'était assurément la plus sotte et la plus coûteuse des chimères.

Réprimant un sourire, Louise voulut bien décocher à la jeune fille un regard débordant de complicité. Anne d'Heilly s'autorisa dès lors une effronterie.

— Je me souviens aussi, ajouta-t-elle, de ce que disait Madame à propos du maréchal de Lautrec, et des moyens qui viendraient à lui manquer...

— Vraiment ? Voyez l'ironie de toute chose : j'ai dû nommer Lautrec à la tête de ce qu'il nous reste d'armée.

La régente retomba dans sa méditation. Mais à son air assombri, la demoiselle d'honneur comprit qu'elle songeait aux conséquences de sa politique. Après tout, si les armées françaises d'Italie avaient été mieux soutenues, si les fonds destinés à les solder n'avaient pas disparu dans ses propres coffres, si même elle n'avait pas tout fait pour humilier Charles de Bourbon par esprit de rapine ou d'envie, le roi, à cette heure, n'eût sans doute pas été prisonnier de l'empereur...

Louise de Savoie saisit d'une main nerveuse le bras de sa suivante.

— Je regrette une chose, admit-elle.

Anne d'Heilly se fit toute ouïe.

— Et qu'est-ce donc, madame ?

— Eh bien, je regrette de n'avoir pas été plus ferme, et de n'avoir su dissuader mon fils de se jeter dans cette absurde campagne !

La demoiselle s'était attendue à de tout autres remords.

— Madame, s'enhardit-elle, vous êtes merveilleuse. Oui, je vous admire infiniment !

Louise s'accrochait, pour marcher, au bras de sa demoiselle d'honneur.

— Chère Anne, écoutez bien ce que je vais vous dire : mon fils reviendra, tôt ou tard. Il rentrera sain et sauf et retrouvera son royaume. Or ce jour-là, il aura grand besoin, à ses côtés, d'une jeune fille saine et forte. Et belle... Et douce...

L'autre écoutait, un sourire forcé aux lèvres. La régente conclut.

— Eh bien, cette jeune personne, j'entends que ce soit vous.

— Moi, madame ?

La régente n'alla pas jusqu'à répéter ses propos. Elle observait de loin Antoine Duprat qui approchait.

— Ne me dites pas qu'il s'en vient me relancer jusqu'ici...

Le chancelier de France, de plus en plus ventripotent, peinait à gravir, face au vent, le sentier menant à la terrasse. Sa couperose, échauffée par l'air vif, lui conférait un teint de betterave.

— Madame ! dit-il essoufflé, sans se donner le temps de seulement reprendre haleine. Madame, le duc d'Alençon...

— Eh bien ?

Le chancelier s'approcha pour parler bas.

— Monseigneur est rentré d'Italie, madame. Son armée est en vue de Lyon.

— Et lui, mon gendre, où est-il ?

Le chancelier articula plus bas encore.

— Ici même. Il est arrivé chez Mme Marguerite...

La régente s'efforça de rester impassible. Mais la petite d'Heilly aurait juré qu'une colère palpable venait d'envahir sa maîtresse.

Abbaye de Saint-Just,
quartiers de la duchesse d'Alençon.

La princesse Marguerite, debout auprès de la cathèdre où son mari reposait, affalé, épongeait elle-même le front du malheureux. Une assistance inquiète, attentive, suivait la scène en silence. Le duc d'Alençon arborait un regard de chien battu – pauvre regard où entrait sans doute moins d'amour pour l'épouse que d'obligation sincère pour celle qui le soignait si bien.

— M'amie, gémissait-il, mon honneur a passé ; il est resté outre-mont...

— Ces lamentations ne vous seront d'aucun secours, protestait Marguerite. Alors, à quoi bon vous causer du mal ?

— Je voudrais tant mourir !

— Pourquoi faire une prison de votre liberté ?

— Mourir !

Le prince s'était redressé dans un sursaut. Mais il fut aussitôt brisé par une toux hachée, celle d'un poitrinaire à l'agonie. Un murmure parcourut l'assistance. La princesse posa ses paumes à plat sur le cou du prince.

— Écoutez-moi, dit-elle. Encore une fois, vous n'avez pas à vous reprocher les fautes commises par d'autres.

— J'aurais dû voler au secours de votre frère !

— Le roi n'était pas en position d'être secouru. Vous me l'avez dit vous-même : tout était joué...

— Certes...

— Alors ! De quoi vous mettez-vous en peine ?

— Madame va me demander des comptes.

— Ma mère ne vous demandera rien. Croyez-moi !

— Comment paraître devant elle ?

La question ne se posait plus : la régente venait en effet d'entrer chez sa fille ; elle parut, sombre et digne, devant son gendre.

— Ah, ma mère !

Le duc d'Alençon fit l'effort de se lever de sa cathèdre et d'avancer vers elle d'un air pitoyable. Se mettant à genoux, il voulut s'emparer de sa main droite pour la baiser. Mais la régente esquiva.

— Tenez-vous, monsieur, fit-elle d'une voix plus éteinte encore, plus sourde qu'à l'accoutumée.

— Ma mère !

— Levez-vous et cessez de vous donner en spectacle.

D'un geste à peine esquissé, la régente dispersa l'assistance qui, depuis près d'une heure, entourait ce lamentable rescapé.

Quand enfin la chambre fut vide et que, seule, les yeux baissés, Marguerite fut demeurée auprès de son mari, Madame rouvrit la bouche.

— Eh bien, s'enquit-elle enfin, qu'aviez-vous à me dire ?

— Ma mère...

— Je vous écoute.

Des larmes amères noyèrent la voix du duc d'Alençon. Il s'efforçait de parler mais n'émit aucun son.

— J'écoute ! insista Madame en s'efforçant de dominer sa colère.

— Mon Dieu...

— Eh bien ?

— Oh, ma mère !

Un long silence s'ensuivit, que la régente ne rompit qu'après en avoir épuisé tout l'effet.

— Dieu soit loué, monseigneur, je ne suis pas votre mère. Mon seul fils, à cette heure, moisit dans les geôles de l'empereur Charles Quint. Cela, en partie par votre faute. La seule question qui m'intéresse, dès lors, est celle-ci : pourquoi ne lui avez-vous pas porté secours ?

— Je... J'ai...

Le duc d'Alençon luttait contre la toux et les larmes. La mine décomposée, il tentait de rassembler ses esprits et de livrer à sa belle-mère l'explication que, des heures durant, il avait mise au point. Elle ne vint pas.

— Monseigneur, dit Madame, je ne puis empêcher que ma fille vous dorlote. Sa nature est secourable... Mais ne comptez en rien sur moi pour joindre des mensonges à ses consolations. Vous avez abusé de ma confiance, vous n'aurez pas ma bénédiction.

Louise fit volte-face dans un lugubre froissement d'étoffes ; elle s'apprêtait à franchir la porte quand son gendre, d'un cri déchirant, la retint.

— Ma mère ! hurla-t-il. Ma mère, j'implore votre pardon !

La régente demeura obstinément muette. Une expression confuse brouillait ses traits. Elle sortit sans un mot.

En trois ou quatre jours, la santé de Charles d'Alençon déclina si fort que l'on dut songer à lui prodiguer les sacrements. Marguerite, irréprochable, demeurait nuit et jour au chevet du malade, allant jusqu'à lui frictionner le dos, à tenir devant lui des bassins où il crachait son sang. Jamais la princesse ne faiblit. Elle qui, durant quinze années d'une union stérile, n'avait guère nourri pour son mari de dévotion sensible, sut se montrer douce en cette extrémité, aimante même. Elle paraissait animée d'une inépuisable compassion pour ce combattant déchu. Pas une fois elle ne lui reprocha son attitude à Pavie. Bien au contraire : elle avait fini par élaborer toute une théorie, selon laquelle, au plus fort de la bataille, la prudence de son époux avait épargné des milliers de vies, et préservé des forces précieuses pour l'avenir. Elle tenta même d'en persuader le principal intéressé – en vain : peut-être, pour l'en convaincre, n'y croyait-elle pas assez elle-même…

Un matin, profitant d'une courte rémission, le duc d'Alençon eut la force de distinguer un courtisan. Il avait fait signe d'approcher au jeune Simon de Coisay qui, rentré à Lyon dans le sillage de l'armée rescapée, venait rendre cette ultime visite à un prince qui, d'un coup de tête, avait jadis changé sa destinée.

— Je vous reconnais… Vous êtes ce cavalier qu'une branche avait assommé.

— Pour vous servir, monseigneur.

Le sourire de Simon, toujours radieux, aurait pu sembler déplacé en la circonstance. Mais le duc d'Alençon s'en réjouit : il lui rappelait un beau matin de chasse en forêt de Compiègne, et la splendeur des équipages, et ces gerfauts admirables qui, dans une autre vie, savaient si bien s'agripper à son poing ganté.

— Et comment se porte votre frère ?

— Je ne sais, monseigneur. Il est demeuré auprès du roi.

Simon réalisa bien tard la maladresse d'une réponse sans doute trop prompte, trop franche.

— Alors, Dieu le garde !

Il y eut un silence.

— Approchez ! ordonna le prince au jeune écuyer.

Simon vint s'agenouiller à son chevet. Son sourire avait viré à l'expression d'une incertitude inquiète.

— Je vous bénis, mon enfant.

Après quoi Charles d'Alençon s'enfonça dans la mort sans résister. De rares questions le rattachaient, seules, au monde des vivants : la régente avait-elle demandé de ses nouvelles ? Allait-elle venir lui rendre visite ? Finirait-elle par lui accorder son pardon ?

— Où est Madame ? demandait le mourant, chaque fois qu'il émergeait de l'espèce de délire où le plongeaient, chaque jour davantage, les drogues par lesquelles on tentait d'atténuer ses souffrances.

— Ma mère va venir, répondait Marguerite. Elle l'a promis...

Seulement les heures coulaient sans que cette visite intervînt. À la fin toutefois, alors que son gendre allait passer, l'on vit Madame franchir le seuil de la chambre. C'était à la tombée du jour. Et le mourant put enfin baiser cette main qui s'était refusée d'abord.

— Dites bien au roi, madame, quand vous le reverrez, que depuis qu'il est prisonnier, mon déconfort et mon ennui sont tels qu'ils m'auront donné la mort.

La régente soupira. Le prince essayait de sourire.

— Je m'en vais, mais c'est sans regret. Moi qui, dans le passé, ai tant redouté cet instant, dites-vous que je l'accueille aujourd'hui comme une délivrance !

Madame, d'un pouce ferme, traça un signe de croix sur le front de son gendre. Puis elle se retira, laissant sa fille seule avec un mari qui ne lui lâchait plus la main.

— Ne me laissez pas, suppliait-il. M'amie, ne me laissez pas !

L'or fondu d'un dernier rai de soleil caressait le front, trempé de sueur, du duc d'Alençon qui prononça le nom de Jésus miséricordieux avant de rendre l'âme. Marguerite, sa main toujours dans celles du défunt, se sentit tout à coup plus libre, plus triste, plus légère et plus vieille.

Rouen, tour de Bouvreuil.

Une bourrasque chargée de pluie s'engouffra dans la cour aux trousses du cavalier, pour aller se fracasser contre la masse du donjon. Le vent n'avait cessé depuis des heures, renversant tout sur son passage ; il était venu ravager des baraquements jusque sous le grand porche. Méprisant ce déchaînement, l'envoyé d'Anne de Montmorency mit pied à terre sans aucune hâte. Il était saoul de tempête et trempé jusqu'aux os, mais quoique impatient d'aller se réchauffer, il mena sa monture aux communs d'un pas tranquille.

En vérité, comme à chaque fois qu'il arrivait chez le grand sénéchal, Gautier se sentait pris de vertiges. Il avait prié ardemment pour que Françoise fût, cette fois, auprès de ses maîtres, et qu'il pût la voir. Mais quand bien même, lui réserverait-elle un accueil digne de leur amour ? Neuf mois s'étaient écoulés depuis leurs adieux ; or elle n'avait pris la peine de répondre à aucune des missives qu'il avait jointes, pour elle, au courrier des Brézé. Se pouvait-il qu'elle eût oublié celui qu'elle regardait comme le bonheur de sa vie, ou qu'elle l'eût abandonné pour un autre ? Cette idée remuait en Gautier des émotions violentes, bien pires que celle suscitées en lui par des semaines de campagne en Italie.

Cette fois, l'écuyer se fit annoncer d'entrée chez Louis de Brézé. Il serrait contre lui le précieux rouleau confié à ses soins par Montmorency. C'est à Gênes que le maréchal, en route pour l'Espagne à la suite du roi captif, lui avait remis ce pli d'importance. Or, il avait fallu deux semaines pour l'acheminer à bon port.

Penchée à l'une des fenêtres de la tour, la grande sénéchale avait tenté d'apercevoir les dégâts causés par le vent aux toitures du voisinage. Elle s'apprêtait à rentrer le buste lorsque, incidemment, son regard accrocha, près des écuries, la silhouette de Coisay. Son sang ne fit qu'un tour. Car à plusieurs reprises depuis la semonce de la régente, Diane avait détourné des lettres de l'écuyer, destinées à sa jeune amie. À aucun prix celle-ci ne devait l'apprendre ; une brouille entre les amants devait intervenir avant.

— Mademoiselle, lança Diane en entrant chez Françoise, je dois vous parler de choses sérieuses.

La jeune fille, émergeant d'un travail de filage, reposa tranquillement sa quenouille. Diane de Brézé paraissait nerveuse ; elle avait adopté cet air de hauteur qui, chez elle, visait le plus souvent à camoufler une gêne.

— Françoise, m'êtes-vous bien dévouée ?

— Comment pouvez-vous en douter ?

— Chère Françoise ! Soyez tranquille : je sais que vous ne ferez rien qui puisse me contrarier.

— Mais à quel sujet ?

— Au sujet d'une promesse que j'ai faite à la régente. Je compte sur vous pour m'aider à la tenir.

La jeune fille fronça les sourcils dans l'attitude de celle qui ne comprend que trop où l'on veut l'amener.

— Et de quel engagement parlez-vous ?

— Eh bien... Comment vous dire cela ? Vous vous rappelez, n'est-ce pas, les ordres qu'a donnés Madame, à Blois, concernant cette liaison légère que vous aviez nouée avec...

— Je ne vois aucune légèreté à...

— Laissez-moi juge de ce qui est, ou non, léger. Il se trouve que la mère du roi n'oublie pas vos liens de parenté avec la famille royale ; et qu'elle est dès lors soucieuse de votre rang.

— Madame, j'ai promis à Gautier de Coisay de devenir son épouse. Il est chevalier d'authentique noblesse et...

— Crotté, luthérien, imprésentable !

— Madame !

— Mademoiselle, que vous le vouliez ou non, je vous somme de renoncer à cette coquetterie...

— Coquetterie ?

— coquetterie ridicule et qui n'a que trop duré !

— J'aime Gautier de Coisay.

— Qu'en savez-vous ? Et même si cela était, ne le conduisez pas à sa perte !

— À sa perte ?

— À sa perte ! Qu'est-ce que vous croyez ? Insensée que vous êtes ! Dites-vous que, si vous vous obstinez bêtement, c'est à Coisay que la régente s'en prendra. Vous serez bien avancée !

— Mais quel mal pourrait-elle...

— Les moyens lui sont aisés ; les occasions, innombrables.

— Mais que lui a-t-il fait ?

— Faut-il que je le redise ? Il n'est ni bien né, ni bon chrétien.

Françoise de Longwy demeura bouche bée, les pupilles dilatées par l'effroi.

Un valet passa la tête pour annoncer que le grand sénéchal attendait son épouse dans la salle des cartes.

— J'y vais de ce pas, répondit Diane.

Avant de sortir, elle s'approcha toutefois de sa demoiselle de compagnie.

— Françoise, écoutez-moi : si jamais Madame venait à savoir que vous avez conservé le plus petit lien avec cet écuyer, je puis vous affirmer que de grands dangers planeraient sur sa tête. Et vous seriez responsable de la mort, peut-être, de ce qui vous est si cher.

— Oh, madame, que dois-je faire ?

— Voyez M. de Coisay. Soyez froide et cassante. Ne lui laissez aucun espoir. Renvoyez-le sans appel.

— Le voir ? Mais le voir où, et quand ?

— Ici même, tout de suite. Il est dans cette maison.

— Gautier ?

Le visage de Françoise venait de s'empourprer ; quant à ses yeux, ils accueillirent, l'espace d'un instant, tout un feu d'espérance. Mais Diane de Brézé se chargea de tuer ce feu-là.

— N'oubliez pas que le sort de votre favori, et sa vie, sont entre vos mains. Françoise, soyez courageuse.

Sur quoi elle laissa la jeune fille interloquée. Plus morte que vive.

Rouen, tour de Bouvreuil.

Louis de Brézé attendait son épouse au milieu d'un amas de documents enroulés ; il lisait ou relisait la missive envoyée par son cher maréchal.

— M. de Montmorency me donne de bien intéressantes nouvelles, annonça-t-il. Elles concernent votre père.

— Mon père ?

Diane tremblait, maintenant, sitôt qu'on évoquait Saint-Vallier devant elle. Son mari le savait, mais il continuait à dessein d'en parler – moins pour provoquer Diane que pour éviter, dans son intérêt, qu'elle ne tirât un trait définitif sur son père.

— Oui, confirma-t-il, votre père. Figurez-vous que l'empereur exigerait, parmi les préalables au règlement d'une paix, que M. de Saint-Vallier, en bon fidèle du connétable, fût rétabli dans tous ses droits.

— Mais c'est terrible !

Ce cri du cœur surprit le grand sénéchal, qui ne put s'empêcher d'en rire.

— La bonne fille que vous faites !

— Mais Louis, ne craignez-vous pas que cela n'indispose la régente, et qu'elle ne prenne ombrage de ce pardon forcé, plus encore que de la trahison elle-même ? Sa faveur nous est tellement chère...

— Rassurez-vous, Madame sait bien que nous ne sommes pour rien dans les exigences de Charles Quint. Sauf à douter de la droiture du maréchal, ce qui est improbable.

— Qu'en savez-vous ?

— J'ai moi-même recruté le secrétaire de Montmorency : c'est un agent de Madame, et qui lui adresse copie de tout le courrier envoyé et reçu par le maréchal !

Louis de Brézé s'amusa de la surprise affichée par sa femme.

— Pour le reste, reprit-il, la nouvelle ne devrait pas tant vous déplaire ; car il est question de rétrocessions importantes au profit de votre famille !

Ce fut au tour de Diane de sourire à belles dents.

— Pensez-vous, demanda-t-elle sans détour, que je devrais alors rentrer en relation avec mon père ?

— Surtout pas ! Il sera toujours temps... Par contre, ce que vous pourriez faire – ce à quoi je vous engage même – c'est un courrier pour Madame, protestant de notre fidélité sans faille, et de notre passion de la servir, quelles que puissent être les conditions de la paix.

— Dans ce cas, dit Diane, il y aurait peut-être mieux à imaginer...

Son mari la fixa par en dessous, de ces gros yeux que l'âge, peu à peu, avait rendus vitreux.

— Je vous écoute.

— Si nous souhaitons rassurer Madame entièrement, et tirer parti de notre loyauté sans nous priver des bénéfices de la paix, le mieux serait que soit copié, à son intention, un courrier destiné, officiellement, au maréchal de Montmorency. Notre fidélité n'aurait que plus de poids...

— Bonne idée. Je vois d'ici le message : « Mon cher maréchal, si la paix doit nous rétablir dans nos possessions familiales, tant mieux ; mais l'essentiel, pour nous, est que Madame nous conserve cette confiance sans laquelle la vie elle-même perdrait tout sens à nos yeux… »

— Quel diplomate vous êtes !

— Et vous, quelle intrigante !

— Louis !

Le grand sénéchal riait de bon cœur.

— Mais alors, il faut renvoyer le messager sur-le-champ. Le pauvre garçon aurait sans doute préféré souffler un peu.

— Quelque chose me dit qu'il va être ravi de quitter Rouen au plus vite.

Diane avait prononcé cela si bas et d'un ton si détaché, que son mari ne releva pas.

Rouen, tour de Bouvreuil.

E Françoise de Longwy en voulait lourdement à celui qu'elle voyait déjà comme son beau-frère : Simon de Coisay. Elle le tenait pour responsable de son malheur. Rien n'eût été pareil si ce jeune homme, au lieu de rester à Blois des semaines et des mois durant, à boire, à rire, à jouer, avait mieux pris à cœur la mission qu'elle lui avait confiée, et transmis à Gautier les appels de sa fiancée, et ses billets d'amour. Au lieu de quoi tout cela était demeuré lettre morte, s'entassant en pure perte dans les sacoches inertes d'un petit écuyer sédentaire, paresseux !

Maintenant, il n'était plus temps, pour Françoise, d'appeler Gautier au secours ; tout au contraire, on lui demandait de le repousser. Quand elle le vit, d'abord, elle dut se faire une violence extrême pour ne pas se jeter dans ses bras, l'embrasser à pleine bouche, pleurer de joie en le couvrant de caresses. Mais la peur de nuire à Gautier lui donna la force d'affecter à son égard une incroyable froideur. Lui, choqué par cet accueil – mais préparé en même temps par tant de lettres restées sans réponse –, eut la fierté de respecter son changement d'état.

— J'ai beaucoup redouté ce que je suis en train de vivre, articula-t-il.

— Ne fais pas l'enfant, s'entendit répondre Françoise. Tu aurais dû comprendre que nos ébats ne pouvaient durer toujours.

— Mais... C'est toi, ma Françoise, qui me parlais d'amour éternel !

— J'étais sincère, dit-elle, réprimant un sanglot. J'ai simplement changé d'avis.

— Mais comment ? Pourquoi ou plutôt : pour qui ?

— Il n'y a personne d'autre. Sache-le bien.

— Alors je ne comprends pas, dit Gautier. Il faut que tu m'expliques...

Ces adieux forcés, pour Françoise, prenaient des allures de supplice. Il lui fallait travailler – habilement si possible – à la destruction de la première, de l'unique réalité qui comptât pour elle : son amour, sa raison de respirer en ce monde. Comble de douleur : l'écuyer, plus beau que jamais en dépit des cernes qui creusaient son visage, se défendait pied à pied ; il opposait à la décision de la jeune fille des arguments qu'elle aurait pu reprendre à son compte.

— Tu regretteras ce que tu es en train de faire. Tu ne peux vivre sans moi, de même que je ne puis vivre sans toi... Nous sommes faits, nous sommes nés pour nous consacrer l'un à l'autre.

Françoise respirait fortement, prête à défaillir.

— Gautier, finit-elle par lâcher afin d'abréger la géhenne, il faut que tu saches que je ne t'aime pas.

— Oh !

Le garçon reçut ce coup avec surprise, comme un soldat fauché en plein combat par un impact dans le dos. Il vacilla, s'assit par terre, se plongea la tête dans les mains.

— Alors... Alors je comprends pourquoi... Tu ne répondais pas à mes lettres.

— Tes lettres ?

La jeune fille, à son tour, fut désarçonnée par cette botte involontaire. Elle qui, jusqu'ici, au prix d'insurmontables efforts, était parvenue à jouer le rôle qu'on lui avait assigné, se sentit ébranlée par cette révélation. Tout s'éclaircit comme par l'effet d'un rayon de soleil : ses lettres forcément détournées, le jeu de Diane de Brézé, l'affreux piège où elle avait failli se laisser enfermer.

— Gautier !

Le jeune homme retira de ses mains un visage ravagé.

— Que me veux-tu encore ?

Elle allait se précipiter vers lui, tout lui révéler, tout lui dénoncer quand la porte s'ouvrit sur Louis de Brézé.

— Je vous cherchais, dit le grand sénéchal en souriant.

Gautier de Coisay se releva comme il put.

— Monseigneur, je...

— Vous repartez dès demain, coupa le vieil homme en lui tendant un message. M. de Montmorency attend cette réponse.

— Si vous le souhaitez, dit Gautier en décochant à Françoise un œil noir, je puis me mettre en route ce soir même.

— À votre guise, répondit le grand sénéchal.

Diane de Brézé se dégagea de son ombre.

— Ce soir, c'est parfait, conclut-elle. Ce sera mieux pour tout le monde.

Françoise était polie ; elle attendit, pour s'évanouir, que tous trois eussent quitté la pièce.

Alcazar de Tolède.

Anne de Montmorency jeta un œil au grand miroir d'argent poli qui faisait le premier ornement de la pièce, absolument blanche, où patientaient ordinairement les ambassadeurs. Il était midi tout juste ; une clarté violente s'insinuait à travers un jeu de petits volets à chaînes tirés sur les fenêtres, et faisait néanmoins briller le sol vernissé ; dans le miroir, cette lumière nimbait le reflet du maréchal d'une sorte de halo.

L'émissaire du roi de France vérifia son aspect : sa haute mine, sa barbe châtaine toujours soignée, étaient servis par le costume : toque à plumet, saie de brocard, grand collier de chevalerie ; une superbe épée d'or au côté... Par les crevés de l'habit apparaissaient de fines étoffes auxquelles répondaient la beauté des manchons, des chausses, des souliers... Cette mise recherchée contrasterait, à n'en pas douter, avec celle, plus sobre, plus noire, du jeune Charles Quint.

La porte centrale, richement ouvragée, s'entrouvrit pour laisser passer un huissier.

— Sa Majesté attend Votre Excellence, annonça-t-il en français.

Montmorency le suivit jusqu'à une vaste pièce où l'empereur tenait la pause devant un portraitiste.

— Comme vous le voyez, s'excusa Charles, je ne suis pas libre de mes mouvements. Pardonnez-moi si je reste assis et ne vous salue qu'en parole.

— Les mots de Votre Majesté m'importent plus que tous les gestes, répondit l'émissaire français en appuyant sa révérence.

— Sire, vous avez bougé, grogna le peintre.

— Vous m'en voyez navré.

Pendant un long moment, l'empereur demeura coi, obligeant son visiteur, pour se donner contenance, à feindre de l'intérêt pour le portrait en gestation. Puis Charles Quint attaqua.

— Depuis qu'il est arrivé en Espagne, votre souverain m'écrit trois fois par jour pour implorer je ne sais quelle entrevue. Il vous faut lui remontrer que cela n'est pas convenable, et que je ne saurais le recevoir avant que n'aient été fixés les termes de la paix.

— C'est moi, sire, qui conseille ces requêtes à mon maître ; il serait malvenu de ma part de lui en faire le reproche.

L'empereur ferma son visage aigu, affligé de prognathisme : la réponse lui avait déplu.

— Pouvez-vous me dire, monsieur le maréchal, comment vous avez réussi à convaincre Lannoy de laisser votre roi quitter Pizzighettone et passer la Méditerranée jusqu'en Espagne ? Je n'avais, pour ma part, nullement envisagé ce rapprochement.

— Je regrette bien que Votre Majesté n'ait pas été obéie, lança Montmorency, perfide.

— Je n'avais pas non plus donné d'ordres contraires ! Enfin, puisque François est à Valence...

— L'accueil de vos sujets envers le roi François, à Valence comme à Barcelone, fut magnifique, plaça le maréchal. Les acclamations de ces foules font honneur au génie espagnol.

— Oui. Enfin... Je crois savoir que l'on mène joyeuse vie à Valence...

— Admirable, sire ! La captivité y pèse moins lourd qu'en Italie. Les soupers succèdent aux chasses, ce qui est excellent pour la santé du roi mon maître. À n'en pas douter, ses propres sujets lui trouveront belle mine lorsque les négociations aboutiront, et qu'il pourra rentrer en France !

Charles Quint détestait perdre le contrôle d'une audience ; il le manifesta en quittant la pause, ce qui impatienta le peintre.

— Sire ! Vous avez...

— C'est assez pour aujourd'hui, trancha l'empereur. Vous voyez bien que nous parlons d'affaires ! Vous reprendrez demain.

L'artiste, sans broncher, rassembla ses brosses et s'inclina pour sortir.

— Vous êtes très doué, lui lança Montmorency. Votre portrait promet bien de la ressemblance !

Ce n'était un compliment ni pour l'empereur, ni pour le peintre. Charles tenta de reprendre la main.

— Mon conseil me signale que les envoyés de la régente Louise se montrent récalcitrants sur la Bourgogne, dit-il.

Le maréchal feignit aussitôt l'embarras.

— La Bourgogne... Sire, imaginez l'importance, pour des Français, de ce morceau de France !

— Elle était le pivot de l'ancienne Lotharingie, fit observer l'empereur. Enfin elle était nôtre et doit le redevenir !

— Votre Majesté me met au supplice, se lamenta faussement l'émissaire de François.

En vérité, c'est lui qui avait conseillé à Madame d'ergoter à l'infini sur la Bourgogne, afin de mettre hors de cause, l'une après l'autre, la Flandre, la Somme, la Picardie... Le raisonnement du maréchal était simple : tant que l'empereur se concentrait sur cette unique province, il resterait ouvert à la négociation. Ainsi l'habile diplomate avait-il fait sien ce précepte du sénéchal de Brézé : orienter l'attention de l'adversaire vers un but inaccessible...

— Les Anglais, fit-il observer, se sont montrés plus souples que Votre Majesté.

— Ils sont achetés par votre régente !

— C'est mon père, rétorqua Montmorency, qui a personnellement traité avec le roi d'Angleterre. Et je puis assurer Votre Majesté que mon père n'est pas un maquignon.

Ainsi, le temps de Gravelines et des oranges offertes était loin. À présent l'empereur, en mal de fonds, choisissait pour épouse la riche Isabelle de Portugal, de surcroît jeune et charmante, de préférence à la sœur du roi Henry VIII[26]...

— Au reste, reprit le maréchal, c'est pour nous autres, Français, un réconfort sensible que de voir à quel point la régente a su se concilier aussi bien le soutien de nos provinces que la bienveillance de nos voisins. Chaque nouvelle semaine renforce sa puissance !

— Si vous croyez, en disant cela, me forcer la main et hâter les négociations, répondit Charles avec agacement, c'est que vous me connaissez bien mal...

— Sire, loin de moi ce projet ! Pour être tout à fait honnête, je dois avouer à Votre Majesté qu'en venant à Tolède, ma seule et modeste ambition était d'y préparer une visite du roi mon maître.

L'empereur fut un moment silencieux. Il aurait volontiers réparti à Montmorency que François Ier demeurait son prisonnier, qu'il était seul maître de le croiser ou non, et qu'il n'en avait, en vérité, pas la moindre intention. Mais la nature prudente et l'éducation politique de Charles Quint plaidèrent, une fois de plus dans son cas, en faveur du sous-entendu.

— Je transmettrai votre requête à mon conseil, dit-il. Et je vous prie de dire au roi François que rien ne me réjouirait davantage que de le rencontrer.

L'émissaire français s'inclina profondément.

— J'allais oublier, dit-il : Madame proposait de vous envoyer, en ambassade et pour vous prouver sa bonne volonté, sa propre fille, la princesse Marguerite, sœur du roi. Qu'en pense Votre Majesté ?

— Grand bien, naturellement, répondit l'empereur en faisant un geste qui signifiait la levée de l'audience.

Montmorency, rusé comme un renard, pouvait ricaner dans sa barbe ; il venait, incidemment, et sans éveiller la méfiance du plus retors des princes, d'obtenir la permission qui, seule, avait justifié sa venue à Tolède. Quand il quitta la fraîcheur limpide de l'Alcazar pour retrouver chaleur et poussière, il put à bon droit se targuer d'être sorti vainqueur d'un duel de fines lames.

Trois jours plus tard, Charles Quint n'en faisait pas moins conduire François Ier à Madrid, sous escorte bien forte, en vue de le jeter dans une prison plus sévère encore que celle de Pizzighettone.

Chapitre IX

Automne 1525

Entre Barcelone et Madrid.

Les deux galères firent une entrée pompeuse dans le port de Barcelone. Sous les acclamations de la foule, trois cents gentilshommes en descendirent, formant une imposante escorte à la sœur du roi de France. Les Catalans, irrités par les origines flamandes de leur empereur, se sentaient plus proches de ces Français, comme eux latins ; ils en eussent fait volontiers leurs héros. La duchesse d'Alençon parut la dernière ; grande et digne, elle portait le deuil immaculé des altesses veuves. Le public ne l'en plaignit que davantage : pauvre dame éplorée qui ajoutait cette perte au malheur de savoir son frère sous les verrous !

Pendant la traversée, Marguerite avait questionné les capitaines, à propos d'un plan d'évasion qu'avaient conçu les Vénitiens, deux mois plus tôt, en faveur du prisonnier. En effet, tandis que les deux mêmes bâtiments portaient déjà le souverain captif vers les côtes espagnoles, on avait formé le projet de les attaquer, à hauteur d'Hyères, pour le libérer. Puis on avait renoncé... De ses échanges avec les capitaines, le baron de Saint-Blancard et le frère Bernardin des

Baux, la princesse tira l'assurance que le veto n'avait pu venir que de la régente elle-même ; et pour agir ainsi, Madame devait avoir eu ses raisons... Peut-être avait-elle craint les conséquences d'une reprise immédiate des hostilités en Europe. C'est que l'échafaudage diplomatique élaboré depuis Pavie, restait fragile. En tout cas, il fallait absolument que le roi n'en eût aucun soupçon.

Sur un quai noir de monde, alors que le soleil déclinait, Marguerite, au bras du grand maître de Rhodes, qui faisait partie de sa suite, s'avança vers la délégation espagnole. Une forte brise marine s'engouffrait dans les capes et soulevait les robes, mettant chacun sur ses gardes. Don Ugo de Moncada, envoyé de l'empereur, s'abîma devant la princesse dans une révérence trop obséquieuse pour être sincère. Il débita, en espagnol, un compliment auquel personne ne répondit.

Dès le lendemain, de bon matin, le cortège se mettait en route. Solidement juchée sur une haquenée aussi blanche que ses voiles, la princesse chevaucherait en milieu de convoi, entourée de quelques dames et d'archers en armes investis de sa protection. Le soleil se révéla bientôt brûlant ; la route, chaotique. On avalait de la poussière... Marguerite d'Alençon semblait indifférente à ces inconvénients. Aucune difficulté n'aurait pu la détourner de son but. Retrouver son roi, embrasser celui qui désormais lui tenait lieu, à l'en croire, de « mari, père et très aimé frère », telle était pour l'heure son obsession. « Le bien de vous voir est digne d'oublier toute autre chose », lui avait-elle écrit dans sa dernière lettre.

Depuis son départ de Lyon, les obstacles s'étaient pourtant amoncelés sur le parcours de Marguerite. D'abord, le sauf-conduit concédé à regret par Charles Quint était arrivé avec retard. La princesse, impatiente de s'embarquer, avait dû prendre les devants ; et elle était déjà parvenue à Aigues-Mortes quand le passeport l'avait rejointe. Un vent déchaîné avait ensuite retardé son embarquement ; puis on avait dû naviguer de manière erratique afin d'éviter les Barbaresques... Cependant les fiers capitaines, fatiguant la chiourme aux limites, avaient pu rattraper en partie ces retards.

La caravane poursuivait sa progression forcenée à travers un paysage de fin du monde.

— Madame, cria un jour Villiers de L'Ile-Adam devant des écuyers en provenance de Madrid, ces messieurs sont porteurs d'une lettre du roi pour Votre Altesse Royale.

— Je la lirai ce soir, répondit Marguerite sans s'émouvoir.

Elle s'imposait ainsi des contritions et des tortures, dont elle affirmait qu'elles l'aidaient à se rapprocher de Dieu, au moins autant que la prière. Il n'empêche : ce soir-là, on la vit se jeter, littéralement, sur le pli tant attendu ; et quoique épuisée, elle veilla pour répondre longuement à ce frère dont elle se rapprochait à grands pas. « Dussé-je, pour vous rendre service, mettre au vent la cendre de mes os, lui écrivit-elle, rien ne me sera ni étrange ni difficile, ni pénible ; si c'est pour vous, tout m'est consolation, repos et honneur. À cette heure, monseigneur, je sens bien la force de l'amour que Notre Seigneur a mis entre nous trois. » Le troisième pilier était, dans son esprit, la régente Louise.

Au sortir de la Catalogne, des gorges plus arides et d'impossibles défilés rendirent le voyage plus ardu encore. Les gentilshommes de l'escorte commencèrent à murmurer contre une expédition que la marche forcée rendait inhumaine. La princesse ne voulut rien savoir. Elle se contenta de marquer hautement, en entrant dans Saragosse, que la moitié du chemin était faite. Du reste, la résolution de Marguerite allait trouver, sur l'autre rive de l'Ebre, une justification nouvelle...

Un messager l'attendait en effet, porteur d'un billet signé Montmorency, faisant état d'une dégradation soudaine – et fort inquiétante – de la santé du roi. Dès lors, le voyage prit le tour d'une course contre la mort. Sachant quelle faiblesse essentielle son frère pouvait cacher sous des dehors coruscants, la princesse se fit un sang d'encre. Elle se lamentait de ne pouvoir chevaucher plus vite. Il fallut doubler les étapes, et forcer les montures au risque d'en crever certaines. L'imposant cortège fut malmené, bousculé... L'on couvrit bientôt, en une seule journée, neuf et dix lieues, puis douze, par des chemins qui paraissaient s'aggraver de jour en jour. Quand enfin les hommes et les bêtes furent poussés dans leurs retranchements, Marguerite décida de diminuer son escorte pour en alléger la marche. Abandonnant la lourde caravane, on la vit s'échapper au milieu d'une troupe affolée d'hommes en armes qu'elle prétendit mener comme une horde.

On avala les lieues au péril de tout. L'on manqua plusieurs fois de verser au ravin. L'on dépassa en route Mgr Salvati, le nonce du pape qui, vautré dans sa litière, demeura stupéfait de la nuée opaque soulevée par cette amazone et sa suite... Seulement Marguerite savait que, là-bas, dans le donjon madrilène, son frère était à l'agonie. Or, elle n'imaginait pas d'arriver pour le voir mourir ou – pis – de ne toucher au but qu'après le dernier souffle du roi. Ainsi, chaque fois que la lassitude, la douleur même, réclamaient une halte ou un relâchement, cette seule idée lui servait-elle d'aiguillon jusqu'à lui donner la force de continuer.

Une semaine durant, la princesse Marguerite imposa ce rythme effréné au petit groupe qui lui faisait escorte. À la fin, elle-même ne prenant plus le temps de changer de robe aux étapes, elle en vint à présenter l'aspect d'une vieille femme crasseuse, en hardes, assez inquiétante à la vérité. Elle prit le parti d'en sourire et, soutenue par la prière et par l'amour fraternel, passa outre à toutes les convenances pour se donner une chance de revoir en vie le seul homme qui comptât vraiment à ses yeux. Mais un soir, alors qu'elle abordait les contreforts de la sierra Ministra, un soir de lumière mauve et tendre, un mauvais pressentiment la saisit.

À des villageois qui, alertés par son arrivée, s'inquiétaient de l'irruption de ces spectres, elle demanda s'ils avaient des nouvelles de Madrid, et spécialement, du roi de France. « *Es muerto* » fut la terrible réponse. Marguerite allait succomber, en dépit de tout, à ce désespoir qui, depuis Pavie, cherchait à s'insinuer en elle, quand le messager de Saragosse, un certain Gautier de Coisay, prit sur lui d'intervenir.

— Ces paysans ne savent rien, madame. Ils ont seulement constaté notre faiblesse, et s'apprêtent à tirer parti du chagrin qu'ils voudraient nous causer. Si vous-même, en liaison étroite avec le maréchal de Montmorency, n'êtes au courant de rien, comment voulez-vous que ces gens-là soient renseignés ?

La princesse dévisagea l'écuyer.

— Peut-être la rumeur les aura-t-elle avertis…

— La rumeur ? Nous ne sommes pas à Blois, madame, sauf votre respect.

— Mais alors...

Prenant le risque de déplaire aux grands seigneurs qui entouraient la sœur du roi, Gautier demanda au plus hardi des villageois de nommer le souverain français – qu'il fût mort ou vivant.

— Carlos, répondit le manant. *O... O Paolo*[1] !

— Voyez, madame, comme ces misérables sont informés !

Un murmure de soulagement accueillit cette démonstration. La princesse soupirait, de son côté.

— Dieu vous entende, monsieur ! Eh bien, en ce cas, remettons-nous en route !

— Non, madame.

Ce refus était un cri du cœur. Il émanait du sage Guillaume du Bellay qui, depuis le début de l'impossible chevauchée, s'était illustré par sa discrétion.

— Je vous entends, concéda Marguerite. Nous allons prendre un peu de repos.

Alors, et pour la première fois, la princesse eut un moment de faiblesse. De grosses larmes, sur son visage emplâtré de poussière, creusèrent quelques ridules que le jeune Coisay ne put s'empêcher de trouver sublimes.

---

1. Ou... ou bien Paolo.

Madrid, donjon de Los Lujanes.

Depuis Valence, les conditions de détention du roi de France s'étaient considérablement durcies. La chambre forte où l'on tenait le prisonnier d'État, dans une tour des fortifications de Madrid, n'était jamais qu'un galetas étroit, confiné. La seule fenêtre, barrée d'une double grille de fer, était placée trop en hauteur pour qu'on vît aisément le paysage : rives arides du Manzanares, avant l'horizon pierreux du Guadarrama… L'air aigre et sec de Castille s'insinuait par cette unique ouverture, de même que le cri des corbeaux et l'écho des hallebardes que maniaient, cent pieds plus bas dans le fossé, un bataillon de vieux soldats. Des sentinelles montaient la garde dans le couloir, devant la porte renforcée ; et sous ces voûtes médiévales, leurs éclats de voix rendaient un son sinistre.

C'est dans ce mouroir que François Ier s'étiolait. Pour un homme élevé dans la douce lumière de Cognac et sous les cieux cléments d'Amboise, habitué depuis toujours à la chasse, à la paume, aux grands espaces où s'ébattre, amateur impénitent de femmes, de chevaux, de courses et de festins, le régime plus qu'austère imposé par l'empereur était une manière de supplice. Aussi le captif n'avait-il pas tardé à dépérir. Officiers et serviteurs admis à son intimité s'étaient vite alarmés de son teint pâle, de ses traits creusés, de son regard de plus en plus terne. Un abcès s'était déclaré au nez, entraînant une fièvre qui, en peu de jours, avait eu raison de sa constitution pourtant solide.

Alité, frissonnant, le roi de France avait bientôt donné les signes d'une certaine confusion mentale. Nuit et jour, il réclamait sa mère, sa sœur, et faisait implorer l'empereur de lui accorder une audience… Les médecins dépêchés sur place, français autant qu'espagnols, avaient adopté d'emblée la mine circonspecte que leurs semblables réservent aux cas sans grand espoir. Ni les tisanes, ni les onguents, ni toutes sortes de remèdes n'amélioraient l'état du patient.

Alors Charles Quint s'inquiéta. François n'était-il pas son meilleur atout ? Dans un tableau finalement assez sombre, où les menaces militaires, les trahisons larvées, les foyers de révolte menaçaient partout l'autorité impériale, la détention du roi de France offrait un avantage extraordinaire – avantage qu'une mort prématurée eût transformé en motif de guerre ! Il fallait à tout prix maintenir en vie l'otage de Madrid. Et puisque la présence de Charles au chevet du malade paraissait indiquée, lui-même finit par y consentir. À regret.

C'est le fidèle Montmorency qui se chargea de venir annoncer cette audience à son roi. François reçut la nouvelle avec soulagement ; n'avait-il pas organisé, dans ce seul but, son transfert d'Italie en Espagne ?

— Il faut qu'on me rase, qu'on me poudre, articula-t-il en s'efforçant de dominer sa fièvre.

Mais la joie était absente de son regard ; au durcissement de ses traits, l'entourage comprit au contraire tout ce que cette petite victoire pouvait recéler d'amertume.

Le soir venu, alors qu'on allumait de grosses bougies neuves dans la cellule – on disait : « la chambre du roi » –, des bruits d'agitation inhabituelle avertirent le prisonnier que son auguste visiteur approchait. François se redressa sur ses oreillers, puisant en lui-même un reliquat de forces en vue de faire bonne figure. Son valet ouvrit la porte en grand ; deux sentinelles entrèrent. On entendait, dans le couloir, se rapprocher des bruits de pas.

Soudain, l'empereur Charles s'encadra dans l'ouverture. Le roi François le trouva certes petit et malingre ; mais dans le même temps, il fut surpris de la douceur du regard et de l'attitude de politesse, presque de déférence, adoptée par son visiteur. Les deux souverains s'embrassèrent avec chaleur, comme des parents longtemps séparés. L'un et l'autre avaient les yeux humides.

— Empereur, mon seigneur, dit François, vous voyez ici votre serviteur et votre esclave.

— Mais non. Je ne vois en vous qu'un homme libre, et mon bon frère et véritable ami.

— Je ne suis que votre esclave.

— Non, non. Ce qui importe le plus, c'est votre santé. Ne songez à rien d'autre. Pour le reste, vous verrez que tout va s'arranger dès que Mme d'Alençon sera là. Rassurez-vous, tout ira comme vous désirez.

Le roi malade émit un étrange râle, comme si sa gorge serrée ne lui permettait pas d'exprimer tout ce qu'il attendait de l'arrivée annoncée de sa sœur.

— Vous voyez en moi votre esclave, redit-il d'une voix étranglée.

Ce mot d'esclave, revenant pour la troisième fois dans la bouche d'un souverain régnant, avait quelque chose de pénible. Le roi de Naples et Montmorency, qui seuls accompagnaient l'empereur, échangèrent un regard de gêne.

— Sire, intervint le maréchal, Sa Majesté l'empereur et roi a tenu à venir vous témoigner de son amitié, et de sa confiance dans un règlement très prochain de la paix. Votre Majesté elle-même me disait, pas plus tard que ce matin, combien elle fondait d'espoir sur cet accord à venir...

— Mon bon seigneur est maître de tout, insista François dans un accès d'humiliation aussi peu prévu qu'embarrassant.

L'empereur comprit qu'il ne gagnerait rien à profiter d'une telle position de force ; il mit les propos du roi sur le compte de la fièvre, et prenant le contre-pied de la situation, s'affaira lui-même à retaper les oreillers de son prisonnier ; puis il prit sa main dans la sienne et relança la conversation sur l'arrivée très attendue de la duchesse d'Alençon.

Marguerite et son petit cortège n'atteignirent que le lendemain soir la tour de Los Lujanes. L'empereur en personne descendit l'accueillir, et lui fit rendre les honneurs à la lumière d'une forêt de torches. La princesse, pour la circonstance, était vêtue de neuf ; mais sous ses voiles de deuil immaculés, elle paraissait fatiguée et, surtout, fort émue. Elle accepta sans se formaliser les embrassades, les cajoleries du geôlier de son frère ; puis, sans presque prononcer un mot, elle se laissa guider par lui, tout au long de couloirs et d'escaliers lugubres, jusqu'au galetas du roi.

Un flot d'émotions submergeait Marguerite en ce moment suprême – peut-être le plus intense de sa vie. Lorsque après maints détours, l'empereur s'effaça pour la laisser entrer dans la chambre du malade, elle porta ses mains à sa bouche et attendit un moment sur le seuil. Puis elle s'approcha du lit, de ce pas hésitant que l'on adopte parfois dans les moments cruciaux. Elle eut le cœur bien serré de voir le roi vieilli, amaigri, livide. Et presque sans connaissance...

Du reste, François la regarda, l'œil infiniment triste ; mais, victime de ses fièvres, il ne la reconnut pas.

La princesse ne l'embrassa pas moins tendrement, en son nom et au nom de leur mère. Le roi réagit à peine ; il ne prononçait pas un mot.

— Eh bien, dit-elle, mon bon seigneur, ce n'est pas l'accueil que vous aviez promis à votre « mignonne »

— Voici enfin votre chère sœur, insista l'empereur pour la forme ; elle a fait le plus inouï des voyages pour vous voir !

Le roi consentit à dévisager Marguerite, mais aussi vite il détourna le regard et ferma les yeux. On vit alors la princesse étouffer des sanglots. Reprenant ses esprits malgré tout, elle s'enquit du traitement prescrit au malade et, s'imposant auprès de lui, prit en main les soins qu'on lui dispensait. Sans plus songer à ses fatigues, et quoiqu'elle s'assoupît souvent sur sa caquetoire, Marguerite ne devait plus quitter le chevet de son frère.

Trois jours plus tard, le 22 septembre, les médecins baissèrent les bras. L'abcès avait pris vilaine tournure ; la fièvre s'était installée. Certains praticiens déclarèrent que le roi passerait sûrement de vie à trépas dans les deux jours...

Alors Marguerite s'en remit au seul remède qu'elle eût jamais respecté : l'action de grâces. Loin de s'abîmer seule dans l'oraison, elle rassembla tous les fidèles autour du souverain captif et, malgré la relative exiguïté de la cellule, invita la petite Cour, agenouillée, à réciter avec elle une prière aux agonisants. Ne reculant devant aucun effort, elle alla jusqu'à faire dresser, dans un coin de la pièce, un autel de fortune où l'on pût dire une messe.

L'archevêque d'Embrun officia. À l'heure de l'élévation, le prélat s'approcha du mourant et, d'une voix forte, l'exhorta à regarder le saint sacrement. Le roi, des lointains où voguait son esprit, revint suffisamment à lui pour obéir ; il rouvrit un œil, fixa plus ou moins la grande hostie, amorça même un geste des bras... Marguerite, après la messe, lui mit l'hostie sous les yeux ; alors le roi parla.

— C'est mon Dieu...

— Sire ?

— C'est mon Dieu qui me guérira l'âme et le corps.

Il regardait la princesse étrangement et l'implora dans un souffle.

— Je vous prie de me permettre de Le recevoir.

— Mais sire, intervint l'archevêque, vous ne pourrez avaler...

— Si fait.

Aussitôt Marguerite détacha un morceau de la grande hostie et la lui passa entre les lèvres. La fervente dévotion du roi, dans cet instant, frappa si bien toutes les personnes présentes qu'elles s'agenouillèrent de nouveau comme un seul homme. La princesse reçut pour sa part ce qu'il restait du corps du Christ et, agenouillée la dernière près de l'épaule de son frère, s'abîma dans une intense prière.

Est-ce, comme devaient l'affirmer certains médecins par la suite, l'effort de la déglutition qui, aidant à crever l'abcès, sauva le roi François ? Dès le surlendemain, en tout cas, il était déclaré tiré d'affaires ; la semaine suivante, il aurait recouvré la santé.

Le matin où, enfin, il reconnut sa sœur, la scène des retrouvailles, pour différée qu'elle fût, parut merveilleuse. François couvrit enfin de baisers le visage de Marguerite – des baisers intenses, fiévreux, témoins de leur immense amour.

Lyon, abbaye de Saint-Just.

Depuis le désastre milanais, six mois plus tôt, le chancelier Duprat jubilait. Cet homme habituellement si triste et qui, en dépit de ses rondeurs, n'avait jamais caché un fond de sécheresse, trouvait sans doute, dans les difficultés du temps, un climat à sa convenance. Il n'hésitait plus à s'esclaffer en plein conseil ; et Madame, à plusieurs reprises, s'était vue dans l'obligation de le rappeler à une gravité de circonstance.

Ce matin-là, c'est d'un pas plus allègre encore que de coutume qu'Antoine Duprat gagna le vieux cloître. La régente s'y efforçait à marcher un peu, dans l'espoir d'apprivoiser ses douleurs. En fait, la santé de la mère se ressentait de celle du fils ; et le flot de nouvelles qui, de Madrid, avaient notifié tout à la fois la maladie du roi et son rétablissement, s'était traduit, chez Madame, par un nouvel accès d'arthrose.

— Duprat, lança-t-elle de loin, m'annoncerez-vous la guérison du roi ?

À croire que la mine réjouie du chancelier l'avait trahi.

— J'ai ce bonheur, madame. Nos émissaires à Tolède affirment que Sa Majesté va beaucoup mieux ! Les médecins la disent hors de danger, et le président de Selve, dans son rapport, m'écrit que, libre, le roi pourrait aller chasser à courre !

— Dieu soit loué ! dit la régente en saisissant, sous son scapulaire de velours noir, une croix d'or qu'elle se mit à baiser avec ferveur.

À ses côtés, Mlle d'Heilly partageait son euphorie ; elle crut même pouvoir se permettre d'embrasser sa maîtresse. Des rires résonnèrent dans toute la galerie. Louise exultait.

— Je vais vous dire : c'est la présence de sa sœur à ses côtés qui l'aura sauvé ! Quels merveilleux enfants le Ciel m'a donnés !

La régente parut oublier un instant ses douleurs et, s'appuyant à une des colonnettes du cloître, elle se signa plusieurs fois.

— Nous nous rendrons aux Célestins dès ce soir, et je veux que l'on organise, pour demain, une grande procession jusqu'aux Cordeliers. Oh, chancelier, que la vie me sera douce, à nouveau !

Duprat échangea un regard presque complice avec la demoiselle d'honneur. Mais déjà la régente retrouvait sa hauteur ordinaire.

— D'autres nouvelles d'Espagne ?

— Il devrait vous plaire de savoir que Mme d'Alençon fait également merveille auprès de Charles Quint, et qu'elle est au mieux avec le maréchal.

— Brave petite ! Mais vous ne m'apprenez rien, Duprat ; sa lettre de Barcelone était déjà pleine de Montmorency ! Au reste…

La régente baissa le ton.

— Elle était pleine aussi d'un autre sujet. Vous savez bien lequel...

— Mgr Briçonnet et le cercle de Meaux ?

— Je ne comprends pas que ma fille, par ailleurs si fine, si déliée d'esprit, se soit entichée de ces prêcheurs assommants ! s'énerva-t-elle en laissant, de rage, tomber sa canne. Enfin, voulez-vous me dire si c'est l'affaire des princes, de se mêler de l'interprétation des Écritures et de la manière d'aller dire la messe ?

— Mme d'Alençon a toujours été versée dans les choses de la Religion...

— Mais à présent, cela nous place dans une situation embarrassante.

La belle Anne d'Heilly avait ramassé la canne en bois d'amourette, mais plutôt que de la rendre à la mère du roi, elle lui offrit son bras pour avancer. Les douleurs semblaient revenues ; et chaque pas arrachait une grimace à Madame. Le chancelier ne fit rien pour l'apaiser.

— Nous avons plus que jamais besoin de complaire au Saint-Père, dit-il. Si nous voulons dresser tous nos princes italiens contre l'empereur, la bénédiction du pape est une nécessité. D'ailleurs, je ne crois pas qu'à Venise, à Milan, à Naples, les luthériens soient en odeur de sainteté...

Madame demeura un moment silencieuse.

— Je suis tellement soulagée pour mon fils ! dit-elle encore. Dieu soit loué, mille fois !

Il y eut un autre silence.

— Pour ce qui est de l'Italie, reprit-elle, que voulez-vous ? Si le moyen de plaire à ces gens-là est de faire brûler quelques hérétiques, eh bien, qu'on en brûle ! Ce n'est pas moi qui trouverai à y redire.

La demoiselle d'honneur ne s'autorisa aucun commentaire, mais on voyait bien, à sa mine, que ces propos de Madame la heurtaient.

— Vous saisirez la politique, mais plus tard, lui décocha la régente. D'ailleurs, point n'est besoin de politique ! Vous avez vu ce méchant cardeur que les Lorrains ont envoyé au bûcher[27], il y a quelques semaines ; ne croyez-vous pas qu'un homme ainsi fait n'a eu que ce qu'il méritait ?

La jeune fille se contenta de sourire.

— Le Parlement de Paris envie celui de Metz, affirma Duprat. Ces messieurs soutiennent la Sorbonne sans réserve.

Dans la foulée de Pavie, la régente, soucieuse d'ordre, avait autorisé la faculté de théologie à créer une sorte d'inquisition gallicane, tribunal *ad hoc* formé de deux théologiens et deux parlementaires... Or la Sorbonne, profitant de la captivité du roi et de l'éloignement de sa sœur, était allée plus loin. Elle avait d'abord condamné les livres d'Érasme et la traduction de la Bible en français. Puis, à la faveur d'un procès intenté devant elle à Briçonnet, le fameux évêque de Meaux, elle s'employait maintenant à malmener le maudit cénacle qui, sous l'aile protectrice de Marguerite, avait voulu défendre en France, sinon tout à fait la Réforme, du moins les idées évangéliques...

— Ma fille prend encore la défense de ce Briçonnet et de sa clique, soupira Madame. Vous verrez qu'elle ira me perturber le roi avec ce procès ! N'y aurait-il moyen, Duprat, de calmer un peu le Parlement là-dessus ?

— Je ne suis pas certain, madame, que ce soit l'intérêt de la Couronne.

— Mais de quoi parlez-vous ?

— Eh bien, comme nous disions à l'instant... Si nous voulons grouper derrière nous les princes italiens, et réussir la paix à défaut d'avoir pu gagner la guerre, il est important, me semble-t-il, de donner quelques gages à l'Église romaine.

La régente gratifia le chancelier d'un de ces regards vaguement méprisants qu'elle réservait, d'ordinaire, aux conseillers et officiers de deuxième ordre.

— Vous devez savoir certaines choses, dit-elle.

— Je sais...

— Taisez-vous donc, et écoutez-moi plutôt.

Madame sourit à sa suivante, et passant de son bras à celui de Duprat, lui fit comprendre qu'elle ne souhaitait nullement, pour une fois, la mettre dans la confidence. La jeune fille se fit discrète, et sous prétexte d'aller sentir les roses d'un buisson magnifique, tout blanc, s'éloigna vers le puits central. La régente se mit à parler à voix très basse, obligeant le chancelier à pencher comiquement la tête pour l'entendre.

— J'ai confié à ma fille, avant son départ, une arme diplomatique imparable, commença-t-elle.

— Oui ?

— Je me suis dit que ses pourparlers avec l'empereur, en vue de la libération du roi, seraient certainement difficiles...

— Oui ?

— Cessez de dire « oui », c'est exaspérant.

— Pardon, madame.

La régente se tut quelques instants ; elle respirait lourdement.

— Vous savez que nous avons passé, en Italie, des accords secrets avec le marquis de Pessaire et plusieurs princes excédés par la conduite de l'empereur[28]. Eh bien, j'ai autorisé la princesse à révéler à Charles Quint la teneur de ces accords. On dit l'empereur obsédé de complots et de conjurations ; cette révélation-là devrait l'occuper un moment. Entendez-moi bien : nous révélerons, s'il le faut, quelques noms – mais s'il le faut seulement. Considérez cela comme une monnaie d'échange...

Le chancelier de France demeura coi ; sans doute ne trouvait-il rien à répondre.

— Naturellement, reprit Madame d'un ton plus habituel, la princesse jugera elle-même de l'utilité de jouer ou non cette carte. Mais je tenais à ce qu'elle l'eût dans son jeu.

Duprat hochait la tête, sans que l'on pût dire s'il était muet d'admiration ou privé de sa voix par l'indignation.

Tolède.

Dès que François fut rétabli, Marguerite eut à cœur d'entamer les négociations pour lesquelles elle avait entrepris le voyage d'Espagne. Il lui fallut donc s'arracher au chevet du roi convalescent pour se rendre auprès de l'empereur... Elle fit la route en litière, au sein d'un convoi digne de la reine de Saba, et sous l'escorte de plusieurs Grands dont Moncada. Le gouverneur de la province vint par ailleurs à sa rencontre, et conduisit jusqu'à Tolède l'impressionnant cortège.

Charles Quint attendait la princesse au cœur de la ville, sur une place de Zocodover pavoisée pour l'occasion. La chaleur restait forte, en ce début d'automne ; et Marguerite jouait désespérément de l'éventail pour trouver un peu d'air. Le souverain, entouré notamment des ducs de Calabre, de Béjar et de Najara, afficha le plus grand respect envers l'émissaire de la régente ; il se montra tout aussi courtois que deux semaines plus tôt, à Madrid.

— Nous avons cru ne pouvoir mieux faire, connaissant les goûts de Votre Altesse Royale, que de lui attribuer pour résidence le plus raffiné des palais de Tolède.

L'empereur lui désigna son hôte, don Diego de Mendoza. La visiteuse salua poliment.

— Je ne suis pas venue ici pour mon plaisir, répondit-elle dans un excellent espagnol. Mais je n'en remercie pas moins Votre Majesté des attentions qu'elle me réserve.

Ce ton fort officiel fut abandonné, dès le matin du lendemain, lorsque Charles et Marguerite se retrouvèrent en tête à tête, à l'Alcazar. Aucun conseiller, aucun diplomate ne devait assister à ce premier entretien ; et les portes n'étaient gardées que par des suivantes de la princesse.

— Comprenez-moi, répétait la Française en variant le ton. La libération du roi doit être un préalable à toute négociation entre nous. Hors de là, point d'accord ; et nos plus honnêtes concessions seraient finalement réputées caduques.

L'Espagnol – il était en vérité flamand plus qu'espagnol, et régnait sur des contrées essentiellement germaniques, pour ne rien dire des américaines – écoutait bien plus qu'il ne parlait. Parfois, souriant à Marguerite, il allait jusqu'à hocher la tête, donnant le sentiment d'entrer pleinement dans ses vues... La princesse, alors, se prenait à rêver d'un accord obtenu vite et sans résistance. Puis, d'un seul mot, Charles anéantissait cet espoir, et se révélait aussi intransigeant sur la captivité du roi de France qu'elle-même avait pu se montrer ardente à plaider sa libération.

— Vous devez admettre, assénait-il, que votre frère a perdu cette campagne, et qu'il est pour l'heure à notre merci. Je ne puis d'aucune façon, sauf à trahir tous mes devoirs, élargir un prisonnier qui fait tout le prix de notre victoire.

— Mais puisque le roi seul peut négocier la paix !

— Si vous n'en avez pas le pouvoir, que faites-vous ici ?

— Je suis venue me faire, auprès de vous, l'interprète d'un royaume orphelin !

— C'est bien à ce royaume qu'à travers vous, je m'adresse.

Ce vain échange s'éternisa jusqu'au soir. De temps à autre, un huissier du palais entrebâillait la porte pour y passer la tête ; l'empereur baissait les paupières pour signifier que l'entretien n'était pas terminé, et le battant se refermait discrètement.

À la fin, soucieuse de ne pas trop décevoir l'empereur dans ses attentes, Marguerite se résolut à jouer la redoutable carte que sa mère avait glissée dans son jeu.

— Pour vous montrer notre bonne foi, lança-t-elle, et donner à Votre Majesté des gages quant à la pureté de nos intentions, je veux vous parler de ce qu'il se trame en Italie à l'heure où nous parlons.

Elle n'était guère à l'aise dans ce rôle, et déglutit plusieurs fois de manière sonore, au moment de livrer les noms des alliés secrets de la France. Son vis-à-vis devait s'en amuser *in petto*, mais il fit mine de ne rien remarquer. Au demeurant, il avait adopté l'air détaché de celui qui, sachant déjà tout, ne saurait plus s'étonner de rien. Cette attitude intelligente, parce qu'elle minimisait considérablement le mérite des Français, conduisit Marguerite à se montrer d'autant plus précise dans ses délations.

— J'apprécie la bonne volonté que vous me témoignez dans cette rencontre, conclut Charles après qu'il eut recueilli ces longues et lourdes confidences ; et pour tout dire, j'espérais beaucoup que vous m'offririez cette preuve de confiance. Mais pour le reste, ce que vous me dites là n'est en rien nouveau pour moi, et ne me sera, j'en gagerais, d'aucune utilité.

C'était une manière assez déloyale de tout prendre sans rien donner. Marguerite voulut croire, pour se rassurer, que la récompense viendrait en son temps... Mais la séance commençait à lui peser énormément. L'empereur le remarqua.

— Vous plairait-il de rencontrer ma sœur, la reine Éléonore ? demanda-t-il en vue d'alléger l'atmosphère.

— Sire, j'en serais charmée.

La sœur aînée de l'empereur reçut à bras ouverts la sœur aînée du roi de France. Marguerite la détailla d'un œil intéressé. Bien qu'elle n'eût pas trente ans, Éléonore présentait les dehors d'une femme mûrie prématurément, et dont les riches atours ne rachètent plus vraiment les formes ingrates. Un visage lisse et plein, assez commun en vérité, traduisait mal les délicatesses d'une nature élevée, et qu'on disait sublime. C'est que l'ancienne reine de Portugal se languissait dans son veuvage.

D'emblée, Marguerite saisit le parti que l'on pouvait en tirer. Elle savait qu'une éventuelle union de son frère avec Éléonore serait de nature à modifier du tout au tout les termes d'un accord ; et puisque Charles, soit discrétion soit fatigue, avait laissé les deux dames en tête à tête, elle en profita pour dépeindre aussitôt François sous les traits du chevalier des contes, aussi superbe que malheureux. La jeunesse du roi de

France, sa vigueur, son esprit, sa gaillardise tout à la fois et son raffinement, furent littéralement vendus à la jeune veuve. Mais aussi l'injustice qui l'avait si durement frappé, et cette captivité lamentable... Pour brosser cet idyllique portrait, Marguerite n'avait, du reste, qu'à laisser parler ses propres sentiments : c'est son amour personnel qu'elle s'efforça d'insuffler au cœur flottant d'Éléonore.

— J'ai cru comprendre, osa-t-elle insinuer, que François n'aurait quitté l'Italie pour l'Espagne que dans le but de se rapprocher de Votre Majesté ; vous savez qu'il parle d'elle sans cesse...

— Vraiment ? Vous me troublez...

— Les portraits qu'il a de vous lui ont donné plus que l'envie de vous rencontrer ; et ce serait une grande consolation, dans sa prison, que de recevoir votre visite.

— Je ne sais si cela se peut...

Mais à son sourire, il apparut qu'Éléonore n'était plus très loin d'adhérer aux plans de Marguerite. Elle les eût même faits siens, n'eût été un certain obstacle bien fâcheux.

— L'empereur, mon frère, et son conseil, ont déjà promis ma main à Mgr le connétable de Bourbon, rappela-t-elle à toutes fins utiles.

Marguerite feignit de tomber des nues, et afficha la mine la plus consternée.

— Ma pauvre amie, gémit-elle en saisissant les mains d'Éléonore.

Une étape venait d'être franchie dans l'intimité, dans la complicité même.

— Ma pauvre amie, mais qu'allez-vous devenir ?

— Vous connaissez le connétable...

— Si je le connais ? Mais, chère Éléonore, songez que je ne connais que lui. Des années durant, à la Cour de France, j'ai dû subir sa présence insidieuse, toute de malice et de fausseté.

— Dieu du Ciel...

— C'est une chose délicate à révéler à une future épouse, mais... Non, il vaut mieux que je n'aille pas plus avant.

— Si, madame, de grâce, je vous prie !

— Cela pourrait être mal interprété.

— Je vous supplie, Marguerite, de tout me dire ! Entre nous...

La sœur de François s'approcha de la sœur de Charles pour lui parler à l'oreille.

— Eh bien... Savez-vous que ce beau connétable que l'on vous destine est, à cette heure, le plus grand traître de l'Europe ? Qu'il a piétiné ses engagements de chevalier pour vendre sa prétendue force aux ennemis de son souverain ?

— Dieu du Ciel !

— Je ne vous connais pas encore très bien, madame. Mais je n'eusse pas demandé mieux que de vous connaître familièrement. Car je dois confesser que vous m'êtes plus qu'agréable. Eh bien... Je regarderais comme un malheur achevé que l'on confiât une princesse comme vous aux mains d'un aventurier comme lui.

Éléonore buvait les paroles de Marguerite, et lui fit promettre qu'en aucun cas, elle ne l'abandonnerait. L'émissaire de la régente ne se força nullement pour y consentir. Elle entendait résonner en elle les doux accents du triomphe.

Lyon, abbaye de Saint-Just.

S'appuyant au bras du chancelier, Madame rejoignit sa demoiselle d'honneur au centre du cloître. Elle évoquait avec Duprat les révoltes paysannes qui, en Rhénanie, comme en Souabe, fragilisaient l'hégémonie impériale.

La jeune Anne d'Heilly ne perdait jamais une occasion de se montrer gracieuse : aussi avait-elle tiré du grand buisson de roses quelques odorants spécimens qu'elle offrit, humblement, à sa maîtresse. Madame la gratifia d'une caresse au visage.

— Elles sont belles, n'est-ce pas ? Belles comme cette journée ! Belles comme la nouvelle du rétablissement du roi.

Antoine Duprat voulut saisir une branche du rosier, pour en humer le parfum ; il s'y piqua.

— Belles comme mademoiselle, lâcha-t-il pour faire diversion.

« Qui s'y frotte, s'y pique », se dit malicieusement Madame, citant la devise de son cher Louis XI.

— En dehors de ma fille, s'enquit la régente, où en sont, là-bas, de Selve et les autres ?

Elle voulait désigner les émissaires François de Tournon, archevêque de Bourges, et Philippe Chabot de Brion, qui négociaient en vain depuis trois mois avec le conseil d'Espagne.

— Ils discutent des garanties que nous pourrions donner, pour le paiement de la rançon et l'observance d'autres clauses.

— Et quelles seraient-elles, ces garanties ? Des otages ?

Duprat regarda vivement Madame. Décidément, pensa-t-il, on ne peut rien lui cacher !

— Les Impériaux voudraient nous prendre une douzaine de gentilshommes, concéda-t-il. Parmi les plus distingués.

— Que ne le disiez-vous ?

— J'attendais, madame, que les...

— Une fois pour toutes, chancelier, j'exige – vous m'entendez ? – j'exige de connaître les demandes de l'ennemi à mesure qu'elles sont formulées.

— Madame...

— Comment voulez-vous que je réagisse utilement, si je ne suis pas au courant des choses ?

En vérité, Louise de Savoie s'emportait contre son grand commis pour mieux dissimuler l'embarras où la plongeait cette nouvelle condition.

— Ont-ils déjà formulé des noms ?

— Oui, madame. Ils voudraient les ducs de Vendôme et d'Albany, le marquis de Saluces, les comtes de Saint-Pol et de Guise, M. de Lautrec, M. d'Aubigny, M. de Laval, M. de Rieux, le grand sénéchal...

— Le grand sénéchal ?

— Ainsi que MM. Chabot de Brion et de Montmorency.

— Montmorency, le maréchal ? Autant dire qu'ils veulent tous nos guerriers vivants, la substance même du royaume ! Cela ne se peut. Vous m'entendez, Duprat ? Cela ne se peut !

— Ce ne sont, pour le moment, qu'hypothèses de travail...

— Hypothèses de travail ? De qui vous moquez-vous ? D'eux ou de moi ?

Le chancelier aida, d'un air piteux, la demoiselle d'honneur à ramasser les fleurs que, dans sa colère, la régente avait laissé choir. Louise pensait à voix haute.

— Laval, Brézé, Montmorency, ruminait-elle. Non. Cela ne saurait être. Après tout, dit-elle d'un air énigmatique, nous avons mieux à leur donner...

Au regard mauvais qu'elle lui avait décoché, Duprat crut comprendre qu'il était visé.

— Je crains beaucoup la chaleur, madame, et...

— Qu'allez-vous chercher, Duprat ? Vous croyez-vous à ce point indispensable, qu'on vous tienne pour monnaie d'échange ?

Malgré sa colère, Madame ne put s'empêcher de sourire.

— Non, reprit-elle. Ce n'est pas à vous que je songeais, mon pauvre ami... C'est à ce que j'ai de plus cher après le roi.

— La princesse Marguerite ?

La régente haussa les épaules. Ce fut la jeune d'Heilly qui donna la réponse.

— Vos petits-enfants, madame !

— Oui, laissa tomber Louise, d'une voix sans timbre. Peut-être allons-nous devoir sacrifier le dauphin François.

— Madame, le dauphin !

— Avez-vous mieux à proposer ?

Déjà la régente se dirigeait vers la sortie, brisée, d'un pas douloureux.

— Duprat, ordonna-t-elle avant de disparaître, je vous saurais gré d'adresser quelques mots à la tante de l'empereur, cette bonne Marguerite d'Autriche, pour lui dire toute la part que nous prenons à ses difficultés dans les Flandres et ailleurs. Tant il est vrai que ces paysans révoltés, jusqu'en Souabe, jusqu'en Rhénanie, ne sont jamais que les enfants de Luther.

— Certes, madame. J'écrirai à la gouvernante des Pays-Bas.

— C'est important.

— Très important, madame.

La régente une fois sortie, le chancelier demeura tout un moment seul dans le cloître. Il se sentait décontenancé. Peut-être lui fallait-il, tout simplement, un peu de temps pour assimiler ce qu'il avait entendu... Comme s'il lui avait fallu, toute affaire cessante, prendre la défense de sa maîtresse, il se mit à bâtir un discours dans le vide, prononçant pour les moineaux un éloge qui lui parut couler de source.

— Cette femme-là, messieurs – que dis-je – cette maîtresse femme, aura su, dans des temps infiniment terribles, tenir ensemble les provinces, se concilier les parlements, subvenir aux besoins accrus d'un Trésor exsangue, ne serait-ce qu'en vue d'acheter le roi d'Angleterre... Elle aura tissé des relations étroites avec les ennemis de nos ennemis, jusqu'aux Turcs eux-mêmes, et avec les amis de nos ennemis, à commencer par le pape. Et puis elle aura su flatter, récompenser, trahir même à dessein, et sacrifier la chair de sa chair ! Cette femme étonnante, messieurs, cette dirigeante d'un plan supérieur, voilà qu'enfin elle se sera damnée, damnée pour sauver la couronne de son fils – mais aussi bien, damnée pour sauvegarder le vieux royaume de France !

Tolède.

— Ma très chère, j'ai toute confiance en vous ; faites que nous puissions bientôt nous revoir, et pour nous appeler du beau nom de sœur[1] !

Tel avait été, dans son espoir et son désespoir, le vœu formulé par Éléonore de Habsbourg devant Marguerite, quand l'empereur, son frère, avait choisi de l'éloigner sous un oiseux prétexte. Les deux princesses s'étaient entendues à merveille – mieux : elles donnaient le sentiment de s'être trouvées ; au point que Charles Quint, redoutant quelque alliance féminine, préférât les séparer.

— Bien sûr, nous nous reverrons, avait assuré Marguerite en camouflant son amertume ; et j'espère, moi aussi, que nous deviendrons sœurs.

1. Belle-sœur.

Son amie partie, toute l'énergie dont débordait la duchesse d'Alençon fut mobilisée en conférences verbeuses, stériles. Le chancelier Gattinara, oubliant peut-être qu'il avait servi, jadis, la Maison de Savoie, se montrait intraitable envers les émissaires français, et spécialement rude à l'égard de Marguerite. Il ne s'embarrassait même pas des formes que l'empereur lui-même avait su y mettre. D'une façon générale, les ministres impériaux donnaient le sentiment de vouloir tout obtenir et ne céder sur rien.

— Le chancelier Gattinara n'est pas un homme d'honneur, souffla un jour la princesse au président de Selve. Si vous saviez ce que, pour obtenir la paix, j'ai pu concéder lors de mon arrivée !

Seule la discrétion de ce haut magistrat le priva d'en apprendre davantage sur la trahison, par la France, de ses nouveaux alliés italiens.

Chaque soir au palais Mendoza, la princesse recevait à souper les émissaires français. Les débats de la journée y étaient commentés dans toute leur dureté, à peine adoucis par la gastronomie castillane...

— Ce Gattinara n'est là que pour me jouer de bons tours, estimait Marguerite.

— Il a protesté deux fois, aujourd'hui, qu'il aimait le roi François, fit observer Philippe Chabot de Brion.

— Chacun affirme qu'il aime le roi, mais la preuve tarde à venir... La vérité, c'est que tous ces messieurs me croient plus tendre que je ne suis ; ils connaissent ma passion pour mon frère, et se figurent que, pour le tirer de sa prison, je serais prête à faire bon marché des intérêts de la Couronne. C'est mal connaître l'éducation que nous avons reçue de notre mère. Tant pis : ils en seront pour leurs frais.

Après deux semaines de ce régime, la duchesse d'Alençon estima que le jeu n'avait que trop duré. Murée dès lors dans un silence hautain, elle déserta la table des négociations, sans avoir transigé d'un pouce avec l'honneur français.

Tolède, palais Mendoza.

La princesse, vivant désormais retirée dans ses appartements, ne les quittait plus que pour des visites pieuses et de rares pèlerinages. C'est au cours de l'un d'eux qu'un capitaine espagnol, Cavriana, chevauchant auprès de sa litière, se fit connaître d'elle et gagna sa confiance au point d'être admis à lui faire une proposition inouïe.

— Je sais, lui glissa-t-il en grand secret, un moyen sûr de faire évader le roi, votre frère.

Le premier mouvement de Marguerite fut de rejeter une telle infamie. Elle, fille de France, accepter un marché digne du brigandage ? Fallait-il qu'on la crût éprise de son frère, pour oser lui soumettre pareil projet ! Et si c'était un piège ? Une machination de ces Espagnols pour la pousser à la faute et déconsidérer sa mission ?

— Considérez que vous n'avez jamais formé ce dessein devant moi, exigea-t-elle. Et même, estimez-vous heureux que je n'aille pas vous dénoncer.

— Enfin, madame, ne voyez-vous pas que l'empereur et ses ministres vous rançonnent vous-même comme le feraient de vulgaires bandits ? Croyez-vous que le chantage qu'ils font subir au roi, votre frère, soit digne de relations entre deux souverains chrétiens ?

Marguerite fut bien forcée de reconnaître qu'un tel raisonnement en valait d'autres, et qu'à tout prendre, il offrait le mérite de la franchise.

— Le roi est bien gardé, fit-elle observer à Cavriana. Sa prison est en hauteur et les murs en sont épais...

— Je connais le donjon comme ma propre maison, rétorqua le capitaine. Et je sais un moyen sûr de s'en évader !

Marguerite resta un temps muette.

— Un moyen sûr, dites-vous... Lequel ?

Le capitaine sourit dans sa barbe.

— Chaque soir, depuis une semaine, un serviteur noir, de haute taille, entre dans la cellule, les bras chargés de bûches. Il nettoie le foyer de la cheminée, ranime le feu, évacue les tisons... Il se trouve que ce Noir m'est dévoué à la vie, à la mort. Vous n'auriez qu'à convaincre le roi de raser sa barbe, et de s'enduire de suie le visage et les mains ; il revêtirait la tenue du porteur de bois et ressortirait au nez de la garde, sans que quiconque vienne à se méfier. Le temps que l'on retrouve mon homme ficelé, le vôtre serait loin...

— Cela suppose de prévoir une escorte légère, et des chevaux de rechange en grand nombre, jusqu'aux Pyrénées.

Cette fois, Cavriana ne retint pas son rire.

— Princesse, observa-t-il, je vois que mon idée fait son chemin dans votre esprit !

— Je crois qu'elle a surtout progressé dans mon cœur.

Madrid, donjon de Los Lujanes.

En moins d'un mois, le roi avait recouvré, sinon le moral, du moins la santé. Et c'est un homme en forme qui se jeta dans les bras de sa grande sœur. Marguerite s'assura que son teint, ses traits, ses yeux surtout, avaient repris saine apparence.

— Racontez-moi tout, demanda François. Je veux tout savoir.

Par besoin personnel plus que par politique, elle prit le temps de lui narrer chaque détail de sa mission à Tolède – sans s'attarder pour autant aux aspects décevants de la négociation ; elle s'en serait voulu d'affecter une humeur déjà fort dégradée.

Marguerite avait acheté pour son frère, comme on rapporterait des présents à un enfant malade, tout un lot de superbes rasoirs dont il la remercia avec effusion.

— Vous pourriez être amené à en faire bientôt le meilleur usage, hasarda-t-elle quand ils restèrent seuls et qu'elle fut certaine du relâchement des sentinelles, à la porte.

— Il faut m'en dire davantage.

Alors Marguerite fit part à son frère et seigneur de sa rencontre avec le capitaine espagnol, des intentions de celui-ci, du plan qu'il avait élaboré et des raffinements qu'elle-même se proposait d'y apporter…

Le roi n'eut pas ses pudeurs ; il ne partagea pas ses scrupules initiaux. Au contraire : tout heureux de voir se concrétiser un rêve qu'il avait caressé dès son internement à Madrid, il accueillit avec enthousiasme un projet qui, enfin, le ramenait à l'action.

— Oh mignonne, dit-il en embrassant sa sœur, mais que serais-je sans vous ?

— Sans moi vous ne seriez pas – ni moi sans vous !

— D'où vient-il que nous soyons si proches, et que nous entendions les mêmes choses ?

— Peut-être sommes-nous frère et sœur, fit remarquer Marguerite avec une pointe d'ironie.

— Non, dit le roi. C'est beaucoup plus que cela. Les frères et sœurs que je connais ne s'aiment pas comme nous nous aimons.

— Peut-être nous connaissons-nous mieux qu'ils ne se connaissent…

— Oui, c'est cela. Nous nous connaissons si bien !

François prit sa sœur dans ses bras et couvrit de baisers son visage marqué par cette éprouvante mission. Marguerite le laissa faire ; elle le laissa lui caresser les cheveux et la nuque, voulut bien qu'il l'embrassât dans le cou, accepta même ses mains le long de son corps.

— Me le donneras-tu enfin, mignonne ? M'offriras-tu ce baiser ?

Alors sans réfléchir, sans hésiter, elle décida de lui en faire don. Un baiser franc, profond et volontaire, le baiser d'une amante à l'homme de sa vie, d'une femme éperdue de passion à celui qu'elle adorait depuis le premier instant.

Le roi eût pu en rester là ; mais il en attendait davantage. Ses sens exacerbés par l'abstinence s'emparèrent de son esprit, jusqu'à le dominer. François voulut posséder Marguerite. Et sans doute y serait-il parvenu si un serviteur noir n'avait surgi à temps, qui apportait des bûches pour la nuit.

La princesse, tout en se rajustant, put mesurer le chemin parcouru depuis Lyon. À l'époque – trois ans plus tôt – l'assaut irrésistible de son frère l'avait plongée dans un abîme de dégoût mêlé de remords. Cette fois, quoique secouée, sans aucun doute, elle avait surmonté son aversion. Les choses n'en devenaient pas moins dangereuses ; et Marguerite se dit qu'il était temps, pour elle, de s'éloigner de Madrid.

Les complices avaient tout réglé. Dans la soirée précédant l'heure décisive, François sentit monter en lui une excitation qu'il n'avait plus connue depuis Pavie. Marguerite, en lui rendant sa visite habituelle, s'émut de le voir à nouveau plein de vie – comme ressuscité. Elle n'en était pas moins triste, et François le lui fit remarquer.

— C'est la peur, dit-elle, qui m'affecte.

— Vous ne risquez pas grand-chose...

— Je ne crains rien pour moi, sire. Dussé-je passer le reste de mes jours au fond d'un couvent ! C'est pour vous que je m'inquiète.

— Alors soyez tranquille. Tout ira bien.

Elle prit congé comme chaque soir, sur les coups de six heures ; et pour le roi, l'attente commença. Discrètement, lorsqu'il fut seul, il entreprit de récupérer la suie dont il devait se noircir la face et le dessus des mains.

Sept heures sonnèrent : le porteur de bois était en retard.

Sept heures et quart. Rien.

À sept heures et demie, l'évasion parut compromise.

Et de fait, quand, à huit heures, Montmorency entra pour le « souper du roi », François était toujours dans sa cellule. Gêné, ne voulant rien révéler au maréchal d'une affaire qu'il lui avait soigneusement cachée, il ne put se garder, néanmoins, de courir aux nouvelles.

— Je n'ai point vu mon porteur de bois, fit-il remarquer, l'air de rien.

Anne de Montmorency le regarda de travers. François comprit qu'il était au fait de tout.

— La garde est sur les dents, lâcha enfin le maréchal. On vient d'éventer un complot qui visait à vous faire évader.

François jugea plus élégant de ne pas insister. Il attendrait le lendemain pour se faire conter les détails. Le capitaine Cavriana, ainsi que deux de ses complices, avaient été arrêtés. Aussitôt mis à la torture, ils avaient parlé, mais sans impliquer nommément le roi, ni sa sœur.

Une chape de plomb s'était abattue sur Los Lujanes. On renforça les sentinelles, on doubla les tours de garde. Aucun visiteur ne fut plus admis seul chez le roi ; et quand Marguerite se présenta, vers midi, elle était encadrée de deux hommes en armes. François grimaça.

— Tout est perdu, murmura-t-il.

— Mais non, voyons... C'est peut-être mieux ainsi.

— Qu'allez-vous dire à l'empereur ?

— Je ne lui dirai rien. Je serai partie avant.

Comme François l'avait redouté, Marguerite lui expliqua combien, le complot éventé, sa position devenait délicate, pour ne pas dire intenable. Elle devait regagner la France au plus tôt, et profiter du sauf-conduit qu'on n'avait pas encore songé à lui retirer.

— Vous avez raison, concéda le roi, la mort dans l'âme. Partez, sauvez-vous !

— Avant cela, vous devez me confier quelque chose.

La princesse parlait bas, dans un français assez rapide pour déjouer les efforts indiscrets des gardiens.

— J'ai longuement discuté avec le maréchal, et nous sommes tombés d'accord sur ce fait : vous resterez sous les verrous longtemps encore.

François fut parcouru d'un frisson. Marguerite exposa son nouveau plan.

— Tant qu'il détient le roi de France, l'empereur n'a aucun intérêt à le relâcher. Seulement, imaginez que votre qualité vienne à changer, que vous-même perdiez ce statut royal...

— Comment voulez-vous...

Le roi n'acheva pas sa question. Il avait compris.

— Vous me proposez d'abdiquer, dit-il la gorge nouée.

— Sire, cela me paraît la seule issue possible. Abdiquez en faveur du dauphin ; et par un trait de plume, vous aurez fait sortir le roi de France de sa prison.

Le souverain voulut bien sourire.

— Et vous pensez que François d'Angoulême sortira d'ici, plus facilement que François Ier ?

— Je le crois. Je l'espère. Car ce n'est pas François d'Angoulême que l'empereur retient si férocement.

— Je crains que vous n'ayez raison...

Marguerite aurait voulu prendre son frère dans ses bras, pour le réconforter dans ce moment difficile. Mais le souvenir encore frais de leur récente étreinte l'en dissuada.

Marguerite n'avait pas eu le cœur d'avouer à son frère que, sur les conseils éclairés de Montmorency, elle avait elle-même fait capoter le plan d'évasion. Tous deux avaient estimé, en fin de compte, qu'une telle initiative, même couronnée de succès – ce qui déjà était douteux – aggraverait, sans rien régler, la crise diplomatique affectant la France et l'Empire.

Elle prit congé de Madrid, l'abdication soigneusement serrée contre elle, aussi lentement qu'elle y était entrée en hâte. L'idée de s'éloigner du roi, de l'abandonner pour ainsi dire à son terrible sort, lui paraissait insurmontable. Et d'autant plus qu'à mesure que s'allongeait la distance entre eux, les lettres de son frère faisaient état de sa mélancolie, de son abattement, bientôt de sa rechute ! La princesse avait choisi de repartir par voie de terre, afin de pouvoir, le cas échéant, faire demi-tour. Et plus d'une fois, elle hésita. Mais les villes d'Espagne s'égrenaient tout de même : Alcalá, Siguenza, Medina Celi... Chaque nuit, Marguerite rêvait de son frère qu'elle embrassait en songe, qu'elle tenait par la main ; chaque jour, elle lui écrivait, tâchant de calmer, par des mots sans cesse plus tendres, son désespoir et le sien... Montreal d'Aragon, Bovierca.

Un ordre exprès de l'empereur ayant interdit aux Grands d'Espagne, depuis le complot avorté, d'adresser la parole à la duchesse d'Alençon, elle se confiait du moins à leurs épouses, à leurs filles, à leurs cousines... Elle fut reçue en reine au palais de Guadalaxara, chez le duc de l'Infantado ; elle se fit acclamer, de nouveau, à Saragosse, par une population qui voyait dans son périple l'odyssée d'une héroïne de romans courtois.

Un peu avant Noël, un ordre mystérieux de son frère lui intima de se hâter. En effet, le duc de Bourbon s'était entendu avec Gattinara pour tenter de faire obstacle à Marguerite, de la coincer quelque part, de lui reprendre l'acte d'abdication dont ils avaient eu vent. Le connétable félon avait débarqué en Espagne, au grand dam d'une noblesse qui le haïssait. Une anecdote circulait, qui donna le ton, l'empereur ayant prié l'un de ses vassaux d'héberger le connétable : « Sire, aurait dit ce grand seigneur, je ne puis refuser ma maison à Votre Majesté. J'en serai quitte pour la brûler le lendemain. »

Bourbon, une fois de plus, fut déjoué dans ses plans. Marguerite, aidée par les Espagnols, franchissait déjà les Pyrénées à Cerbère. La veille de Noël, elle atteignait sans obstacle les frontières du royaume, et croisait les gendarmes de Mgr de Clermont sur la route de Salses. Partout, en Languedoc, en Provence et jusque sur le Rhône, ce ne furent qu'embrassades, bains de foule, délégations princières ou cardinales. Cent fois, la princesse dut raconter ses exploits ibériques ; cent fois, on pleura de bon cœur avec elle sur les malheurs du pauvre roi…

Sur le tard, ayant appris que sa mère, la régente, qui accourait à sa rencontre, se trouvait terrassée par un nouvel accès de goutte, elle prit la décision de hâter sa marche. Mais dans les dernières étapes, alors que le périple allait toucher à sa fin, elle fut victime d'une chute de cheval qui la blessa gravement au genou… Elle qui avait triomphé sans encombre des défilés et des sierras, des combes de Castille et des gorges du Henarès, voilà qu'elle achoppait sur les petits cailloux d'un chemin creux du Midi.

Chapitre X

Hiver et Printemps 1526

Madrid, donjon de Los Lujanes.

À mesure que s'élaborait le traité dont tout devait procéder, François Ier reprenait goût à la vie. Un espoir s'était fait jour, lui ouvrant des perspectives sur un horizon jusque-là terne comme la plaine de Castille. Avec plaisir, les familiers du roi captif notaient ses progrès. Sa santé redevenait florissante, son humeur retrouvait ce fonds de jovialité qu'on lui avait toujours connu.

Le régime carcéral s'adoucissant peu à peu, des promenades furent organisées, par un vent souvent glacial. L'empereur en personne avait pris l'habitude de rendre visite au roi ; et la population madrilène s'habituait à les voir, de loin, marcher ensemble et deviser calmement, comme deux amis. François reprenait confiance en son étoile ; il envisageait sérieusement sa libération et, pour la hâter, eût accepté des concessions énormes.

Dans son esprit – il l'avait proclamé solennellement l'été précédent – des accords extorqués à un souverain sous la contrainte se révéleraient tôt ou tard invalides, et ne l'engageaient pas vraiment. Le but, dès lors, était d'obtenir, à n'importe quel prix, la levée de l'écrou ; une fois dehors, il serait toujours temps de renégocier…

Voilà pourquoi le texte du traité fut si dur pour le roi, si favorable à l'empereur. François cédait à son vainqueur la Bourgogne et Tournai ; il renonçait à ses prétentions sur le Milanais et le royaume de Naples ; même, il rétablissait le duc de Bourbon dans tous ses droits. De plus, en garantie de bonne exécution, François s'engageait à prendre la sœur de Charles pour épouse et, suprême sacrifice, remettait ses propres enfants mâles, en tant qu'otages, à ses geôliers !

Initialement, les trois princes avaient été visés par les négociateurs impériaux ; puis on avait admis que le petit Charles de France était décidément trop jeune pour supporter une telle déportation. Seuls le dauphin et le duc d'Orléans feraient donc le voyage.

François, pour tolérer ces conditions léonines, avait dû consentir un effort mental important. Énorme. Le jour, dans le feu roulant de conversations raisonnables, il lui arrivait de tout prendre avec le sourire. Mais c'est la nuit que tout lui revenait en face. Alors, ballotté dans des rêves dont il s'éveillait en sursaut, couvert de sueur, le roi de France était la proie de fixations pénibles et d'images obsédantes. Sans cesse, jusqu'au tréfonds de son sommeil, il était harcelé par le visage implorant d'un certain Isaac aux pieds d'Abraham.

— Ce traité me tuera, disait le roi presque chaque matin, à son lever.

Ce qui n'empêchait personne, autour de lui, de constater un mieux dans son état général…

Le 14 janvier, jour de la signature, il réunit de bon matin ses plus fidèles conseillers, ainsi que les émissaires de sa mère en Espagne. Il s'agissait officiellement de leur présenter le texte achevé. Mais quand ils furent tous entrés, le roi les pria de fermer la porte et, posant le pied sur une chaise, d'un ton ferme et rapide, signe d'un discours mûri de longue date, leur fit une déclaration.

— Messieurs, je vous ai convoqués pour vous dire secrètement, mais de manière solennelle, que je n'ai pas du tout l'intention de respecter, dans l'avenir, les termes du traité que je m'apprête à signer.

D'un regard, François chercha l'approbation du maréchal, qui la lui dispensa généreusement.

— Cette séance de signature ne sera, véritablement, qu'un subterfuge ayant pour fin unique de retrouver ma liberté et, partant, ma couronne.

Montmorency opinait du chef.

— Un roi prisonnier, conclut François Ier, n'est plus tout à fait un roi ; et les actes qu'il signe sont sujets à caution. J'entendais que tous, ici présents, fussiez témoins ce matin de ma ferme volonté de dénoncer dès que possible les conditions formulées par un acte que je ne signe que sous la contrainte.

Personne n'osa évoquer les conséquences d'une telle attitude pour les petits otages, ni les effets, forcément terribles pour eux, d'une si parfaite duplicité. Il devait être évident pour tous que les jeunes princes François et Henri n'étaient plus, dans cette affaire, que deux victimes à sacrifier sur l'autel de la raison d'État.

Domaine d'Illescas.

Le traité fut signé, mais la libération du roi n'intervint pas dans la foulée. Il convenait, pour la rendre effective, que bien des conditions fussent remplies – à commencer par l'arrivée des otages de relève. À Los Lujanes, les lois de la diplomatie n'en prirent pas moins le pas sur celles de la guerre ; et le régime carcéral perdit sa dimension vexatoire.

Le monarque français n'allait pas tarder à recouvrer sa superbe, comme ces oiseaux ternis dont une semi-liberté ravive les couleurs. Un mois après la signature, François était au mieux de sa forme ; il se fendit même d'une visite galante à sa future épouse.

⁂

Charles Quint, pour la circonstance, avait placé sous surveillance étroite le château d'Illescas, à mi-chemin de Madrid et Tolède. Par jeu, Éléonore de Habsbourg avait préparé une surprise à son invité, disposant toutes ses dames au pied du grand escalier, et se fondant au sein de leur troupe frémissante, amusée. François, peu soucieux de blesser personne, préféra ne pas se risquer d'entrée : il ôta son bonnet de velours et fit la révérence à toutes ! Courtoisie de vrai chevalier.

Enfin sa promise se dénonça ; et sans être ébloui, le roi de France se dit qu'il aurait pu tomber pire. Elle, de son côté, tremblait d'extase à la vue de ce haut gentilhomme empli de force et de gaieté. Son second époux promettait de la venger des infirmités du premier...

L'ancienne reine de Portugal voulut baiser la main de son futur époux, tout respectueusement. Mais François la releva bien vite et, d'un geste qui démontrait, s'il en était besoin, son aisance aux choses de l'amour, l'attira vers lui et l'embrassa sur la bouche. Loin de s'en formaliser, la sœur de l'empereur prit cette entrée en matière comme l'assurance d'une union qu'elle-même avait rêvée amoureuse.

— J'avais promis à Mme d'Alençon de l'appeler bientôt ma sœur, dit-elle.

— Et moi, renchérit le roi, je me promettais dès longtemps de vous nommer m'amie !

Dans les salons sobres et les jardins profus du château d'Illescas, les festivités durèrent une semaine entière, prenant le tour de fiançailles blanches. On fêtait officiellement l'heureuse conclusion des négociations de Madrid, quoique dans un état d'esprit différent de part et d'autre ; car si Éléonore se réjouissait en son for intérieur de ce mariage inespéré, le roi de France, lui, le regardait comme une obligation parmi les autres... Et pas forcément comme la plus légère.

L'empereur, à ces fêtes, brilla par son absence. C'est qu'il se trouvait à Séville pour y filer le parfait amour avec sa nouvelle et très belle épouse, Isabelle de Portugal. Sans se montrer envieux ni mesquin, le roi de France ne put s'empêcher de songer que cette autre mariée n'avait guère de chance, et que la Maison de Habsbourg enfiévrait rarement les souverains qu'elle honorait de ses alliances.

Sur la route de la Bidassoa.

Les deux premiers fils de France avaient atteint cet âge où, dans l'éducation royale, les garçons passaient des femmes aux hommes, des gouvernantes aux gouverneurs. À la fin du mois de février, François devait fêter ses huit ans ; Henri en aurait sept, le 31 mars. La grand-mère – quand elle se fut faite à l'idée du terrible échange – s'était souciée d'habituer les deux aînés à vivre séparés du reste de la fratrie. Idée salutaire, au vrai, venant de Diane de Brézé, qui l'avait soufflée à Madame. Il faut dire que, depuis la mort de la reine Claude, et sans doute même avant cela, cette femme de tête avait fait office de maman pour les petits princes ; à commencer par Henri qu'elle avait plus ou moins, et depuis longtemps, institué son préféré.

— Vous allez faire un voyage extraordinaire, un voyage comme on n'en fait jamais à votre âge, avait-elle répété aux deux garçons.

— Mais un voyage, pour aller où ? avait demandé un prince Henri tout armé de bon sens.

On sentait de l'angoisse percer dans sa voix ; de son côté, le dauphin perdait le sommeil et l'appétit.

Diane avait dû leur expliquer, avec toute la diplomatie du monde, qu'en remplaçant leur père derrière les montagnes, les princes allaient faire plaisir à leur grand-mère, et se montrer dignes des obligations dues à leur état... Des larmes accueillirent ces belles paroles.

Le 17 février, la régente Louise, à la tête d'un imposant convoi, passa donc par Amboise chercher ses petits-fils. Ils l'embrassèrent sans façon. Au demeurant, Madame leur parut plus proche, plus aimante sans doute, que de coutume. Elle souriait volontiers à leurs remarques, se souciait pour une fois de leurs petits désirs, allait jusqu'à répondre elle-même aux questions qu'ils venaient à poser...

Cette douceur inédite aurait pu leur plaire ; elle eut pour effet de les effrayer.

Tout le train de la Cour s'était remis en marche vers le sud, rameutant les foules au passage. Par Tours, par Châtellerault qui menaçait de faire retour au connétable, les enfants et leur suite se rapprochèrent des Pyrénées funestes, au rythme lent de leur interminable caravane.

Poitiers.

C'est dans l'écurie d'une auberge que les frères de Coisay se trouvèrent enfin réunis. Gautier venait tout droit de Burgos, avec des plis d'importance pour la régente. Simon avait suivi le convoi depuis Blois.

Ils tombèrent dans les bras l'un de l'autre, échangèrent des bourrades et, se dévisageant comme si des décennies les séparaient de leur dernière entrevue, raillèrent qui la barbe de l'un, qui la coiffure de l'autre... L'aîné, depuis quelques semaines, avait en effet décidé de ne plus se raser, ce qui durcissait son regard ; le cadet s'était laissé pousser les cheveux jusqu'aux épaules.

— Quel animal de tripot tu fais ! se moqua Gautier, saumâtre.

Simon ne sut quoi répondre. Son large sourire et son regard presque implorant paraissaient requérir l'indulgence du grand frère – à moins qu'ils n'eussent reflété, comme autrefois, l'admiration sans borne qu'il lui portait. Depuis le départ du cortège, le petit avait su se rendre utile à tous, et se forger la réputation d'un garçon serviable. On n'aurait pu en dire autant de

Gautier qui, au service exclusif de son maréchal, refusait désormais de se charger du moindre pli étranger aux missions.

— J'ai l'impression qu'on mène la belle vie, à Blois...

— Je m'amuse, répondit Simon sans cesser de sourire. On est toute une bande.

— Je connais. Des nouvelles de la maison ?

Simon le renseigna sur la vie familiale : il s'était rendu deux fois à Compiègne depuis leur dernière entrevue. Gautier pinça les fesses de son jeune frère.

— Toujours pas amoureux ?

Simon secoua la tête, et y perdit le sourire. En vérité, la question ne l'avait pas blessé ; mais elle venait de lui remettre en mémoire une mission délicate.

— Ne fais pas cette tête, dit Gautier, on dirait mes pénitents espagnols !

— C'est un peu cela... Il faut que je te dise quelque chose. C'est à propos de Françoise.

— Pitié, non ! Ne me parle plus de Françoise !

— Elle m'avait confié du courrier pour toi...

— Ne me parle plus de Françoise !

— Au moins trois ou quatre lettres... Cinq, en fait...

— Simon, ne-me-parle-plus-de-Françoise, ou bien je me fâche vraiment.

Le cadet grimaça. Il allait changer de sujet, soulagé de s'en être sorti à peu de frais, quand l'autre y revint de lui-même.

— Attends : des lettres datées de quand ?

— De quand ?

Simon semblait avoir perdu la voix.

— Elles ont peut-être un an...

— Un an !

— Ou un peu plus...

Gautier cramponna son frère par le gilet et, le décollant presque du sol, le plaqua contre un mur.

— Tu es en train de me dire que tu possèdes, depuis un an et demi, des lettres de Françoise qui m'étaient destinées, et que tu ne m'aurais pas données ?

— On ne s'est pas vu depuis si longtemps !

La colère empêchait presque Gautier de parler ; la colère, mais aussi une crainte affreuse…

— Donne !

Le jeune homme sortit de son sac un petit paquet de lettres fatiguées d'avoir attendu si longtemps. Quand leur destinataire eut déchiffré la première, il laissa échapper un bref cri de douleur et, soudain accroupi, le front dans la main droite, demeura silencieux un moment ; il respirait de manière douloureuse.

Debout non loin – mais tout de même à distance respectueuse – Simon se mordillait la lèvre inférieure ; ses yeux traduisaient le plus parfait affolement.

— Gautier ?

— Tais-toi. Tais-toi et disparais !

— Gautier !

— File, avant que je ne te tue ! Sors de ma vie à jamais !

Il se déplia d'un coup et se mit à hurler comme un dément.

— À jamais, tu m'entends ? À jamais !

Simon, paniqué, quitta la grange en renversant un broc, en se cognant violemment à la porte.

Sur la route des Pyrénées.

La régente, torturée par la goutte, ne supportait qu'avec peine les longues étapes du voyage vers le fleuve frontalier de la Bidassoa. Même installée mollement sur les coussins de sa litière, elle affirmait souffrir le martyre, et menaçait de rendre l'âme en chemin. À chaque halte, les médecins s'agglutinaient autour de la basterne, proposant des solutions que la patiente, habituée à souffrir sans remède, refusait de seulement tester.

— Si ma fille était là, elle me conseillerait...

Mais Marguerite, elle-même souffrante, avait dû s'arrêter en chemin, et laisser filer le cortège.

— Elle ne voulait pas être là au pire moment, sifflait parfois Louise, excédée.

L'idée de laisser partir le dauphin et son jeune frère la bouleversait elle-même. Pourtant elle n'avait jamais germé que sous son crâne... Certes. Mais entre deux maux pour le royaume, elle pensait sincèrement avoir choisi le moindre. Cela ne signifiait pas qu'elle acceptât de bon gré la transaction.

— Je crois bien qu'en me prenant mes enfants, l'on va m'arracher tout le cœur, avait-elle avoué à la jeune

Anne d'Heilly qui, fidèle entre les fidèles, recueillait en route ses confidences.

La grande sénéchale, de son côté, ne perdait pas une occasion de distraire les enfants, et de s'appuyer sur leur âge encore tendre pour tourner tout en jeu, et changer le chemin de croix en promenade.

— Voyez, monseigneur, disait-elle par exemple au dauphin ; ces grosses roues que vous voyez, là-bas, accolées aux maisons, sont celles de moulins. Or, que fabriquent ces moulins ?

— De la farine ? tenta François en bâillant.

— Du papier ! corrigea Henri.

— Votre frère a raison, trancha Diane. Mais dites-moi, monseigneur, qui vous a donc appris cela ?

— Vous-même, hier...

Le fils cadet du roi, sous des dehors un peu bourrus, montrait une force personnelle, une sagacité même, qui promettaient de donner un prince – peut-être un roi – de premier ordre. Diane de Brézé n'avait pas oublié la prédiction du marchand vénitien, quelques années plus tôt : c'est bien Henri qui, selon ce mage, devait succéder à son père...

À Cognac, berceau de la dynastie, à Jonzac, à Blaye, les populations continuaient de se masser sur le parcours de l'immense convoi ; mais aux cris de joie coutumiers s'était, pour une fois, substitué la commisération inquiète et murmurante de ceux qui n'osent désapprouver tout haut. Cela faisait redouter, dans l'entourage de la régente, que les enfants, à la fin, ne prissent peur.

On dépassa Bordeaux début mars, on atteignit Barbezieux, Dax, enfin Bayonne où l'on entra le 15 au soir, à la lueur des torches. C'était, pour Madame, le terme du voyage. Les conventions franco-espagnoles prévoyaient en effet que la régente ne descendrait pas davantage, et que l'escorte des otages serait, pour la dernière étape, réduite à son minimum. Outre M. et Mme de Brissac et leur jeune fils Artus, ainsi que Mme de Chavigny, ne passeraient en Espagne qu'une dizaine de gentilshommes, menés jusque-là par le maréchal de Lautrec. Mais une foule d'officiers les accompagnerait.

L'heure sonna de la séparation. Sur les conseils du grand sénéchal, il avait été convenu de limiter les adieux. Mais le moyen, dans un moment si grave, d'interdire aux proches, aux serviteurs même, de se précipiter ? Les otages en herbe furent introduits, le 16 mars au matin, chez la régente.

Leur grand-mère et toutes les dames, en dépit des efforts et des résolutions, parurent bouleversées. Ce furent des moments pénibles.

À l'instant de quitter la salle, il y eut un moment de flottement. Le prince Henri, dont Lautrec ne savait s'occuper, se sentit soudain perdu au milieu de la pièce et, tâtonnant de droite et de gauche, impressionné peut-être par le caractère inéluctable des événements, fondit en larmes.

C'était plus que la fibre maternelle de Diane n'en pouvait souffrir. N'avait-elle pas, elle-même, deux filles de l'âge des princes ? Eux-mêmes, ne les avait-elle pas choyés, dorlotés dès le berceau ? Contre les règles, contre l'étiquette, on vit donc la grande sénéchale quitter les rangs et, sortant de sous ses jupes un grand mouchoir de dentelle fine, venir essuyer elle-même le nez et le visage du petit prince. Henri fixa sur « Maman Brézé » de grands yeux reconnaissants ; avec l'intuition des enfants, il comprit ou sentit qu'en cette femme belle, forte, c'est un peu sa mère qu'il allait perdre pour la seconde fois.

Diane se pencha pour lui souffler quelques mots de réconfort à l'oreille puis, achevant de malmener les codes, elle posa sur le front du petit prince un baiser d'une douceur inouïe – baiser céleste, et qui devait à jamais se graver tout au fond du cœur de l'adolescent.

Sur la Bidassoa.

L'échange eut lieu de bonne heure le lendemain, sur la Bidassoa. Vers sept heures du matin, deux barques à fond plat quittèrent, l'une la rive espagnole, l'autre la rive gauloise. Une brume pelucheuse planait au-dessus des flots, donnant le sentiment que les bateaux volaient. On avait renforcé le ponton du bac, à mi-fleuve. Dans un silence inquiétant, troublé juste par le remous de l'eau, les grincements de coques et des heurts de manœuvre, les esquifs accostèrent. Des poules d'eau s'égaillèrent à ce moment précis, déplaçant la brume.

Le roi François sauta sur le ponton, accompagné seulement du maréchal de Montmorency et des émissaires de la régente ; Lannoy devait rester à bord. De leur côté, les petits princes grimpèrent tant bien que mal sur le ponton, aidés à bout de bras par le maréchal de Lautrec. Le père, très grand, se plia en deux pour se porter à la hauteur de ses fils. Il serra violemment sur son cœur Henri, puis François. Comme ils ont grandi ! pensait-il. Jamais ses deux aînés ne lui avaient paru si beaux, si sains...

Mais l'un et l'autre étaient impressionnés. Ce père qu'ils croisaient, sans vraiment le retrouver, leur fit ses recommandations.

— Soyez toujours polis avec les personnes qui vous servent. Montrez-vous dignes de moi, faites honneur à la mémoire de votre mère. Je viendrai bientôt vous chercher.

Sa voix se cassa sur ce mensonge, et le dauphin, que l'on savait sensible aux attendrissements, se mit à sangloter en silence.

— Vous savez que votre père ne vous abandonnera jamais, plaida le roi. Vous le savez, n'est-ce pas ?

— Vous nous écrirez ? s'enquit le prince Henri.

— Promis, dit François en les embrassant encore.

Puis, d'un geste tendre, mais assez ferme, il les poussa vers la barque espagnole et les regarda traverser la rivière.

❊

Quand il fut lui-même de retour en terre de France, le roi suivit des yeux le petit cortège de ses fils désormais otages, qui s'éloignait en direction de Fontarabie. Poignante image.

François enfourcha une mule, tourna plusieurs fois la tête encore ; puis, scrutant un vol d'oiseaux migrateurs dans le ciel au-dessus d'Hendaye, il se permit enfin de goûter, avec un ravissement teinté d'angoisse, à sa liberté si chèrement reconquise.

Saint-Jean-de-Luz.

Il fallait rattraper le temps perdu. Passant par Saint-Jean-de-Luz, François Ier s'offrit tour à tour et d'un même appétit, une échappée sur la grève, un bain de foule enivrant et le plus fastueux des dîners de poissons – car c'était le temps du Carême. Il ne s'attarda pas pour autant ; piquant des deux jusqu'aux bouches de l'Adour, il entrerait à Bayonne avant la tombée de la nuit.

Sa mère l'attendait depuis midi, entourée de ses dames en grande tenue de Cour. Louise de Savoie ouvrit grands ses bras à ce fils enfin libre, si longtemps attendu.

— Est-ce lui ? demandait-elle, bouleversée. Est-ce bien mon fils ?

Elle le serra sur son cœur comme il venait de serrer ses propres enfants, se délectant sans hâte d'un moment de grâce et qu'elle n'avait cessé d'appeler depuis la nouvelle de Pavie.

Puis elle voulut l'admirer à son aise.

François, à l'étonnement de toutes, n'avait quasiment pas changé. Ni vraiment vieilli, ni réellement marqué par ces mois de confinement, d'inquiétude et de maladies répétées, il arborait le même grand air royal sur fond d'invincible gaieté. Sa taille de géant, l'éclat de son poil brun, la noblesse de tous ses traits ne donnaient pas le sentiment d'avoir subi les outrages de la captivité.

Seule Madame, qui connaissait son fils mieux que quiconque, remarqua le léger voile qui, désormais, venait souvent troubler son regard. François, se dit-elle avec raison, n'avait pas vécu impunément les ultimes sacrifices exigés par l'empereur. Il avait dû mentir et même ruser pour aboutir à ce traité ; se parjurer pour accéder à ses fins ; livrer ses propres enfants en échange de son élargissement – autant d'efforts qui, détestables à tout chevalier, avaient laissé des traces. Forcément.

Le roi de France rendit publiquement hommage à l'œuvre gigantesque accomplie par la régente en son absence.

— Ma mère, je vous devais déjà tout, déclara-t-il ; je vous dois davantage si possible. Dorénavant vous serez toujours la régente, avec ce titre et ces fonctions. Le royaume de France vous sait une obligation infinie.

La vieille femme, percluse de goutte et meurtrie, s'était redressée comme jadis et, prenant son César par la main, lui présenta, une à une, toutes les dames comme s'il les voyait pour la première fois. C'est à ce moment seulement que François nota une curieuse absence.

Celle de Marguerite ne l'avait pas surpris : avant même son entrée dans Bayonne, on lui avait fait part du retard pris par la princesse, et de son arrivée annoncée comme imminente. En revanche, il s'étonna de ne voir nulle part Mme de Châteaubriant, favorite en titre, et dont la fidèle correspondance avait, de semaine en semaine, adouci quelque peu sa détention. La belle Françoise était-elle indisposée ? Le roi n'osa poser la question à sa mère.

Tandis que les dames, toutes plus rayonnantes, s'abîmaient devant lui dans une succession de révérences, offrant à ses yeux avides un tourbillon de chairs divinement drapées d'or et d'argent, François ne put s'empêcher de jeter quelques regards alentour... Ses yeux revenaient toujours à cette demoiselle d'honneur, toute jeune et pâle et fine, et lumineuse, aux yeux plus limpides qu'un ciel de printemps. Quel port modeste, vraiment !

— Anne d'Heilly de Pisseleu, l'avait présentée la régente, appuyant bien chaque syllabe et surveillant, du coin de l'œil, la réaction de son fils. Cette jeune personne est entrée à mon service avant votre départ, mais peut-être n'en conserviez-vous pas le souvenir, ajouta Madame.

— Si fait, répondit le roi du bout des lèvres.

— Son esprit, insista la mère indiscrète, est aussi fin que son enveloppe charnelle. Et je ne sais personne qui lui soit supérieure, à la Cour, en Lettres comme en Sciences.

Le roi sourit. Pensait-il encore à sa vieille maîtresse ?

— Je ne vois pas la comtesse, ferait-il remarquer, un peu plus tard, à Lautrec.

— Ma sœur devrait être ici, admit le maréchal. Nous l'avions avertie du retour de Votre Majesté pour le 15 mars... Mais elle a pris du retard.

— Qu'en savez-vous ?

— J'ai reçu de ses nouvelles hier matin. Elle accourt, sire. Elle accourt...

Le roi fronça les sourcils. Comment aurait-il pu imaginer que sa mère, manœuvrant de la pire manière, s'était arrangée pour retarder le courrier de Mme de Châteaubriant, et la faire prévenir trop tard de la libération du roi ? Françoise avait eu beau se mettre en route sur-le-champ, harceler les montures, brûler les étapes, elle n'avait pu paraître à l'heure au grand rendez-vous.

— Elle me déçoit, fit observer François Ier.

Bayonne.

Dès le premier soir, le roi mit dans son lit la petite Anne d'Heilly. Un murmure parcourut la Cour : ce corps à peine formé, cet esprit tout virginal, pourraient-ils satisfaire l'appétit du fauve, exacerbé par de longs mois d'abstinence ? Si François lui-même en doutait, il dut se rendre à l'évidence : Mlle de Pisseleu n'était point si farouche en fait qu'en apparence. À peine entrée dans la chambre du roi, elle manifesta même des talents inouïs pour son âge, et qui l'eussent faite regarder comme aguerrie dans certaines maisons réputées de Venise...

— Est-ce dans les livres qu'on apprend cela ? demanda François, sidéré.

Anne usait de ses charmes en experte. En quelques caresses, avec ce qu'il fallait de petits cris et de pauses alanguies, elle sut prendre d'emblée sur le roi un ascendant d'autant plus fort qu'il passait pour soumission. Ils s'unirent dans une harmonie prometteuse.

François, marqué par sa captivité, craignant peut-être de n'y avoir laissé une part de sa virilité, découvrit qu'il n'en était rien. Ses sens ne s'étaient pas émoussés.

Même, ils avaient dû s'aiguiser sous l'effet du manque. Et Anne pouvait combler tous les manques...

— C'est trop, murmura François, surpris lui-même de s'entendre prononcer des mots qu'autrefois, il eût réservé aux femmes.

Au fond de son esprit, c'étaient des tours qui s'effondraient, des cachots qui crevaient, des grilles que consumait une joie neuve et ravageuse.

— C'est trop...

La jeune fille gloussait gentiment, quand elle ne riait pas de bonheur. Comme une fée sensuelle et tendre, elle jouait de ses cheveux, de sa langue, de chaque parcelle de son corps, avec une liberté, une furie inventive, qui parurent presque irréelles à l'amant royal. Mais elle ne commit pas pour autant l'erreur de se vautrer dans la lascivité. Elle eut soin, au contraire, d'assortir son savoir-faire de toute l'ingénuité naturelle à ses dix-huit ans, et de relever, de pimenter par quelque gaucherie, quelque apparente incertitude, une cuisine fort maîtrisée par ailleurs.

Ce que résumera le poète Clément Marot :

Dix-huit ans je vous donne
Belle et bonne,
Mais à votre sens rassis
Trente-cinq ou trente-six
J'en ordonne.

— Vous paraissez surgie d'un conte, estima le souverain repu.

— D'un conte de Boccace, ironisa-t-elle.

— Serait-ce vrai, ce que l'on dit ? Que vous joignez la beauté morale à la beauté physique ?

— C'est la même, seigneur ; c'est une chose qui vient d'ici...

Elle avait pris la main du roi pour la promener sur son cœur.

— C'est doux, dit-il naïvement.

— C'est trompeur.

Et elle lâcha sa main.

François fut un moment silencieux, comme s'il cherchait un mot, une phrase dignes d'elle. Elle sut prévenir aussi ce travers et, avant qu'un début de gêne ait eu le temps de s'immiscer entre eux, vint poser son adorable visage sur la poitrine du monarque.

— Je sais bien à qui vous songez...

Elle lui chatouillait le mamelon de ses cils.

— Et à qui donc ?

Allait-elle faire état de la comtesse ?

— Vous songez à nos petits princes, Dieu les garde ! Votre pensée vole au renfort de François et d'Henri. Vous êtes le meilleur des pères.

Le roi fut stupéfait de tant de justesse et d'habileté réunies.

— Et vous, la meilleure des amies.

Cognac.

Aux pires moments de sa détention, le roi de France avait tenté de repousser le désespoir en songeant, en se raccrochant même, au soleil d'avril sur la Charente et sur les coteaux de Saintonge, emplis de belle vigne. Aussi n'avait-il eu d'autre but, une fois libre, que d'aller retrouver là-bas cette lumière d'enfance, cet air doux, ce pays bucolique... La Cour s'était fixée à Cognac.

Dans ce cadre familier, Marguerite apprivoisait un tout nouveau bonheur. On la disait fort éprise.

— De qui donc ?

— D'un jouvenceau, pensez : onze ans de moins qu'elle !

C'est chez sa mère, à son retour d'Espagne, qu'elle avait croisé Henri d'Albret, modeste roi de la Navarre. Capturé lui aussi à Pavie, il avait réussi à s'évader de sa prison lombarde et, dans des conditions dignes d'un roman, était parvenu à s'enfuir, pour gagner Lyon. Le public, surtout féminin, buvait ce conte avec ravissement – quand il ne dévorait pas des yeux le conteur… En un mot, Henri se trouvait auréolé de son évasion, comme Marguerite l'était elle-même de son aventure espagnole. Pouvait-on parler de rencontre ? Vif et tout blond, drôle et très athlétique, le jeune roi de Navarre s'insinua en tout cas dans le cœur de la princesse, sans qu'elle l'eût décidé, sans qu'il s'en rendît compte. Une bonne âme le mit au courant ; il y trouva quelque intérêt ; une idylle se noua rapidement, avec l'accord de Madame et la bénédiction lointaine d'un frère qui voulait, avant tout, le bonheur de sa « mignonne ».

Au fond, la régente se réjouissait plutôt de cette alliance inattendue : sa fille connaîtrait une félicité qu'elle-même s'était vu refuser… Madame souriait. Ses douleurs, avec l'arrivée du beau temps, s'estompaient ; l'avenir se parait de couleurs plus chaudes. Elle aurait presque pu, certains jours, se croire revenue trente ans en arrière.

Le chancelier Duprat, peu sensible à l'euphorie générale, se chargea, ce soir-là, de ramener la régente sur terre.

— L'ambassadeur de Praët, au nom de l'empereur, réclame toujours sa ratification, dit-il. Il faut le comprendre, cet homme : le roi avait promis de confirmer le traité de Madrid dès son retour en France !

— Trouvez un nouveau prétexte !

— Je crains, madame, d'en avoir épuisé tout un lot. Nous avons, pour différer les choses, fait valoir tour à tour la dispersion du conseil, l'éloignement des sceaux, l'insuffisante qualité des signataires délégués... J'ai même dû, ce matin, feindre une impatience inquiète à recevoir la nouvelle reine !

— Je vous admire, dit Louise, qui n'avait pas une once d'admiration dans la voix.

Le chancelier se permit d'insister.

— Vraiment, madame, ce jeu de dupes est éventé. Nous ne pourrons finasser beaucoup plus longtemps...

— Soit ! En ce cas, dites la vérité à l'empereur ! Faites-lui savoir que nous ne rendrons point la Bourgogne et que nous méprisons Bourbon !

Le chancelier ouvrit de grands yeux.

— N'y aurait-il pas là motif de guerre ?

— De guerre, dites-vous ?

La régente eut un éclat de rire assez méchant.

— Mon cher Duprat, l'empereur, quand il le voudrait, ne pourrait simplement plus nous déclarer la guerre.

— Non, madame ?

— Non. Car nous avons, vous et moi, bien travaillé. L'Empire, je vous l'annonce, est maintenant totalement isolé. De Londres à Istanbul, nos alliés d'aujourd'hui ne demanderaient pas mieux que de le tailler en pièces !

Madame respira profondément sur ces derniers mots. Levant les yeux par-delà le chancelier, elle se calma dans la contemplation des vignes que dorait le couchant. Une fois encore, Duprat brisa cette harmonie.

— Et les otages, madame ? Que faites-vous des otages ?

Le visage de Louise de Savoie se rembrunit. Elle soupira, chercha sa canne, tendit la main vers une dame qui la soutint, tandis qu'elle se levait en grimaçant de douleur.

— L'empereur doit savoir, déclara-t-elle, que nous sommes prêts, naturellement, à lui verser une rançon.

Non seulement pour les princes François et Henri, qu'il détient contre tout sentiment humain, mais aussi pour qu'il autorise la reine Éléonore à regagner son nouveau pays. Une telle rançon, j'en suis consciente, ne saurait être médiocre... Vingt mille écus d'or vous paraissent-ils une somme suffisante ?

— Vingt mille écus d'or ?

Le chancelier ouvrait des yeux sans cesse plus ronds. Cette somme lui paraissait trop forte. La régente explosa.

— Monsieur Duprat ! À combien chiffrez-vous donc la valeur des deux premiers princes du sang de France ?

— Madame...

— À combien ? Dites ! Répondez !

En Louise, le sentiment combiné de l'impuissance et de la culpabilité venait de trouver un exutoire dans cette colère dont le chancelier faisait à présent les frais. Colère qui aurait pu durer longtemps, si la mère du roi n'avait été trahie, dans son élan, par une santé de plus en plus déficiente. Colère qui vint mourir dans une quinte de toux.

Angoulême.

La fin du mois d'avril avait vu se renforcer nettement la position de la France. Munie de la bénédiction papale, une alliance – la ligue de Cognac – unirait secrètement autour des lys, entre autres, le royaume de Naples, le duché de Milan, la république de Venise, mais aussi l'Angleterre... Officiellement, le roi Henry VIII s'était offusqué de voir Charles Quint préférer, pour épouse, une princesse portugaise à sa propre sœur, Catherine. En vérité, l'Angleterre ne faisait qu'appliquer, une fois de plus, sa politique d'équilibre continental : l'empereur devenant trop puissant, il lui paraissait nécessaire de compenser cette force montante.

Or, au moment même où la rumeur se répandait, de la nouvelle alliance, l'Europe allait apprendre qu'à Dijon, les États de Bourgogne avaient manifesté une farouche opposition à toute initiative de cession ! L'empereur avait donc perdu sur tous les fronts ; sa victoire milanaise n'était plus qu'un souvenir sans force. Ne lui restaient que les otages.

Charles Quint, soucieux de conserver cet ultime moyen de pression, fit savoir qu'il refusait l'idée d'une simple rançon. Cette riposte irrita François Ier.

— Puisqu'il veut la guerre, estima le roi, nous allons la lui donner.

Et c'est pour conférer plus de poids à cette menace que la ligue fut rendue publique, à Angoulême, le 21 juin. On en proclama solennellement la constitution dans le chœur de l'église Saint-Dominique.

L'après-dînée même, une grande chasse fut donnée en forêt de Braconne. C'était la première de la saison pour le cerf, et l'on avait eu le temps, depuis Blois, de faire venir bâches et planches pour les pavillons, par dizaines de chariots, tous attelés à six chevaux ! Une centaine d'archers à pied s'était chargée de dresser le village de toile, à quoi les enseignes, les plumets, les ornements de vives couleurs, conféraient un air de vie et de richesse indescriptible.

Ce fut une belle chasse, sous un ciel bleu pur, dans l'écho multiple des grandes trompes. Le lieutenant de vénerie, les douze veneurs à cheval, les innombrables valets de limiers et de chiens courants secondèrent les chasseurs, tandis qu'une armée de laquais tendait d'immenses filets où vint se prendre le gibier. Les ambassadeurs étrangers, aussi bien alliés qu'ennemis, furent plus qu'impressionnés : éberlués, par ce déploiement de magnificence, rappelant presque, par sa démesure, les excès du Camp du Drap d'or.

François Ier, que la jeune Anne d'Heilly avait suivi sans déparer pendant toute la chasse, réaffirmait enfin sa puissance. Il reçut le vice-roi de Naples – ce même Charles de Lannoy qui l'avait cueilli au soir de Pavie – et l'ambassadeur de Praët, dans un pavillon de brocart d'or, doublé de taffetas écarlate. On y foulait d'épais tapis de soie ; l'on y était servi par des pages vêtus comme princes, dans une vaisselle de vermeil artistement ciselée. Une musique divine paraissait y tomber du ciel.

— Messieurs, dit le roi aux représentants de l'empereur, je vous prends un instant à l'écart pour vous signifier bien clairement que jamais je ne ratifierai ce traité extorqué sous la contrainte à mon désespoir.

— Sire, nous...

— Laissez ! Vous devez savoir – et M. Duprat vous le redira demain en présence de tout mon conseil – que cet acte est pour moi nul, non avenu, réputé n'avoir jamais existé.

— Sire...

— Laissez donc. Assurément, la guerre va reprendre, et je vous prie d'avertir votre maître que, cette fois, nous ne la ferons pas seuls contre tous.

— Mais...

— Dieu vous garde, messieurs. Que la journée vous soit douce !

Le roi de France rejoignit au-dehors un quarteron de grands officiers nouvellement nommés. Il y avait là Montmorency, institué grand maître à la place du bâtard de Savoie, tombé à Pavie ; Chabot de Brion, consacré amiral à la place de Bonnivet, tombé à Pavie ; Brézé, grand sénéchal, promu lieutenant-général de Normandie à la place de La Trémoille, tombé à

Pavie… François eut beau leur expliquer qu'il venait, en quatre phrases, d'effacer de l'Histoire le nom même de Pavie, ces dévoués serviteurs ne purent s'empêcher de songer, sans malice aucune, que certains noms ne se biffent pas si aisément dans les annales.

Vitoria.

Eléonore de Habsbourg s'ennuyait doucement avec ses dames, dans les jardins en contrebas du château sans âge. Elle observait d'un peu loin, en se protégeant les yeux, les petits princes de France qui jouaient au mail ou, plus exactement, à la chicane. Armés de longs maillets, ils percutaient la boule de buis avec une force et une précision surprenantes pour leur âge... Elle ne put se défendre de les trouver charmants. Le dauphin surtout, si délié, si fin, avec des pauses toujours gracieuses ; mais le visage rond et l'aspect plus râblé de son jeune frère ne manquaient pas non plus d'agrément.

— Ces petits n'ont pas eu de chance, soupira la reine.

Elle se disait qu'avec un peu de temps, elle pourrait, sinon remplacer leur mère, la défunte reine Claude, du moins leur offrir une chaleur, un soutien presque maternels... Encore fallait-il que tout rentrât dans l'ordre entre l'Empire et la France. Et cela dépendait de cette paix qui tardait à s'installer.

La duchesse de Brissac, gouvernante du dauphin, était sagement assise au côté de l'ancienne reine de

Portugal, par procuration reine de France. Elle apprécia son attendrissement pour les princes.

— Leur âge est dépourvu de tracas, considéra-t-elle dans un sourire nostalgique.

— Détrompez-vous, répondit la reine.

Le matin même, au sortir de la grand-messe, elle avait pu lire de l'angoisse dans le regard des princes tandis qu'ils traversaient, dans sa litière, la place de la Vierge-Blanche, couverte d'une foule indiscrète. Le prince Henri, surtout, lui avait paru se défier de cet agglutinement de témoins soucieux d'apercevoir les otages de l'empereur.

— Vos jeunes maîtres ont parfaitement compris la gravité de leur situation, ajouta Éléonore ; et je ne serais pas surprise qu'ils en conçoivent tôt ou tard une appréhension que vous devrez calmer.

— Si seulement j'étais calme moi-même...

La gouvernante, en vérité, s'inquiétait beaucoup pour les princes, comme pour tous ceux qui les accompagnaient. À commencer par son propre fils, Artus, lui aussi fort investi dans la partie de chicane... La reine sourit à Mme de Brissac.

— Rassurons-nous ! Le roi François ne saurait tarder, maintenant, à ratifier le traité de Madrid. Dès qu'il l'aura fait, nous pourrons, tous ensemble, enfin passer en France.

Elle se tut en voyant s'avancer, par une allée ombreuse, le duc de Frias, gouverneur de Castille, chargé par l'empereur de s'occuper des otages. La reine se méfiait de ce grand seigneur un peu cassant ; elle avait toujours ressenti, confusément, un certain malaise en sa présence. Le duc salua noblement les dames, et s'approchant de la reine Éléonore, demanda la grâce de s'entretenir avec elle en particulier. Aussitôt les dames s'éloignèrent, pour former conciliabule à quelques jets de pierre.

— Madame, commença le duc avec cérémonie, j'ai reçu tout à l'heure, de l'empereur et roi, des nouvelles préoccupantes. Sa Majesté s'inquiète pour le moins du tour pris par les événements ; elle constate que les Français ne se pressent pas de ratifier le traité ; elle craint fort que leur roi ne fasse injure à sa parole de chevalier... En un mot, Sa Majesté me demande, afin de marquer hautement sa déception, de renoncer pour le moment à vous conduire en France, et de prendre, au contraire, le chemin du sud et de Valladolid.

La reine parut interloquée.

— Mon frère souhaite nous voir le rejoindre à Valladolid ?

— Les otages s'arrêteront en chemin, avec leur suite ; j'ai ordre de les loger dans mon domaine de Villalba.

— Villalba ? Mais c'est une forteresse ! Ne me dites pas, monsieur, que vous allez jeter ces enfants en prison !

— Madame, je ne fais qu'obéir aux ordres de Sa Majesté.

Éléonore était consternée. Son visage, décomposé, fit comprendre à ses dames que l'entretien était néfaste ; et dès que Frias se fut éloigné, toutes accoururent aux nouvelles.

— Mes amies, gémit la souveraine, c'est une catastrophe. Une catastrophe !

— Madame, que se passe-t-il ? demanda la duchesse de Brissac.

Un silence ; puis la reine Éléonore regarda dans les yeux la gouvernante du dauphin.

— Nous n'allons plus en France, annonça-t-elle.

— Comment cela, madame ?

— Nous descendons en direction de Valladolid. Mon frère exige que les petits princes et leur suite soient mis en résidence à la forteresse de Villalba.

— Oh, mon Dieu ! Aidez-nous, madame. Vous êtes bonne, vous comprendrez...

— Je comprends, ma chère, seulement je n'y puis rien.

La voix d'Éléonore s'était brisée. Elle parut d'autant plus désemparée que les dames, autour d'elle, avaient pris la nouvelle avec une résignation qui paraissait tout rendre inéluctable.

— Que va penser le roi, mon mari ? demanda-t-elle non sans une pointe de candeur.

— Le roi ne cède jamais au chantage, répondit amèrement Mme de Brissac.

Pour la future reine de France, c'était un beau rêve qui semblait devoir s'écrouler. Éléonore redoutait la colère de François, sa réaction outrée en apprenant l'incarcération de ses fils, sa décision, dès lors, de renoncer à s'engager plus avant envers sa nouvelle femme...

— Je suis maudite, murmura-t-elle.

Se pouvait-il qu'à la veille d'un mariage enfin désiré, au moment même où elle allait toucher du doigt son bonheur, les jeux infernaux de la diplomatie ne vinssent lui jouer le plus vilain tour et la priver de son mari, de son mariage ?

— Je dois être maudite.

Forteresse de Villalba.

C'était un cabinet magnifique, de chêne sombre sculpté, avec des ferrures brillamment ciselées, et tout un jeu de clés et de rouages qui permettait de le rendre inviolable. Grâce à un piètement amovible, il pouvait suivre le duc de Brissac dans ses déplacements. L'intérieur, de bois précieux et doré, recelait, dans un ensemble ajusté de tiroirs à secret, tous les documents, certificats, lettres patentes, effets de crédit divers, dont la régente avait muni le gouverneur pour son importante mission.

D'un geste habitué, le duc déverrouilla le cabinet pour en faire basculer le battant. Il actionna des mécanismes, et libéra une cachette, d'où il sortit un petit sac de velours contenant des pierres de valeur. C'étaient des joyaux que Louise de Savoie, la mort dans l'âme, avait confiés à ses soins, pour le cas où ses petits-enfants seraient venus à manquer du nécessaire… Le négociant prêt à les échanger contre de vulgaires deniers attendait dans la pièce attenante. Brissac choisit plusieurs belles émeraudes, resserra les autres dans le sac et le replaça, en soupirant, dans sa cachette.

Puis il referma le cabinet.

À la Couronne de France incombait, selon les termes du traité, l'entretien des quelques soixante-dix gentilshommes accompagnant les deux otages, auxquels il convenait d'ajouter plus de cent cinquante serviteurs ! Comment nourrir toutes ces bouches sans revenu régulier, sans aucun moyen de trouver du numéraire, ni la moindre ouverture de crédit sur place ? Approvisionner la Maison des princes, loger leurs serviteurs aux alentours, assurer l'entretien d'une Cour en réduction, tout cela relevait du casse-tête.

Un tel état domestique pouvait du reste paraître excessif – et bien souvent déjà, décomptant les valets, le gouverneur avait éprouvé l'envie d'en renvoyer la moitié, peut-être davantage... Mais il était conscient, dans le même temps, du rôle essentiel de cette suite nombreuse : il convenait de donner le change et de compenser, par ce train fastueux, ce que la situation des petits princes aurait pu présenter de vexatoire pour eux-mêmes et d'humiliant pour le royaume qu'ils représentaient.

En vérité, M. de Brissac aurait bien pu adjoindre cent officiers encore à ceux qui, très ponctuellement, accomplissaient sous lui leur service ; il n'aurait pu éviter à ses princes la honte de leur état captif. Tout semblait conçu, à Villalba, pour faire sentir à François et à Henri ce qu'ils devaient aux inconséquences de leur père : des barreaux aux fenêtres, des serrures vérifiées tous les soirs, des fouilles régulières jusque dans leurs effets personnels... On devait espérer, chez l'empereur, que leurs plaintes répétées feraient pression, à la longue, sur Madame et sur le roi, et que, de guerre lasse, ceux-ci lâcheraient finalement du lest au plan diplomatique.

Il n'en fut rien. Certes, la régente essayait, par tous les moyens, de se tenir au fait des conditions de vie de ses petits-enfants ; et de temps à autre, un fourgon de monnaie traversait les Pyrénées à leur secours... Mais pour le reste, la Cour de France affectait un détachement complet envers ceux qu'elle avait laissés, otages, aux mains de l'empereur.

Pour eux, l'attente et la relégation ne faisaient que commencer.

Chapitre XI

Etés 1529 et 1530

Forteresse de Pedrazza.

Depuis le tournant de l'année 1529, la détention des jeunes otages avait pris, en Espagne, des airs de pénitence. Façon bien lâche, pour l'empereur, de se venger d'un roi de France indocile à ses injonctions.

Nichés au sommet d'un lourd donjon, dans quelque cellule humide, maintenus dans une sorte de pénombre par l'épaisseur de la muraille et l'étroitesse de fenêtres grillées de fer, les Enfants de France croupissaient sur leur petit banc, quand ils n'étaient pas vautrés sur deux malheureuses paillasses encadrées par des couchettes de gardiens !

Comment avait-on pu en venir à de si pénibles extrémités ? Par quelle succession de reculs et de démissions avait-on pu en arriver là ? Au début de l'exil, c'est-à-dire durant la première année, ce qui n'était qu'une mise en résidence surveillée, avec une Cour en réduction et tout un train de personnel, s'était apparenté, aux yeux des petits princes, à un simple déménagement.

Mais déjà, tandis qu'à la Cour de France, les fêtes succédaient aux réjouissances, en Espagne, les restrictions imposées, de nécessité, par le duc de Brissac, avaient eu tendance à rendre assez morose la vie des otages. On apprenait, à Villalba, qu'un double mariage avait été célébré à Saint-Germain-en-Laye : celui du maréchal de Montmorency avec la nièce de Madame, et celui de l'amiral Philippe Chabot de Brion avec une certaine... Françoise de Longwy ! Deux semaines après, c'était à Marguerite d'épouser son jeune et beau roi de Navarre.

En vérité, pour les princes François et Henri, les choses s'étaient corsées assez vite. Après le sac de Rome par les Impériaux et la mort du connétable de Bourbon sous les murs de la Ville éternelle, les otages français avaient été coupés, du jour au lendemain, de toute communication avec l'extérieur. Ainsi, par exemple, n'avaient-ils pu apprendre la naissance, à Blois, de leur cousine Jeanne d'Albret, premier enfant – à trente-six ans – de leur tante Marguerite. Mais un tel isolement ne s'accompagnait pas encore d'un durcissement de la vie courante. Patience...

Quand, en janvier 1528, la France et l'Angleterre avaient ouvertement déclaré la guerre à l'Empire, Charles Quint avait vu rouge. Rétorsion facile et immédiate : il avait ordonné le transfert des otages dans une triste forteresse, le château de Villalpando, et confié leur existence, déjà austère, à la surveillance très sévère du capitaine de Peralta. Du jour au lendemain, tout l'entourage français des jeunes princes leur avait été retiré ; plus de trente gentilshommes s'étaient vus incarcérer sur place !

L'été venu, la régente avait envoyé aux nouvelles un espion qui, se révélant malhabile, ne put guère tirer de renseignements sur la vie des otages. Mais ce qu'il en apprit ne relevait pas encore de la catastrophe... Confinés, certes, souvent privés de grand air et toujours d'exercice, il semblait néanmoins qu'ils eussent recouvré un état de semi-liberté, incluant l'assistance aux offices du village et quelques chasses au vol.

Or, aux yeux de Charles Quint, ce régime-là semblait encore trop doux ! L'empereur ordonna que les Enfants de France fussent transférés au sommet de la redoutable forteresse de Pedrazza de la Sierra, tour imposante, entourée d'un ravin. Éléonore, ultime contact des otages avec la civilisation et ses douceurs, se vit interdire toute visite.

C'est alors que commença vraiment, pour François et Henri, la vie de prison – avec ses brimades, ses frustrations, et les séquelles indélébiles qu'elle engendre sur les psychismes.

⁂

Pour des petits prisonniers âgés respectivement de dix et huit ans, la seule vraie distraction possible était devenue la lecture. En castillan... Lors d'un transfert de quelques semaines à Castelnovo, non loin de Ségovie, ils étaient tombés sur une édition attrayante et magique du grand roman espagnol : *Amadis de Gaule*[29]. L'ouvrage, enrichi de superbes gravures, racontait une histoire parlante pour le dauphin captif et son petit frère : on y suivait, au fil de récits volontiers fantastiques, les aventures des deux fils aînés du roi de Périon, Amadis et Galaor, exilés contre leur gré en terre hostile, étrangère... Amadis se trouvait protégé par la fée Urgande qui veillait sur lui du haut de l'Empyrée – une fée si belle et si sage que le temps, sur elle, n'avait pas de prise.

Henri, plus tenace que François et beaucoup plus à l'aise que lui dans la langue espagnole, faisait généralement la lecture, et parfois même la traduction. Quand il abordait un passage décrivant Urgande, il ne pouvait s'empêcher de la parer de vertus et d'attributs plus extraordinaires que ceux du texte.

— Cette Urgande, avoua-t-il un jour à son grand frère, elle me fait songer à quelqu'un.

— Ah oui ? Et à qui donc ?

— Tu ne le devines pas toi-même ? Elle me fait penser à « Maman Brézé ».

Et c'est ainsi que la grande sénéchale, sans se douter de rien, à des centaines de lieues de distance, se mit à peupler les rêves d'un futur roi de neuf ans.

Cambrai, hôtel Saint-Pol.

Les Cambraisiens, forts de leur position neutre entre l'Empirc et la France, avaient pris, depuis vingt ans, l'habitude d'héberger des rencontres, le plus souvent officieuses, entre diplomates des deux camps. C'était à chaque fois une fierté pour eux. Aussi, par un crachin inhabituel en ce début d'été, est-ce avec joie qu'ils se massèrent sur le trajet de la délégation française jusqu'à l'hôtel Saint-Pol, où devait résider Mme Louise.

Les litières de la régente, de la reine de Navarre et de leurs dames, parées de belles étoffes, sommées d'aigrettes blanches, les montures de toute leur suite, l'équipement des hommes d'armes, même les chariots débordant de fournitures, tout cela faisait un spectacle dont l'homme de la rue semblait ne jamais se lasser. On applaudit la reine Marguerite lorsque, avec un soin tout maternel, elle fit distribuer des petits pains à la population… On se mit sur la pointe des pieds pour tenter d'apercevoir la vieille régente, toute percluse de rhumatismes, lorsque ses dames, écartant enfin les rideaux de la litière, l'aidèrent à en descendre pour gagner ses appartements. Certains n'hésitèrent pas à siffler et caqueter quand ils virent paraître, plus radieuse que jamais, la fameuse Anne d'Heilly, promue favorite du roi de France, et que Madame avait entraînée à sa suite, afin qu'elle ne demeurât pas seule avec son fils. On peut apprécier une jeune personne et se méfier des initiatives qu'elle pourrait prendre.

Malheureusement pour les badauds, on avait choisi, pour loger ces dames, des demeures fort discrètes et qui communiquaient entre elles par des galeries couvertes, jetées par-dessus les rues. L'une d'elles reliait l'hôtel de la régente au cloître des Capucins, où s'installerait Marguerite ; une autre, ce même hôtel à l'abbaye Saint-Aubert où résidait, depuis quelques jours déjà, Marguerite d'Autriche. Tout se passerait donc à l'abri des regards.

Mais les Cambraisiens, s'ils guettaient les sorties improbables de la régente de France et de sa fille, ne cachaient pas leur préférence pour la noble Marguerite d'Autriche, gouvernante des Pays-Bas et tante bien-aimée de Charles Quint. Certes, à cinquante ans ou presque, cette princesse n'était plus très séduisante – l'avait-elle jamais été ? Mais elle en imposait aux foules par un port souverain, une démarche en tout impériale, une hauteur de comportement qui n'excluait pas la simplicité. Surtout, le public connaissait le drame de sa vie, et s'en gargarisait. À vingt ans, guère plus, elle était devenue veuve du très beau Philibert de Savoie, qu'elle avait aimé ardemment ; à sa mémoire, elle avait fait bâtir, à Bourg-en-Bresse, le sublime monastère de Brou. Et par fidélité à leur passion, elle était restée veuve, intègre. Inconsolable. Comment ne pas la comprendre et l'admirer ?

La gouvernante des Pays-Bas fit passer un billet de bienvenue à la régente de France, dont la délégation trop nombreuse tentait de s'installer en ville. Louise de Savoie s'était fait accompagner, notamment, de ses deux meilleurs négociateurs : l'inévitable chancelier Duprat, devenu depuis peu évêque et même cardinal, et qui briguait la légation du pape en France ; et puis le maréchal de Montmorency, désormais investi de la charge éminente de grand maître.

— Enfin nous y sommes ! lança la régente au cardinal chancelier lorsqu'elle fut bien installée. Nous voilà donc à pied d'œuvre !

Un sourire sincère illuminait son visage parcheminé. Louise était à l'initiative de cette rencontre. Il s'agissait, ici, de prendre le relais des souverains. Depuis des années maintenant, l'empereur et le roi se défiaient de la manière la plus stérile. Englués dans une logique d'affrontement, prisonniers de principes rigides, l'un et l'autre avaient envenimé les choses. François refusait toujours de ratifier le traité de Madrid ; Charles s'arc-boutait sur ses prétentions territoriales, à commencer par la Bourgogne... Ni l'un ni l'autre ne voulait céder d'un pouce ; et l'on en était arrivé à la pire des confrontations – celle qui, transportant tout sur le terrain de l'honneur, n'aurait pu se résoudre qu'en combat singulier, par un appel au jugement de Dieu.

En attendant, les mois passaient et les petits otages, innocentes victimes d'une querelle de vanité, s'enfonçaient dans la nuit. Pour leur grand-mère, c'était un cas de conscience, pour ne pas dire un remords. Elle qui, déjà, dormait peu par crainte de la mort, voilà qu'elle en était devenue insomniaque.

— Puisque les hommes se sont révélés incapables de régler l'affaire, avait-elle expliqué à sa fille, c'est à nous autres, femmes, qu'il appartient de la résoudre. L'expérience m'a montré cent fois que nous les valons bien sur ces questions, et qu'il n'est pas de blocage dont notre habileté ne finisse par venir à bout.

Louise, après tout, gouvernait la France, presque seule, depuis quinze ans.

— Vous qui venez de voir Marguerite d'Autriche, demanda-t-elle à Duprat, dans quelles dispositions l'avez-vous trouvée ?

— Excellentes, madame, mais je ne m'y fierais pas. Mme Marguerite est une femme de pouvoir, et sous des dehors impassibles, elle dissimule la force de plusieurs chefs de guerre !

— Qu'en pense notre grand maître ?

— Il estime, tout comme moi, que Madame devrait lui parler, tout d'abord, en privé.

C'est ce que l'on fit. Par égard pour l'âge de la régente, c'est la gouvernante qui vint à sa rencontre, par la galerie suspendue. Les badauds en furent bien pour leurs frais... Les deux femmes tombèrent dans les bras l'une de l'autre, et la politique n'en fut pas la seule cause. Au fond, Louise et Marguerite s'estimaient fort ; l'une et l'autre, respectivement, avaient forgé de toutes pièces les chefs des deux camps ; l'une et l'autre avaient souffert et gouverné ; de surcroît, elles ne pouvaient oublier qu'elles étaient parentes par le défunt Philibert.

— Madame, prononça Marguerite d'Autriche dans le français le plus parfait, ce m'est un bonheur de vous voir. Je suis persuadée que nous pourrons, ensemble, démêler un écheveau que nos fils et neveux n'ont que trop emmêlé.

— Vous parlez d'or, ma cousine. Et je savais qu'en me confiant à vous, je ne pouvais mal faire.

— Vous avez même fort bien fait !

Pour autant, ces protestations de bonne volonté ne pouvaient, seules, tenir lieu de négociation. Dans les jours qui suivirent, on multiplia les rencontres à six, à douze, à trente... Or, plus avançaient les pourparlers, et plus la situation semblait inextricable. Les échanges, de fort cordiaux, devinrent simplement courtois, puis assez froids. Ils se firent peu à peu ironiques, difficiles, cassants même. Au bout de trois semaines, le ton deviendrait plus que glacial : hostile et dur.

La gouvernante traitait en position de force ; certes, la victoire de son neveu était loin maintenant ; et les forces, en Europe, s'étaient nettement rééquilibrées en faveur de la France. Partout dans l'Empire, des germes de sédition, alimentés et même attisés par la réforme luthérienne, fragilisaient la position de Charles Quint. Mais tout cela n'enlevait rien à la force imparable d'un fait : les deux premiers fils de François, le dauphin et le duc d'Orléans, étaient à l'entière merci des Impériaux. Et cela, Louise elle-même était bien obligée de l'admettre : n'était-ce pas ce qui, précisément, l'avait conduite à Cambrai ?

Marguerite tenait les Enfants, Louise retenait la Bourgogne... Montmorency lui-même ne voyait plus très bien en quoi la discussion des dames différait, sur le fond comme dans la forme, de celle des souverains.

Cambrai, couvent des Capucins.

Parmi les dames entraînées par Louise de Savoie dans son voyage en Cambrésis, la jeune épouse de l'amiral de France était sans aucun doute la plus triste. Mme Chabot de Brion ne chantait jamais, ne souriait presque plus, ne parlait guère. Cette jolie personne qui, autrefois, sous le nom de Françoise de Longwy, avait tant égayé le foyer des Brézé, s'était éteinte, en quelque sorte, le jour même de son mariage. Non que l'amiral de Brion, grand seigneur et bon vivant, fût un mari détestable ; seulement il n'était pas celui que son cœur et son esprit avaient élu. Elle lui avait donné, à contrecœur, une fille, puis un fils nouveau-né... Et tout, en elle, s'était délité ; même ses fameux cheveux, comparables, jadis, à ceux d'un archange, avaient fini par perdre leur éclat.

Pour son malheur, la promiscuité imposée par la vie de cour obligeait la jeune amirale à croiser souvent l'ancien objet de ses feux. Le beau, le charmant Gautier de Coisay, depuis leurs pénibles adieux de Rouen, s'était marié de son côté ; il avait fondé sa propre famille – terrible gâchis... Françoise ne pouvait s'empêcher de souffrir mille morts chaque fois qu'elle l'apercevait. Et quand elle avait su qu'au service du grand maître, l'écuyer devait prendre, lui aussi, le chemin de Cambrai, elle avait cru devoir renoncer au voyage.

— Que ferez-vous de plus à Blois ? avait pesté la régente. Votre époux inspecte les côtes, vos enfants sont encore aux langes... Venez avec nous, vous pourrez m'être utile.

Françoise se demandait parfois si cette cruauté de Madame était le fruit d'une indifférence aux autres, ou bien l'effet pervers d'un besoin de les faire souffrir.

Gautier, pour sa part, avait vite repéré la présence, dans le convoi, de la jeune amirale. Mais il avait feint de n'y prêter aucune attention.

Un beau soir de l'été picard, la Providence les fit se croiser seule à seul dans un escalier des Capucins, chez la reine de Navarre. Gautier rougit comme un enfant de chœur.

— Madame, hasarda-t-il, il est certaines choses que vous ignorez...

— Monsieur de Coisay, je suis attendue chez la régente.

— Il faudrait néanmoins que je vous dise un mot...

— Pourrions-nous en finir assez vite ?

— Nous n'avons même pas commencé. Cela faisait quatre ans révolus que vous n'aviez entendu le son de ma voix !

— Quatre ans, un mois et une semaine, précisa-t-elle.

Cette exactitude, par ce qu'elle trahissait d'amour, emplit Gautier de confiance.

— Françoise, osa-t-il, vous êtes-vous jamais demandé pourquoi, ce maudit soir, à Rouen, j'ai pu croire si facilement que vous ne m'aimiez plus ?

Elle ne répondit pas. Préoccupée seulement d'atteindre le bas de l'escalier, elle se donnait contenance en ajustant sur ses épaules une étole de civette. Il insista.

— Pourquoi je n'ai même pas cité vos lettres d'amour !

Elle soupira. La conversation prenait un tour pesant.

— Gautier, reprit-elle, je regrette affreusement, croyez-le, tout ce qui s'est passé. Cependant...

— Je dois vous révéler une chose importante.

L'amirale haussa les épaules. La nuit tombait ; en l'absence de torche ou de bougie, l'obscurité avait pris possession de l'escalier. L'écuyer se lança.

— C'est à propos de ces lettres que vous aviez confiées à Simon. Je dois vous prévenir qu'à l'époque, il ne me les a pas transmises.

Françoise accusa le choc. La pénombre dissimulait mal son émotion.

— Et pourquoi cela ?

— Mon frère était un peu jaloux, je crois, de votre ascendant sur moi. Et puis...

— Et puis ?

— Mme de Brézé lui avait promis son aide, en échange de sa discrétion.

— De sa discrétion ? Parlez de trahison !

— Si vous voulez. Le fait est que je n'ai découvert vos lettres que plus tard.

Gautier se tut.

— Elles m'ont fait bien mal, conclut-il d'une voix sans timbre.

L'ombre de Françoise, dans le noir, s'approcha de l'ombre de Gautier pour enfin fusionner avec elle. Dans le noir, leurs deux corps se cherchèrent, leurs deux esprits se trouvèrent – leurs deux âmes ne firent de nouveau qu'une.

— C'est la dernière fois que je te réponds, promit l'épouse de l'amiral.

— C'est la dernière fois que je te parle, jura le messager du grand maître.

Ce soir-là, dans la cage obscure, les amoureux se donnèrent entièrement l'un à l'autre, comme ils ne l'avaient jamais fait et comme jamais plus ils ne pourraient sans doute le faire. Le plaisir, la douleur, le manque et la plénitude s'étaient conjugués pour entraîner ces deux êtres au bord extrême d'un précipice où l'un et l'autre auraient volontiers sombré.

Dans le noir.

Cambrai, hôtel Saint-Pol.

Après six semaines d'incessantes palabres, Madame considéra qu'il était temps de donner une chance décisive aux négociations. Après une discussion plus âpre que les autres au sujet de la rançon des princes, elle donna donc l'ordre à ses gens de préparer ses bagages et de constituer un convoi prêt à partir le lendemain. Aussitôt, les Cambraisiens, curieux et inquiets, s'assemblèrent devant l'hôtel Saint-Pol.

Le convoi fut disposé de manière que Marguerite d'Autriche pût le voir depuis ses fenêtres, et mesurer ainsi la détermination de son adversaire et néanmoins parente. Vers dix heures, alors que la chaleur commençait à s'installer dans les rues, l'on vit quelques dames de la régente s'installer, qui dans sa litière, qui sur sa haquenée. Les hommes d'armes prenaient aussi leur poste, tandis que les valets et autres gens de charge, suant sous un soleil déjà dru, achevaient de charger les derniers ballots.

Enfin Madame parut, entourée de sa fille et de Mme de Brion. Plus faible, plus courbée que jamais, elle prit le temps de saluer douloureusement la foule assemblée qui, déjà, pleurait sur l'échec de la négociation de paix. Mais avant qu'elle n'ait eu le temps de s'installer dans sa litière, Madame fut arrêtée dans son élan par un huissier de Mme Marguerite qui, pour éviter l'irréversible, proposait une dernière discussion.

— À quoi bon ? rétorqua Louise. Nous discutons depuis des semaines ! Si la paix avait dû se faire, elle serait depuis longtemps signée...

Un murmure alarmé parcourut la foule.

— Madame la gouvernante vous demande cela comme une grâce.

— Comme une grâce ? Dites à votre maîtresse que je lui fais mille grâces, mais que, pour celle-là, elle me paraît impossible.

— Rien n'est impossible à des femmes comme nous ! lança soudain Marguerite d'Autriche en personne.

Elle avait pris la peine de quitter son couvent et de descendre dans la rue, officiellement pour saluer la régente avant son départ. En vérité, elle tenait beaucoup à cet échange de la dernière chance. L'expérience de la négociation lui faisait penser qu'un accord n'était, en fait, plus impossible.

C'était aussi l'avis de Louise, et c'est pour cela qu'elle avait imaginé ce faux départ un peu théâtral.

— Allons, ma cousine, concéda Madame ; comment vous refuserais-je une ultime conversation ?

Ainsi les deux délégations se retrouvèrent-elles, chez la gouvernante des Pays-Bas, cette fois – les appartements de la régente de France avaient été démeublés – avec un enthousiasme rappelant presque les premiers échanges.

Marguerite d'Autriche paraissait soulagée, presque légère. Elle adressait régulièrement des sourires complices à son homonyme, Marguerite de Navarre qui, de son côté, se répandait en expressions confiantes. Louise de Savoie, pour sa part, feignait de tourner le dos à ses propres conseillers, pour fixer de bonne foi, entre femmes, les bases d'un nouvel accord.

D'entrée de jeu, la tante de l'empereur avait fait un grand pas dans le sens des Françaises.

— Je vais m'engager personnellement, avait-elle déclaré, en faveur d'une libération rapide et certaine des Enfants de France. Il n'est plus possible que ces jeunes princes vivent ainsi, loin des leurs, en état, pour ainsi dire, de prisonniers.

Regardant Louise droit dans les yeux, elle avait alors posé la question fatidique.

— Que seriez-vous prête à réunir comme rançon ?

— Je m'engage à ce qu'elle soit énorme, avança de son côté la régente. Est-ce que le montant de deux millions d'écus d'or vous paraîtrait suffisant ?

On ouvrit de grands yeux autour de la table : c'était une somme faramineuse.

— D'accord, répondit Marguerite ; mais à condition que vous versiez, comptant, un million deux cent mille écus.

— En ce cas, fit observer Louise, il faudrait nous donner un peu de temps pour réunir tout cet or...

— Même beaucoup de temps, se permit Antoine Duprat.

— Un peu de temps ! trancha la mère du roi.

Il fut admis, en outre, que la célèbre relique de la Vraie Croix, nommée Fleur de Lys, gagée par la Couronne d'Espagne auprès de celle d'Angleterre pour la somme de cinquante mille écus, serait rachetée par la France et restituée à l'Empire.

— Et pour les cessions territoriales ?

Marguerite d'Autriche battait le fer encore chaud.

— La souveraineté sur l'Artois et les Flandres, plusieurs places au nord, à définir... Et puis, bien sûr, l'abandon de nos alliances italiennes et le renoncement à ces chimères milanaise et napolitaine !

Ces dernières concessions ne lui avaient guère coûté.

— Alors ne parlons plus d'autres provinces, concéda Mme Marguerite.

Le nom de la Bourgogne n'avait même pas été prononcé.

Il fallut quelques jours encore pour que les diplomates, mettant des mots, des dates et des chiffres sur les propositions des deux dames, en vinssent à rédiger un traité véritable, possible pour les deux parties. Dans cette affaire, ni François Ier, ni Charles Quint ne s'étaient donné le ridicule de céder. Tout était passé par ces deux femmes qui, respectivement, les avaient toujours soutenus et conseillés.

Le 8 août 1529 fut ainsi établi le traité de Cambrai, que les deux souverains s'empresseraient de ratifier. Un traité qui, dans l'Histoire, prendrait le joli nom de « paix des dames ».

La seule grâce que Louise, profitant de l'euphorie, se permit de requérir, fut l'envoi immédiat en Espagne, auprès de ses petits-enfants, d'un homme de confiance chargé de l'informer en détail des conditions de leur captivité. Elle le choisit solide, droit, honnête et dépourvu de toute afféterie. Il se nommait Jean Bordin, et se trouvait être huissier de sa chambre.

Le soir même, lors de la célébration des vêpres en l'abbatiale Saint-Aubert, on vit Louise et les deux Marguerite se tenir par les mains. Serrées, graves, unies de bonne foi. Par elles, la paix allait revenir en

Europe. Les dames avaient réussi là où tant d'hommes avaient échoué.

Tandis que les prières des fidèles, en même temps que les volutes d'encens, s'élevaient jusqu'aux voûtes de l'église, Louise se laissa bercer par une douce idée : dès que les Français auraient constitué la rançon promise, ses petits-enfants allaient rentrer chez eux. Enfin, le dauphin François, le prince Henri, duc d'Orléans, allaient retrouver leur vieux royaume de France et leur bon château d'Amboise. Ils devaient avoir bien grandi, bien changé... Madame pria Dieu de la conserver en vie assez longtemps pour lui permettre, au moins une fois, de les serrer sur son vieux cœur réputé si sec !

Forteresse de Pedrazza.

Jean Bordin prenait très au sérieux la mission de confiance que lui avait donnée la régente. Après un voyage long et difficile, en proie aux tracasseries d'une administration impériale bien décidée à lui compliquer la tâche, il se présenta au pied de la tour de Pedrazza. L'accueil aux écuries fut glacial, mais pas pire que celui des sentinelles. Après avoir passé une journée entière au poste de garde, pendant que l'on contrôlait ses laissez-passer, Bordin fut mené chez le marquis de Berlanga, fils du connétable de Castille. C'est lui qui le mena en personne, par une suite d'escaliers abrupts, jusqu'à la chambre – pour ne pas dire le cachot – des jeunes princes.

Il trouva le dauphin et le duc d'Orléans assis sous la fenêtre, sur de petits sièges de pierre. Vêtus sobrement, et même pauvrement, de saies de velours noir et de bonnets sans aucun ornement, ils jouaient avec deux petits chiens assez pouilleux...

Outré de ce qu'il découvrait, l'envoyé de la régente s'insurgea.

— Le cachot que vous me montrez, dit-il en aparté au marquis de Berlanga, est digne de criminels endurcis. Est-il possible que vous ayez eu le cœur d'y reclure deux enfants ?

Le Grand d'Espagne ne trouva rien à répondre. Alors Bordin, le cœur serré, s'avança dans la pièce et, s'inclinant profondément devant le dauphin, prononça, le cœur serré, les paroles qu'il avait préparées de longue date.

— Monseigneur, je viens exprès vers vous et vers le prince Henri de la part du roi votre père, de la régente, votre grand-mère, et de votre tante la reine de Navarre. Apprenez, monseigneur, qu'un traité de paix vient enfin d'être conclu, et que très bientôt vous pourrez revenir en France, où le peuple tout entier vous appelle de ses vœux !

L'émissaire s'attendait à un débordement de joie de la part des enfants. Mais le dauphin, se tournant simplement vers le marquis de Berlanga, lui dit d'un air triste, en espagnol, qu'il n'avait pas compris.

— N'entendez-vous plus le français ? demanda Jean Bordin en espagnol.

— Comment l'entendrais-je, n'ayant plus, depuis longtemps, aucun de mes gens pour le parler ?

Alors l'huissier de la régente, ébahi, stupéfait que son prince ait pu oublier jusqu'à sa langue maternelle, traduisit en castillan, pour les Enfants de France, des mots dont ils avaient perdu jusqu'à l'intelligence.

Cependant, le duc d'Orléans s'était levé ; plus vif que le dauphin, apparemment plus à l'aise en français, il fit observer à son frère que leur visiteur n'était autre que l'huissier Bordin.

— Je le sais bien, rétorqua François. Je l'ai reconnu.

Ayant finalement répondu à la curiosité des deux frères sur la santé des leurs et les affaires de la famille, le malheureux envoyé de la régente se retira – non sans avoir échangé quelques amabilités bien senties avec le geôlier des princes.

Le lendemain, il voulut revenir afin d'offrir aux adolescents des bonnets de velours garnis d'ornements d'or et de plumes blanches. On le lui refusa. Il dut encore batailler ferme pour parvenir à ses fins ; et quand, tout de même, il fut arrivé au sommet de la tour et mis en présence des prisonniers, le capitaine de Peralta s'interposa entre lui et ses jeunes maîtres. Les consignes, très strictes, interdisaient aux princes tout vêtement, toute coiffure en provenance de l'extérieur – par crainte du poison ou de quelconques sortilèges. Les malheureux durent donc se contenter d'observer les bonnets sans les mettre – et sans trop y toucher.

De même, quand il voulut, à la demande expresse de la grand-mère Louise de Savoie, mesurer la taille des princes, on s'efforça de le maintenir à distance ; il ne lui restait plus qu'à s'incliner tristement devant les deux garçons, et à prier que leur captivité s'achevât au plus vite...

Quand il repassa par l'écurie pour reprendre sa monture, Jean Bordin ne put que constater la blessure qu'on avait infligée au cheval : un coup de poignard en plein dans l'épaule.

Manoir d'Anet.

La Sainte-Diane fut splendide, au printemps 1530, et les Brézé choisirent de la célébrer dans leur domaine du Vexin. La fête, chaleureuse, compta au moins un convive de marque, puisque le roi lui-même avait accepté l'invitation de son grand sénéchal. Il est vrai que depuis le retour d'Espagne du souverain, et son installation à Paris, le couple n'avait cessé de lui faire une cour assidue. Le nouveau lieutenant général avait passé, en outre, le début de l'année à recueillir, dans toute la Normandie, des fonds visant à grossir la rançon des princes. Si bien que, levant sur la province des écus d'or par centaines de livres, il s'était attiré, pour son zèle, les félicitations de la régente.

Le roi aimait Anet, ne fût-ce que pour sa forêt giboyeuse. Il était venu en ami, pour quelques journées de chasse, et fut ravi de pouvoir jouir ainsi du bon air, d'une table excellente, d'une compagnie simple et raffinée. Certes, à soixante-dix ans passés, le maître de maison n'était plus un hôte très vert, ni très véloce… Mais sa charmante épouse – Diane n'avait pas trente ans – faisait allègrement oublier tout cela par une beauté intacte et la plus fine conversation du monde.

— Je vous admire sincèrement, madame, lui dit François Ier, un soir qu'ils s'étaient retrouvés seuls, un peu à l'écart, avant le souper.

— Sire, je ne crois pas mériter tant d'honneur...

— Vous avez l'air, parfois, d'une enfant.

— C'est peut-être à force d'en fréquenter. D'ailleurs, si Votre Majesté daigne me suivre, je pourrais lui montrer un certain jeu qui divertit mes filles.

Venant de toute autre, une telle invite aurait inspiré au roi quelque idée licencieuse – mais pas de Mme de Brézé. Ce qu'il aimait, justement, chez cette très belle femme, et qui le reposait peut-être de ses semblables, c'était l'espèce de distance qu'elle savait mettre entre les hommes et sa personne – une distance toute symbolique et qui, de manière paradoxale, donnait le sentiment de pouvoir l'approcher de près sans la moindre équivoque.

Diane conduisit le roi, dans le jour déclinant, jusqu'à un coin de pelouse où retentissait le chant grêle et roulant d'un grillon. François fronça les sourcils. La grande sénéchale, de ses doigts longs et délicats, cassa une herbe sèche, l'égalisa sur la longueur et décelant sans mal un petit trou dans le sable, l'y introduisit avec douceur. La chanson du grillon cessa ; puis François vit l'insecte grimper le long de la tige, jusqu'à la main de Diane, qui l'emprisonna.

— Attendez, dit-elle.

Avec les gestes patauds d'une fillette, elle glissa le grillon dans une boîte dont le roi se demanda d'où cette magicienne l'avait tirée. Le chant retentit à nouveau ; Diane en fit don à son maître.

— Ne fermez pas tout à fait la boîte, dit-elle ; il mourrait.

— Avec votre permission, répondit le monarque, j'aimerais le libérer tout de suite.

— Vous avez peut-être raison, l'on chante mal en prison.

— Il sera mieux chez lui.

Le roi s'accroupit près du trou dans le sable ; il prit l'insecte dans ses mains et prétendit le restituer à son milieu. Mais le grillon, pressé, ne cessait de remonter le long de ses mains, de ses manches...

Diane tenta d'aider le roi. Elle riait de bon cœur et poussait de petits cris d'enfant. François aussi riait. À gorge déployée. Bientôt il réalisa même qu'il n'avait pas si bien ri depuis Pavie.

Le matin du départ du roi, Diane de Brézé se trouvait devant sa toilette[1], jaugeant, dans un miroir de Venise, l'effet de diverses parures sur sa gorge d'albâtre, quand soudain, de surprise, elle laissa tomber au sol un joyau de prix. Aussitôt la femme de chambre s'agenouilla pour le ramasser ; mais dès qu'elle-même eut aperçu la cause de tant d'étonnement, son sang ne fit qu'un tour et, s'excusant, elle disparut prestement.

Jean de Saint-Vallier, l'ancien condamné, gracié, détenu, évadé, pardonné, réhabilité à la faveur du traité de Cambrai, le père impossible en un mot, venait de s'encadrer dans le miroir.

Diane demeura un moment interdite ; puis, reprenant ses esprits, elle se leva et s'en vint embrasser son père. Ils furent un moment dans les bras l'un de l'autre.

— Ma petite fille, répétait le père. Ma petite, petite fille !

Diane, elle, ne disait mot, partagée qu'elle était entre une émotion profonde et la colère irrépressible qu'elle

1. Ce que nous appelons « coiffeuse ».

éprouvait toujours envers son géniteur. Elle se dégagea de son étreinte et, d'un œil sans complaisance, le détailla rapidement : il avait vieilli, s'était un peu fané ; mais il était toujours bel homme.

— Pardonnez la tenue, dit-il. C'est celle d'un fugitif.

— Je vous croyais un homme libre...

— Libre mais pauvre. Si pauvre !

— Je vous pensais réintégré dans tous vos biens...

— La procédure est longue. Ah ! ma petite fille, que de malheurs !

La grande sénéchale avait eu le temps de reprendre ses esprits.

— Comment êtes-vous entré ? lui demanda-t-elle. Quelqu'un vous a-t-il vu ?

— J'ai croisé plusieurs archers dans la cour et dans l'escalier. Vous êtes si bien gardés !

— C'est que le roi se trouve en ce moment sous notre toit, expliqua Diane d'un ton courroucé. Vous n'avez pas choisi votre jour...

— Au contraire ! Je suis venu, justement aujourd'hui, pour que mon gendre m'aide à solliciter une audience de Sa Majesté.

— Quoi !

La jeune femme n'en croyait pas ses oreilles. Jusqu'où, se demandait-elle, et surtout jusqu'à quand, ce diable d'homme reviendrait-il les persécuter ?

— Vous ne comptez tout de même pas...

— Et notre pacte ? demanda Saint-Vallier. Que faites-vous de notre pacte ?

— Vous n'êtes qu'un inconscient, gronda Diane en sourdine, incendiant son père du regard. Songez-vous bien aux risques énormes que vous nous faites prendre ?

— Mais puisque j'ai été blanchi...

On grattait à la porte. Diane devint tout à coup livide.

— Qui est-ce ?

— C'est moi, dit son mari. Sa Majesté s'en vient prendre congé...

Diane resta un instant bouche bée. Affolée, elle attrapa son père par le bras et, avant qu'il eût réagi, le poussa violemment dans un coffre dont elle referma sur lui le couvercle. Puis, se rajustant, le souffle court, elle vint elle-même ouvrir la porte de sa chambre. Louis de Brézé parut intrigué de la découvrir à ce point enflammée.

— Tout va bien ? demanda-t-il.

Elle n'eut pas le temps de répondre. Déjà François Ier approchait en compagnie du grand maître. Il entra sur les pas de Brézé, prit la main droite de Diane dans les siennes et, s'inclinant bas, la baisa comme l'eût fait un simple gentilhomme.

— Madame, dit-il, nous avons passé chez vous un moment idyllique, et vous y êtes pour beaucoup. Je disais ce matin au lieutenant général toute la chance qu'il avait de vous avoir pour femme ; il en a convenu.

Louis de Brézé s'inclina. Montmorency approuva.

— M. de Brézé est l'homme le plus chanceux que je connaisse.

— Mais l'un des plus vieux, conclut le grand sénéchal en riant.

L'air faussement dégagé, Diane jetait de furtifs coups d'œil en direction du grand coffre.

— Sire, dit-elle en rassemblant le peu d'idées qu'il lui restait, recevoir ici Votre Majesté fut un très grand honneur.

— Non, non, dénia François. Tout l'honneur fut pour nous. N'est pas, mon cousin ?

Montmorency opina. Brézé gloussait de contentement.

C'est alors que Diane, comme en un cauchemar éveillé, vit se soulever lentement le couvercle du coffre. Dans un sursaut, elle eut la présence d'esprit de se diriger vers la sortie et d'indiquer la porte à son visiteur royal.

— Si Votre Majesté le permet, dit-elle, j'aimerais qu'avant de prendre la route, elle accepte de bénir mes filles, Françoise et Louise.

— Évidemment ! dit le roi en lui emboîtant le pas.

Et tous les quatre sortirent de la pièce avant que Saint-Vallier n'eût refait surface.

Lorsque, une heure plus tard, Diane et son mari eurent pris congé du roi et de sa courte suite, la grande sénéchale se sentit saisie d'un tremblement irrépressible. Elle était comme ces marins qui, après avoir échappé à la noyade, éprouvent, en sécurité sur la grève, une peur tardive, mais d'autant plus forte.

En vérité, au-delà de ses frayeurs, Diane avait éprouvé une joie véritable à revoir son père. Elle lui fit cependant ses adieux le jour-même, et se jura bien, en son for intérieur, que jamais elle ne le reverrait.

Cet homme-là, dans son inconscience, pouvait se révéler bien trop dangereux.

Sur la Bidassoa.

Rarement on avait vu, dans l'histoire du royaume, une telle mobilisation de toutes provinces, toutes villes, tous états et tous ordres confondus, afin de réunir les douze cent mille livres exigées comptant par Charles Quint, au titre d'avance sur la rançon des princes. Il échut au maréchal de Montmorency d'organiser le convoi des fonds, à l'aide d'une bonne trentaine de mules escortées de trois cents cavaliers en armes. Il fallut des semaines pour recompter les pièces formant cette montagne d'or ; encore les Espagnols, sur la fin, s'avisèrent-ils que la plupart des écus livrés par la France ne présentaient pas le titre requis de vingt-deux carats trois quarts ; il fallut donc ajouter plus de quarante mille écus à la somme initialement prévue...

※

Enfin, dans le petit matin du vendredi 30 juillet, les princes furent conduits, sous forte escorte, jusqu'au fleuve frontalier de la Bidassoa. Ils allaient s'embarquer pour accomplir, après quatre très longues années, le chemin du retour, quand le connétable de Castille donna l'ordre de tout suspendre. Un éclaireur espagnol venait en effet de lui signaler une concentration de troupes françaises vers Saint-Jean-de-Luz, ce qui lui parut de nature à justifier un ajournement. Les soldats de François n'allaient-ils pas tenter de reprendre par la force ce qui devait leur coûter si cher par la négociation ?

Cette fois, c'est Éléonore de Habsbourg qui intervint. Elle-même jouait il est vrai son avenir ; la petite galère fluviale qui la transportait menaçait, elle aussi, de ne pouvoir quitter la rive espagnole. La reine, hors d'elle, exigea de voir sur-le-champ le duc de Frias. Elle avait attendu des années durant, rongeant son frein ; et voilà qu'au dernier moment, un fonctionnaire frileux prétendait faire obstacle à son bonheur et à la paix ?

— Duc, lança-t-elle au connétable de Castille, tu te moques du roi mon époux, tu te moques de moi, tu te moques de mes beaux-enfants ! Ce que tu fais pourrait te valoir bientôt les pires ennuis ! Alors réfléchis bien ! Et prends la bonne décision avant que je ne m'occupe de toi personnellement, et que je ne fasse de ta personne le plus petit gentilhomme de toutes les Espagnes !

Ainsi la traversée fut-elle autorisée ; ainsi l'échange put-il se faire, entre la galère arrivant d'Espagne et les barques venant de France, l'une amenant les princes et leur escorte espagnole, l'autre convoyant un chapelet de mules chargées d'or.

Au moment de prendre congé des Enfants, le duc de Frias pria le dauphin de lui pardonner de s'être, dans un but de bonne garde, montré parfois dur à leur égard.

— Je n'en conserve nulle rancune, le rassura gentiment le dauphin.

Il n'en fut pas de même avec son frère. Alors que le duc de Frias lui tenait à son tour un discours lénifiant, le jeune prince Henri, gonflant ses joues, fit entendre au connétable, en guise de réponse, un tonitruant bruit de pet – dernière offrande de sa personne aux Espagnols.

Abbaye de Saint-Laurent-de-Beyrie.

Il n'était pas encore minuit, ce glorieux 6 juillet, quand François Ier fut en vue de l'abbaye où s'étaient arrêtés, pour y passer la nuit, ses enfants et sa nouvelle épouse. La pleine lune illuminait la campagne alentour, et permettait de distinguer les murs, les toits, les clochers, presque aussi bien qu'en un petit matin dégagé. Quelques heures plus tôt, à Bordeaux, on avait appris la nouvelle du transfert, et le roi n'avait pas caché son allégresse.

— Les Enfants sont recouvrés ! La reine Éléonore est en France ! Dieu éternel, quel honneur, quelle grâce pourrais-je te rendre pour tant de bienfaits ?

⁂

Le roi s'était aussitôt mis en route, traversant au galop des villages où l'on criait sur son passage, jetant bonnets et bérets en l'air : « France ! France ! Vive le roi ! »

— Les petits princes ont vécu la plus éprouvante des journées, lui fit remarquer son ami Chabot de

Brion, lors d'une halte où l'on changeait de chevaux. Peut-être seront-ils au lit quand nous arriverons...

— Leur excitation est bien trop grande pour cela, rétorqua François. Et je gage que mes fils ne sont pas couchés de sitôt !

Le roi se trompait, et quand il toucha au but, sur les coups sonores de minuit, ce fut pour découvrir le couvent tout endormi. Le duc de Brissac, visiblement rhabillé en hâte, accourut vers son maître, un grand sourire aux lèvres.

— Sire, quel bonheur c'est, pour nous tous, de ramener à Votre Majesté ses enfants en bonne santé, en même temps que la plus charmante des épouses !

— Où sont mes fils ? demanda François benoîtement.

— Le dauphin et monseigneur Henri étaient fort las, sire. Ils sont allés se coucher il y a deux bonnes heures déjà.

— Qu'on les prévienne de mon arrivée ! Je ne veux pas différer la joie de les serrer, libres, dans mes bras !

— Puis-je suggérer à Votre Majesté de me suivre jusqu'à leur chambre ?

Ainsi François réveilla-t-il lui-même ses deux fils, par des baisers paternels auxquels ils n'étaient plus habitués.

— Sire, dit le dauphin, plus vite tiré du sommeil, nous avons laissé devant... derrière nous ces méchants Espagnols. Je n'en veux plus voir un seul de ma vie !

Le père, tout ému, éclata de rire.

— Et que faites-vous de la reine ? demanda-t-il.

— Pour Mme Éléonore, c'est... c'est différent, estima François. Elle s'est montrée très douce et très...

Le jeune prince peinait visiblement à s'exprimer en français, et quoique son frère en eût conservé l'usage plus fluide, il se garda de voler à son secours. À la mine renfrognée d'Henri, on aurait pu croire que cette libération et ces retrouvailles ne lui faisaient aucun plaisir.

— Je vous trouve bien chagrin, ne put s'empêcher de lui faire observer le roi.

— Sire, répondit-il, je suis las, il est tard.

Alors seulement, François se sentit honteux de les avoir réveillés ; il se retira pour les laisser dormir.

Quand le roi se présenta chez sa nouvelle épouse – elle ne l'était encore que par procuration – il eut en revanche la satisfaction de la trouver dispose et bien éveillée. Ses duègnes, prévenues de la visite nocturne du monarque, avaient eu le temps de lui passer une somptueuse robe d'intérieur, de satin sombre constellé de perles, et une coiffe à la portugaise, elle aussi rehaussée de quelques perles très grosses.

La reine Éléonore fit une révérence profonde, à laquelle son époux, tant attendu, répondit de la même façon. Mais il ne s'en tint pas à ces solennités ; et bientôt François la prit dans ses bras et lui couvrit le visage de baisers tout à fait dignes d'un parfait amoureux.

— Sire, gloussa Éléonore, vous me gênez beaucoup.

— Telle n'était point mon intention, madame.

François se fit raconter par le menu tous les détails d'une si longue et pénible transaction. Les mules dans la barque, la peur d'un coup de force, l'insolence du prince Henri, l'altercation de sa femme avec le connétable de Castille... Pas un détail qu'il ne se fît conter et qu'il ne commentât avec feu.

— Ce duc de Frias n'est qu'un fat, trancha-t-il. Et je m'étonne que l'empereur, votre frère...

La reine posa sa main sur le bras du roi.

— Sire, le coupa-t-elle avec un bon sourire, je me suis juré depuis Madrid de ne jamais dire un mot de l'empereur devant vous, comme je me suis, du reste, toujours interdit de parler de vous devant lui.

— Je vous comprends, pardonnez mon emportement.

— Au contraire, c'est votre flamme, votre vigueur qui me transportent...

Le roi observa son épouse : son visage, en dépit de la lippe Habsbourg, n'était pas désagréable ; sa taille était belle, ses mains charmantes. Il se demanda ce que tant de langues malveillantes pouvaient trouver à reprocher, vraiment, à cette femme.

— Vous devez être bien fatiguée, lui dit-il avec un accent de tendresse. Reposez-vous quelques heures, si vous le voulez.

Le roi marqua une pause, puis il ajouta des mots qu'elle attendait sûrement.

— Vous aurez besoin, demain, de toutes vos forces...

La reine rougit. Elle aurait volontiers répliqué qu'elle s'était longtemps économisée. Mais elle n'osa pas.

Le lendemain matin, dès six heures, François et Éléonore se tenaient côte à côte, dans le chœur de l'abbatiale, sous le regard bienveillant de Mgr Jean Le Veneur. L'évêque de Lisieux avait reçu la récompense de sa dénonciation d'août 1524 : il était à présent grand aumônier de France.

Hormis les témoins, dont Brion et le cardinal de Lorraine, très peu de privilégiés assistèrent à ce mariage – le plus discret, assurément, le plus privé de la chronique royale de France. Du reste, ni le roi, ni la nouvelle reine ne semblaient tenir en place ; ils n'écoutaient pas l'officiant, manquaient des réponses, déclamaient à côté, tant ils étaient impatients de consommer leur union.

Mais à la vérité, on aurait eu tort de conclure de l'identité des envies à celle des motifs. Car si ceux de la reine étaient parfaitement naturels, les raisons du roi, en revanche, appartenaient moins aux sentiments qu'à la politique. Pour lui, il s'agissait d'abord, et surtout, de consommer le mariage afin de le rendre irréversible, et d'empêcher à jamais Charles Quint de revenir sur un consentement arraché de haute lutte.

À huit heures, ils se glissaient dans le même lit. On ne les en vit sortir qu'après deux heures du soir. La reine était radieuse, elle se déclara « très satisfaite » de son mari, ce dont sa mine, ses yeux, son souffle même, témoignaient à l'envi.

Thouars-lès-Bordeaux.

Le roi, la reine, le dauphin, le prince Henri et toute leur suite, enfin réunis, embarquèrent dès l'aube à Podensac, afin de descendre la Garonne jusqu'à Thouars-lès-Bordeaux où la régente, trop souffrante pour aller plus loin, s'était installée quelques jours plus tôt. À mesure que le soleil, d'abord d'un rouge sombre, prenait de la force et que ses rayons blanchissaient, la surface de la rivière se constella de millions d'étincelles qui, dansant autour des trois vaisseaux et des dizaines d'esquifs, parurent composer le décor d'un conte de fées.

C'était, au mot près, le sentiment de la reine Éléonore, envahie, depuis la veille, d'une impression de gratitude comblée. Ses beaux-fils, en revanche, étaient moins radieux – le prince Henri, surtout, dont l'humeur sombre et les remarques à peine aimables trahissaient le trouble. Se pouvait-il que l'exil et la prison l'eussent à ce point marqué ? De temps à autre, le roi jetait un œil inquiet à son cadet ; et s'il ne lui fit pas de nouvelle remarque sur son air maussade, ce ne fut pas faute d'en avoir eu cent fois l'envie.

— Ma mère, comme vous savez sans doute, est fort malade, expliquait-il à sa femme. Elle est alitée depuis son arrivée à Thouars, et ne se lèvera peut-être même pas pour vous accueillir... Pardonnez-lui d'avance, je vous en supplie, des rudesses et des manquements que son âge n'excuse peut-être pas, mais que les épreuves de toute une vie justifient grandement.

Éléonore, au vrai, voulait bien tout comprendre, tout pardonner. Elle n'en eut pas le loisir ; et non seulement Madame allait mettre un point d'honneur à se lever et à se faire coiffer et habiller pour se présenter à elle sous le jour le plus convenable, mais elle devait faire preuve, dans cette circonstance, d'une amabilité extrême.

Toutefois, avant de recevoir sa belle-fille, Madame eut à cœur d'accueillir ses petits-enfants. Les yeux pleins de larmes, elle reçut comme le Messie ces deux garçons qu'elle avait laissés au sortir de l'enfance, et qu'elle retrouvait adolescents déjà mûrs.

Le prince Henri, tournant les yeux de tout côté, cherchait sa belle fée Urgande ; mais Mme de Brézé se trouvait dans la pièce voisine, avec les dames d'honneur.

※

Le roi François avait prié la belle Diane de l'accompagner sur un balcon, d'où l'on apercevait les navires appontés, tout parés d'oriflammes bleu fleur-de-lissé.

— Madame, expliqua-t-il à la grande sénéchale, je ne crois pouvoir mieux faire que de m'ouvrir à votre expérience de l'inquiétude où me plonge l'humeur noire de mes fils, à commencer par le prince Henri.

— Sire, à quoi Votre Majesté s'attendait-elle ?

— Certes, madame... Mais tout de même ! Comment agiriez-vous, dans ma situation ?

— Je connais bien le dauphin, répondit Diane, et mieux encore le prince Henri. Que Votre Majesté me les envoie quelque temps à Anet ; M. de Brézé et moi nous chargerons de les civiliser…

— Je n'en attendais pas moins de votre bon sens ! C'est une idée que je trouve excellente.

Le roi marqua un silence.

— Tout de même, dit-il, Henri m'inquiète.

— Non, sire, tranquillisez-vous. J'en saurai faire mon galant…

Le roi, du coin de l'œil, détailla l'air impénétrable et cependant léger de cette femme encore jeune et déjà si mûre. Derrière elle, vers le Ponant, le fleuve avait pris des reflets mauves, exactement assortis à ses yeux.

Ce soir-là, Diane de Brézé demeura longtemps à méditer sur le cours étrange des destinées humaines. Pour elle, le sort avait pris l'apparence d'un tout jeune prince assez ténébreux, volontiers pensif et qui, à la faveur d'une réclusion trop dure pour son âge, l'avait assimilée, elle, et pour toujours, à la meilleure des guides…

Et Diane se dit qu'à défaut de disposer de grands pouvoirs, elle saurait mettre une énergie sans borne au service des desseins – encore dissimulés – de la Providence.

Epilogue

Paris, mars 1531.

La Joyeuse Entrée de la nouvelle reine dans sa capitale fut l'occasion de réjouissances inouïes. Sous un soleil triomphal, les Parisiens avaient tendu partout des tapisseries et des bannières qui changeaient les rues en allées de gloire. Sur les places, où les fontaines rendaient du vin, des temples de fortune présentaient d'incroyables tableaux vivants, peuplés de bêtes fabuleuses, de déesses, d'anges ailés que des cordes faisaient s'envoler au passage de la souveraine. Éléonore ne savait où jeter les yeux ; ses regards observaient tout et tous, jusqu'à tomber sur un balcon fleuri où elle reconnut son mari en galante compagnie : absent du cortège par égard pour la reine, François Ier n'en avait pas moins eu l'impudence de s'afficher, en un tel jour, au bras d'Anne d'Heilly !

La reine, sur sa haquenée blanche houssée d'or, connut alors un moment de flottement. Mais l'éducation royale fit merveille, de même que sa confiance encore intacte dans le roi ; et le sourire revint sur son visage.

— C'est un enchantement, madame !

L'enthousiasme général avait gagné les duègnes qui, dans leurs tenues espagnoles un peu raides, avaient pris place dans le cortège.

— Oui, un enchantement, confirma la reine.

Personne ne remarqua combien sa voix s'était brisée.

À sa droite, caracolait le dauphin François, très élégant sur un admirable destrier noir. Le duc d'Orléans allait à sa gauche, ainsi que le plus jeune des princes : Charles. Naturellement, la présence des otages restitués à leur père avait le don de galvaniser la foule ; et les acclamations, en fait, s'adressaient à eux bien plus qu'à la sœur du geôlier.

Depuis sa litière, la régente, disparaissant sous un manteau couleur de nuit, buvait comme un nectar les applaudissements destinés à ses petits-fils. Elle avait pris avec elle les princesses Madeleine et Marguerite, et l'attention dont ses petites-filles, grandes maintenant, l'entouraient, était un autre motif d'attendrissement pour le public.

Les festivités en l'honneur de la reine Éléonore devaient se clore par un important tournoi de chevalerie, dans une lice montée rue Saint-Antoine, devant l'hôtel des Tournelles. Les plus grands seigneurs y concouraient, à commencer par le roi lui-même, qui excellait à l'exercice. Mais le véritable spectacle, comme souvent dans ces réunions, se donnait dans les tribunes. Car si les chevaliers se dépensaient pour soutenir les couleurs de leurs dames respectives, celles-ci de leur côté, par le nombre, la beauté, la richesse des toilettes, s'épuisaient à leur faire plus qu'honneur.

— Voyez la Pisseleu, disait-on parmi les spectateurs. Elle est d'essence divine autant qu'humaine !

Anne d'Heilly avait à présent vingt-deux ans. Grande, mince, sublimement parée dans une robe qui mettait en valeur sa taille tellement fine, elle offrait volontiers aux regards une chevelure d'or irréelle, un teint de pêche, des yeux d'un bleu rare, enfin la physionomie la plus gaie, la plus radieusement juvénile. Le public n'avait pas lieu de s'étonner qu'elle eût été distinguée par le roi : la nature semblait l'avoir dotée de tous les atouts qui font une grande favorite. Or, on disait que son savoir était vaste, dans tous les domaines, et qu'elle joignait aux appas physiques les plus évidents, des charmes d'esprit inépuisables.

Avec un aplomb qu'autorisait la faveur dont le maître l'honorait, la jeune femme vint se placer au premier rang de la tribune, parmi les plus nobles dames – et pas très loin de la reine... Celle-ci ne s'en offusqua pas ; elle poussa même l'élégance jusqu'à saluer discrètement la jeune fille qui, du coup, s'abîma dans une profonde révérence.

— Voici les princes ! Vive nos princes !

Des cris de joie, couvrant les trompes, saluèrent l'entrée en lice des plus jeunes concurrents, parmi lesquels les princes François et Henri. Si leur âge encore tendre les tenait à l'écart des joutes violentes, les anciens otages n'étaient pas moins partie prenante aux jeux de bague et de quintaine. C'était leur premier tournoi ; ils arboraient fièrement des tenues somptueuses, couronnées de panaches.

— Hommage des chevaliers à leur dame ! ordonna le maréchal de lice.

Le dauphin avait la préséance. Il envoya son valet d'armes incliner, sans surprise, sa lance ornée de lys devant la nouvelle reine, sa belle-mère. Des hourras s'envolèrent de la foule, tandis que, déjà, le duc d'Orléans donnait ses instructions à son propre valet. S'avançant à son tour vers la tribune des dames, le garçon s'approcha de l'endroit où paradait la favorite. Anne d'Heilly sourit largement ; elle s'apprêtait à se lever pour décocher au jeune prince un baiser volant. Seulement la lance du valet, contre toute attente, vint s'incliner, non devant la favorite, mais aux pieds de la grande sénéchale qui, vaguement étonnée d'un si redoutable hommage, n'en sourit pas moins galamment.

Une rumeur de surprise parcourut la foule, relayée dans la tribune par une certaine agitation. Diane de Brézé se leva sans se troubler ; du geste le plus gracieux, elle remercia le nouveau chevalier de défendre aussi publiquement ses couleurs.

— C'est insensé, rit en sourdine Anne d'Heilly. Ce choix est tout à fait singulier...

Les regards qu'elle lançait en direction de la grande sénéchale étaient incendiaires ; jamais elle n'avait admis, au demeurant, cet air de connivence et d'amitié que prenait le roi lui-même, chaque fois qu'il s'adressait à Mme de Brézé... La favorite se pencha vers sa voisine.

— Savez-vous bien, demanda-t-elle assez fort pour qu'on l'entendît, qu'elle s'est mariée l'année même de ma naissance ?

Le roi François s'était fait la réputation du plus galant homme de son royaume. Afin de rattraper ce qui eût pu passer pour un impair – et de s'épargner peut-être une aigre mise au point – il lança l'idée, classique en ce genre de tournois, d'un petit concours de dames. Il s'agissait, pour les gentilshommes prenant part aux joutes, de désigner, à bulletin secret, le plus bel ornement de la tribune. Le résultat du vote ne faisait guère de doute...

Du reste, Anne d'Heilly savourait la revanche qu'un tel suffrage allait lui offrir sur l'encombrante Diane de Brézé. D'une main discrète, elle caressait déjà la fleur qu'elle ôterait de sa coiffure pour la jeter au roi, sous les acclamations... Le héraut d'armes s'avança, et le silence se fit. Tous les regards étaient posés sur la favorite.

— Les chevaliers ont élu, proclama le héraut, mademoiselle Anne de Pisseleu d'Heilly...

Anne sourit largement.

— à égalité avec madame la grande sénéchale.

Le sourire vira à la grimace.

La favorite accueillit ce résultat comme le plus cuisant des affronts publics. Incapable de surmonter son dépit, elle partit d'un rire tonitruant, malsain ; puis, se frayant un passage parmi les dames interloquées, elle quitta la tribune en fustigeant hautement les « fous » – elle employa plusieurs fois le terme – qui avaient pu donner leur voix à cette « vieille », ce qui n'était guère aimable pour nombre de dames présentes.

À compter de ce jour, Mme d'Heilly voua toute sa haine à Mme de Brézé, qui le lui rendit bien. La guerre des dames était déclarée ; elle allait durer plus de quinze ans.

De Fontainebleau à Grez-sur-Loing, septembre 1531.

Il y eut d'abord cette jeune femme qui s'était alitée sans crainte, victime de simples maux de tête. Quand elle mourut, quelques jours plus tard, ses voisines réunies pour la toilette décelèrent sur elle, horrifiées, une sorte de bubon près de l'aine... Des charbons similaires, à peu de chose près, furent relevés, au même moment, sur deux vagabonds apparemment morts de faim. Des taches, comme des lentilles, couvraient leurs corps... Quand un nouveau cas se déclara en la personne d'un garçon d'écurie, la rumeur commença de s'étendre et d'enfler, prenant d'assaut le bourg de Fontainebleau ; puis elle s'insinua – très vite – par les communs et les cuisines vers les couloirs du château, ses galeries et, de là, jusqu'aux antichambres et cabinets marquetés.

La peste venait de reparaître.

Aussitôt la peur s'installa. Dans l'entourage de la régente, la plus grande retenue fut de mise : connaissant la terreur de Madame envers les maux incurables, personne ne voulait prendre le risque de lui communiquer la nouvelle. Et le secret tint deux ou trois jours.

C'est la reine de Navarre qui le rompit. Marguerite s'était dit qu'à tout prendre, il valait mieux subir aujourd'hui les plaintes de sa mère, qu'encourir ses foudres demain. Aussi, tout en minorant l'ampleur estimée de l'épidémie, choisit-elle de l'en avertir.

— La peste ? s'émut Louise, toujours alitée. Vous dites que la peste est à nos portes ?

— Elle vient seulement de franchir l'enceinte du domaine...

— Que vous faut-il de plus ? Maintenant je comprends... Depuis quelque temps, ce ne sont, autour de moi, que cachoteries et messes basses !

Dans l'instant, la décision fut prise de quitter Fontainebleau pour se rendre, à marche forcée, sur les terres de Madame, à Romorantin.

— Vous souffrez mille morts et n'êtes pas en état de voyager...

— Ne parlez pas de la mort, cela pourrait nous l'attirer ! Nous partirons à l'aube. Les effets et les meubles suivront.

Ainsi, la maison de la régente se jeta, de bon matin, sur la route de Pithiviers. Dès les premiers cahots, l'on entendit Madame gémir de douleur, tant la goutte avait pris possession de ses articulations.

— Peut-être devrions-nous...

— Continuez ! Plus vite ! Allons !

Désobéissant par charité, l'escorte avait adopté un rythme assez lent, afin d'éviter les heurts. De sorte que, le soir venant, on crut devoir s'établir à Ury pour la nuit. La peste en décida autrement.

— Le village semble touché, madame, vint annoncer un capitaine. Nous devons trouver un autre refuge.

On allait pousser vers La Chapelle quand un bouvier, remontant de ce hameau, déclara que là-bas aussi, le mal avait frappé.

— N'y allez pas, conseilla-t-il ; ça tombe comme des taons !

La peste était partout.

Afin de ne pas rebrousser chemin, le convoi se hâta dès lors, à la lueur de torches, vers l'Orient et Reclozes. Ces errements irritaient la régente, mais les douleurs qui la tenaillaient limitèrent ses reproches. La reine Marguerite, à ses côtés, lui frottait les membres d'une huile au genévrier dont le parfum se mêlait, dans la litière, à celui de l'ambre, tellement indiqué contre les miasmes.

Depuis Reclozes, dans les premières lueurs de l'aube, le convoi descendit vers Grez, aux rives du Loing. Plus très loin de Nemours.

La régente n'avait pas fermé l'œil. Sa terrible, sa légendaire peur de mourir, attisée par ce nom de peste, s'était réveillée. Il est vrai que l'affection avait gagné l'escorte elle-même, et qu'on avait dû laisser derrière soi deux femmes, dont une lingère appréciée de Marguerite.

— Il me semble, suggéra celle-ci, que nous devrions faire une halte au donjon de Grez, le temps que vous retrouviez quelque force.

— Non. Croyez-moi, ma fille : nous devons distancer le mal, en le prenant de vitesse.

Des ordres furent donnés pour qu'on pressât l'allure. Du reste, Madame paraissait à présent trop épuisée pour gémir ; elle était à bout de forces ; son teint avait pris un aspect cireux ; des mèches de cheveux s'étaient collées à ses tempes ; elle avait le nez et les lèvres pincées.

— J'ai dû prendre froid, la nuit dernière, dit-elle. Mes yeux me font mal…

Ces derniers mots glacèrent Marguerite.

— Vous ne vous sentez pas bien ?

Sa mère la foudroya du regard.

— Vous me croyez déjà pestiférée ?

Louise s'était redressée d'un mouvement, avec une force insoupçonnée.

Mais devant Grez-sur-Loing, son énergie coutumière la quitta. Il fallut admettre que Madame était malade, ce qui ne signifiait pas forcément qu'elle fût atteinte... Elle se laissa transporter, comme un poids mort, jusqu'aux appartements royaux que dominait la vieille tour de Ganne. Les yeux hagards, la bouche entrouverte, elle paraissait étrangère à l'agitation alentour.

Le soir venu, quand elle repéra elle-même les premières taches qui se formèrent sur sa peau, elle demeura un long moment interdite. Mais contre toute attente, elle ne céda nullement à la panique. Certains, plus tard, affirmeraient même qu'elle s'était, d'une certaine manière, sentie soulagée. Elle fixait les marques brunes d'un œil sans expression.

— C'est bien fâcheux, dit-elle en secouant la tête, comme si elle avait constaté, sur sa manchette, une simple tache d'encre ou de sauce.

Curieusement, Madame paraissait apaisée d'apercevoir enfin les rives de sa propre mort. Elle arbora un drôle d'air ironique, ordonna qu'on lui commît un prêtre et qu'au plus vite – au plus vite – on prévînt son fils.

— Je ne veux pas mourir... articula-t-elle.

Sa fille, soudain blanche comme les draps, crut que la phrase était finie ; elle ne l'était pas.

— Je ne veux pas mourir avant d'avoir béni le roi.

La régente s'assoupit. À son chevet, Marguerite adressa des prières ardentes à sa sainte patronne, mais aussi à saint Louis et à saint François, non pour sauver Madame – la peste n'autorisait aucun espoir – mais pour adoucir son trépas, en exauçant le plus cher de ses vœux : revoir son fils adoré avant de partir.

Pour lui, n'avait-elle pas tout bravé, tout osé ? Ne s'était-elle battue contre tous, et parfois même contre lui ? N'avait-elle usé sa santé en rapports, en conseils, en voyages, en audiences, en négociations si souvent éreintantes ? Tout cela pour lui !

Dès le début de l'après-dînée, la reine de Navarre avait envoyé des chevaucheurs à la recherche du roi, pour le prévenir de l'état de leur mère et l'enjoindre d'accourir à Grez, toute affaire cessante. Marguerite savait bien que son frère n'était pas à Fontainebleau : il avait accepté l'invitation du maréchal de Montmorency à venir chasser à Ecouen, non loin de Compiègne... Pourrait-on le joindre à temps ? Reverrait-il en vie cette mère qui n'attendait plus que sa visite pour mourir ?

Il y eut, près de la régente, des esprits cultivés pour noter que le donjon de Ganne avait été construit, jadis, par la mère attentive et passionnée d'un autre roi : Blanche de Castille.

Quand Madame revint à elle, ce fut pour déplorer l'absence de son César.

— Le roi... murmura-t-elle.

— François est en route, mentit Marguerite ; il ne doit plus être bien loin.

Cependant la mourante déclinait d'heure en heure. Les médecins accourus de Fontainebleau firent des difficultés pour approcher du lit : la contagion les rebutait. Ils se cachaient le nez derrière de longs cornets qui, à eux seuls, semblaient célébrer la peste, et incarnaient la mort aussi sûrement que les figurants d'une danse macabre.

— François, se lamentait Louise de Savoie. Mais que diable fait-il ?

— Il ne saurait tarder, maintenant...

La régente avait reçu un prêtre, un Cordelier, pour qu'il l'entendît en confession ; on les avait laissés seuls un couple d'heures ; puis les dames étaient rentrées, menées par la reine de Navarre. Alors Marguerite avait trouvé changé le visage de sa mère : certes, la malheureuse restait décharnée, exsangue – seuls ses yeux conservant leur flamme – mais à l'issue de cette longue confession, il semblait qu'elle eût retrouvé une paix durement gagnée. Ce n'était pas le cas du confesseur, que l'on avait vu ressortir de la chambre, courbé sous le poids des péchés qu'il s'était chargé d'absoudre... La bonne et digne fille ne put s'empêcher d'y songer : Madame avait-elle conservé par-devers elle des actes plus graves encore que ceux qu'elle n'avait jamais pris la peine de cacher ?

Quand ses forces l'eurent quittée tout à fait, et qu'elle ne fut plus capable de parler, Louise continua de lancer à sa fille une séquelle de regards implorants.

— Ma mère, demanda Marguerite en se penchant sur elle, la gorge serrée ; vous vouliez me dire quelque chose ?

— François ! eut-elle encore la force d'articuler.

Marguerite soupira longuement. Elle sentait une immense tristesse se former en elle. Regrets de ne pas voir entrer le frère tant réclamé ? Déception d'entendre cet ultime aveu de préférence pour un enfant pourtant moins fin, moins accompli ? Bien sûr, la reine de Navarre partageait l'engouement de sa mère pour ce monarque idéal ; elle allait jusqu'à l'aimer d'amour ! Pouvait-elle, toutefois, ne pas se sentir douloureusement exclue, dans un moment si poignant ?

Les petits chiens de Madame, trompant la garde d'une servante, avaient trouvé le chemin de la chambre et, sautant du marchepied jusqu'au lit, s'en vinrent lécher les mains de la régente, lui arrachant un dernier sourire.

François, lui, ne vint pas. Et le soir même, « très haute, très puissante et très excellente dame » Louise de Savoie, mère du roi, régente de France, rendait son âme à Dieu, les yeux tournés vers une porte qui ne s'était jamais ouverte sur ce fils qu'elle avait attendu. Attendu...

En vérité l'entourage du monarque, avant tout soucieux de sa santé, avait tout fait pour minimiser les nouvelles de Grez, et lui dissimuler l'état réel de Madame. François savait sa mère malade, certes ; mais il apprit qu'elle était morte avant d'avoir seulement envisagé de la rejoindre. Dès lors, de bonnes âmes se chargèrent de le convaincre du danger – non seulement pour lui, mais pour la dynastie, le royaume lui-même – d'une veillée qui, de toute façon, n'eût rien changé au destin... Alors le roi s'enferma dans son cabinet et s'y tint, prostré, jusqu'aux obsèques solennelles.

Sa sœur se chargea, seule, d'accompagner la bière, suivie de la litière vide de Madame, jusqu'à Fontainebleau. De là, un impressionnant cortège funèbre se mit en branle en direction de Paris, à travers des villages barbouillés de chaux vive : la peste les avait tous visités...

À Notre-Dame, la cérémonie fut longue, noble et très émouvante. On rendit à Madame des honneurs semblables à ceux que l'étiquette eût réservés à une reine. Dans son homélie, le grand aumônier affirma que la France toute entière avait perdu une mère... Au premier rang, unis dans la douleur, le frère et la sœur affichaient la plus touchante, la plus déchirante harmonie. Leur trinité s'était rompue... Au moment d'aller bénir le catafalque où reposait celle qui l'avait

« forgé de pied en cap », le roi fut pris de vertige ; on se précipita vers lui, juste à temps pour l'empêcher de s'affaler de toute sa hauteur sur les dalles du chœur.

François Ier venait de s'évanouir.

Fait rarissime dans les annales du royaume : quoique Madame ne fût ni souveraine, ni Fille de France, sa dépouille allait être conduite en grande solennité jusqu'à l'abbaye royale de Saint-Denis, pour y être inhumée.

Non comme le corps d'une reine, mais comme celui d'un roi.

Quelques notes

C'est l'Histoire, grande et petite, qui m'a fourni la trame de ce récit. La plupart des faits mis en scène dans La Régente noire *sont issus de la chronique ou de l'historiographie. Tous les personnages en sont vrais, hormis les frères de Coisay – dont je me suis plu à faire des écuyers, en un temps où tous les échanges passaient par de tels messagers, injustement voués à l'anonymat.*

Pour autant, les épisodes dont se compose le récit n'ont pas tous valeur historique. Sous l'habillage romanesque, se sont fondues des scènes authentiques et d'autres, nées de mon imagination. Pour les lecteurs épris d'exactitude, il m'a donc paru judicieux de distinguer, dans ces pages, le véridique du vraisemblable.

Prologue

Personne ne date précisément la mort, sans doute à la naissance, des fils jumeaux du duc et de la duchesse de Bourbon. Je l'ai placée en décembre 1518, peu après le décès de leur fils aîné, pour rester cohérent avec les déplacements, bien connus en revanche, du connétable. J'endosse par ailleurs la thèse défendue par l'ancienne régente Anne de Beaujeu.

L'entrevue de Gravelines, du 10 au 15 juillet 1520, permit à Charles Quint d'annuler les effets du Camp du Drap d'or, et de s'assurer, pour au moins deux ans, la neutralité largement bienveillante d'Henry VIII. Il n'est pas certain que les deux souverains aient évoqué le cas du connétable lors de cette rencontre ; ce n'en est pas moins plausible.

1. Du début du XIIIe au début du XVIIe siècle, le titre de connétable désigna, en France, le commandant général des armées. Charles III de Bourbon, nommé par le roi Louis XII, fut confirmé dans cette charge par François Ier et sa mère.

2. Les apanages étaient des portions du domaine royal, confiées aux princes de sang royal pour leur permettre d'assurer leur subsistance, mais qui devaient revenir à la couronne dès l'extinction de leurs descendants mâles. Dans le cas du Bourbonnais, l'apanage avait été transmis, à titre exceptionnel, par une princesse (Anne de Beaujeu, fille de Louis XI) à sa fille (Suzanne de Bourbon, épouse du connétable).

CHAPITRE I

L'action commence vers la fin de l'automne 1521, après une grande vague d'offensives impériales menée contre la France – les premières attaques, centrées sur la frontière nord-est, remontant au 20 août.

Ce chapitre inaugural assume sa fantaisie : ni la séance de voyance, ni la partie de chasse, ni les deux entrevues de Blois et Saint-Germain ne sont, à proprement parler, historiques. Mais elles me permettent de camper des personnages utiles, et d'exposer assez largement une situation compliquée à souhait. Comme je l'ai déjà précisé, les caractères de Gautier et Simon de Coisay sont imaginaires.

3. Notre Diane de Brézé n'est autre que la célèbre Diane de Poitiers, immortalisée sous ce nom par Alexandre Dumas qui le tirait de celui de son père,

Jean de Saint-Vallier, seigneur de Poitiers. Du reste, la seigneurie dont il est question ne fait pas référence à la capitale du Poitou, mais à un ancien marquisat de Provence, Peytieu, transcrit Poitiers en langue d'oïl.

4. Ce terme de « contenance » ressortit au vocabulaire de la mode féminine du XVIe siècle. Il désigne les choses précieuses – clés, flacons – que les dames pendaient par une chaîne à leur ceinture, sur le devant de la robe ; manipuler ces colifichets leur donnait en effet contenance...

5. Le futur roi Henri II était affecté d'un hypospadias, malformation du pénis caractérisée par la présence de l'orifice urétral (le méat), non à l'extrémité de la verge, mais dans sa partie inférieure.

6. Avec le connétable et l'amiral de France, le chancelier était un des trois plus grands officiers de la Couronne. Chef de la justice et gardien des Sceaux, il disposait de pouvoirs très étendus : proposition, préparation, vérification des lois, mais aussi, dans le cas d'Antoine Duprat, un rôle diplomatique majeur.

7. Les oiseaux de bas vol (buses, éperviers), partent du poing du chasseur lorsque celui-ci les « lâche ». Les oiseaux de haut vol (faucons, gerfauts) s'élèvent haut dans le ciel avant de fondre sur leur proie lorsque celle-ci est « levée » par les chiens.

8. Les conférences de Calais, à la fin de l'été 1521, ont vu des délégations impériale, anglaise et française, tenter de stopper le conflit renaissant en Europe. La motivation des deux premières reste sujette à caution.

9. La nouvelle aile du château de Blois, avec ses loges « à l'italienne », a été commencée par François Ier dès 1515 ; son chantier – inachevé – sera laissé en plan après Pavie.

10. Mgr Briçonnet, ancien aumônier d'Anne de Bretagne, directeur spirituel de Marguerite d'Alençon, était évêque de Meaux. Disciple de Jacques Lefèvre d'Etaples, il réunit autour de lui un groupe de théolo-

giens évangélistes – le cercle de Meaux —, favorable à une plus grande discipline ecclésiastique et à une profonde réforme de l'Église.

Chapitre II

Dans ce deuxième chapitre apparaît Louise de Savoie, figure centrale du récit. Le portrait que j'en brosse se veut le plus proche possible des témoignages, mais surtout de l'esprit se dégageant de son célèbre Journal. *L'histoire de ses différends avec le connétable de France est bien réelle, même si l'on ne peut affirmer à coup sûr qu'elle soit allée jusqu'à demander Bourbon en mariage.*

À la différence de son amant Gautier, Françoise de Longwy a bel et bien existé ; elle était vraiment la nièce de Marguerite et François. Mais c'est moi qui l'ai située hardiment dans le sillage de Diane.

11. Adriaan Floriszoon, ancien précepteur de Charles Quint, fut, quoique non Italien, élu pape en janvier 1522. Il prit le nom d'Adrien VI. Il devait mourir de la malaria après seulement un an de règne. À l'annonce de sa mort, une main inconnue déposa des fleurs à la porte de son médecin…

12. Parmi les nombreux à-peu-près de l'historiographie, figure la thèse sans cesse reprise selon laquelle François Ier aurait laissé pousser sa barbe pour dissimuler des cicatrices nées de cet accident. C'est une légende que contredisent plusieurs portraits indiscutables, dont le bas-relief de l'hôtel de Bourgtheroulde, à Rouen, montrant le roi déjà barbu avant 1521. En revanche, il avait fallu, pour panser la plaie, lui raser la tête. Les courtisans, par respect, firent de même ; et c'est de ce moment que date l'abandon des cheveux longs par les seigneurs de la Cour.

13. De son vrai nom Févrial ou Le Fleurail, le fou Triboulet avait été le bouffon attitré de Louis XII

avant de devenir pour un temps celui de François Ier. Rabelais le qualifiait ainsi : « Proprement fol et totalement fol, fol fatal, de nature, céleste, jovial, mercuriel, lunatique, erratique, excentrique, éthéré et junonien, arctique, héroïque, génial ! »

CHAPITRE III

Le château d'Anet, en 1522, était loin de présenter les raffinements qu'on lui connaîtra par la suite ; je me suis amusé à reconstituer, dans ses vieux murs, la vie possible du grand sénéchal et de sa jeune épouse… J'ai par ailleurs imaginé la visite aux Brézé du duc d'Alençon.

Quant aux relations qui, à Chantelle, liaient le connétable de Bourbon à sa marraine et néanmoins belle-mère, elles n'ont pas dû être, dans les faits, très éloignées de ce que j'en montre.

14. La Bicoque était une place en hauteur, dite forte, mais si peu défendue que l'usage, depuis la campagne victorieuse de 1515, en avait fait un nom commun pour désigner un édifice modeste et mal protégé… Ce qu'Odet de Lautrec avait négligé, c'est que pendant l'hiver 1522, le prince Colonna la ferait fortifier à souhait.

CHAPITRE IV

Ce chapitre est – j'en conviens volontiers – le plus contestable au regard de l'histoire officielle. J'y reprends à mon compte deux thèses défendues, en 1855, par Michelet. La première porte sur le détournement, au profit de la mère du roi, de fonds initialement destinés au maréchal de Lautrec pour solder son armée d'Italie ; la seconde, sur la nature plus ou moins incestueuse des relations entre François Ier et sa sœur aînée.

Certes, des historiens plus récents ont remis en cause les assertions de Michelet, spécialement sur ces deux points. Rien, pour autant, ne permet d'affirmer qu'elles aient jamais contredit la vérité. Or, d'évidence, elles offrent un puissant ressort à la fiction !

15. Michelet s'appuie sur une lettre fameuse, signée de Marguerite et datée de février 1522, pour situer l'expression des pulsions incestueuses de François Ier. En vérité, les termes de cette lettre sont assez sibyllins.

16. Le « jeune Montmorency », qu'on appelait encore La Rochepot à cette époque, et qui venait d'être fait maréchal de France pour la prise de Novare, était le fils du fameux Guillaume de Montmorency, déjà proche de la famille royale.

CHAPITRE V

Où le roman commence à confluer avec l'Histoire... La scène verbalement violente entre François Ier et le duc de Bourbon est authentique, de même, si l'on en croit Guillaume et Martin Du Bellay, que leur entretien aigre-doux de Moulins. J'ai simplement substitué, dans la dernière partie du chapitre, mon Gautier de Coisay au véritable Pierre de La Bretonnière, sire de Warty.

Par ailleurs, la publication par Guiffrey, dès le Second Empire, des pièces du procès de Jean de Saint-Vallier, offre bien des détails sur la trahison du connétable, comme sur la participation peu convaincue du père de Diane à ce vaste complot. J'ai simplement modifié les circonstances de son arrivée à Montbrison, et celles de son initiation.

17. Ce mal chronique, rapporté d'Italie par le père de Diane, devait passer à la postérité sous le nom de « fièvre de Saint-Vallier ».

18. La politique territoriale de Louise de Savoie s'inscrivait dans le droit fil de celle menée près d'un demi-siècle plus tôt, par le roi Louis XI. Il s'agissait, en un mot, d'unifier et consolider les provinces constituant le royaume, pour établir déjà ce que Vauban, bien plus tard, appellerait « le pré carré ».

CHAPITRE VI

Grâce au fameux Journal d'un Bourgeois de Paris, *l'on sait à peu près tout des circonstances de l'exécution interrompue de Saint-Vallier. Je me suis bien gardé, pour le reste, de reprendre la rumeur lancée par Brantôme – et immortalisée par Victor Hugo – sur le prétendu sacrifice de Diane en vue d'obtenir la grâce royale. La voie du roman n'autorise pas tout...*

19. Jean de Saint-Vallier, parmi d'autres suspects, fut d'abord interrogé à Tarare par le premier président du parlement de Rouen, Jean Brinon, assisté de son adjoint, le maître des requêtes Guillaume Lhuillier. Transféré par la suite à Loches, sous la surveillance de l'Irlandais Stuart d'Aubigny, il dut comparaître devant une commission *ad hoc* nommée par le roi, comprenant le premier président du parlement de Paris, Jean de Selve, le maître des requêtes Jean Sallat, le président aux enquêtes François de Loyne et le conseiller au parlement Jean Papillon.

20. Déjà mis sur la touche par Louise de Savoie, Jacques de Semblançay fut écarté des affaires dans les premiers mois de 1524. En mars, une commission était créée pour examiner sa gestion et tenter de le faire apparaître comme débiteur de la Couronne. En fait, les travaux de cette première commission le blanchiront en janvier 1525. Mais une nouvelle sera instituée après le retour du roi de captivité, à la fin de 1526 ; arrêté en janvier 1527, le baron sera alors jugé

sur des motifs assez douteux, et néanmoins condamné à mort. Son exécution par pendaison, le 12 août 1527, et la fermeté d'âme dont il y fera preuve, susciteront l'émotion dans tout le royaume.

CHAPITRE VII

Ce chapitre forme, en vérité, une sorte d'interlude, ou plutôt d'épilogue à la première partie. Il est possible, mais pas certain, que mes quatre héroïnes aient été réunies à Blois lors de la mort de la princesse Marguerite, le 8 septembre 1524.

21. C'est au début de juillet 1524 que le connétable de Bourbon, à la tête d'une armée impériale, commença d'envahir la Provence. Il mit le siège devant Marseille du 19 août au 29 septembre, mais ne parvint pas à se rendre maître de la cité. Devant la réaction des forces françaises menées par François Ier, il dut alors battre en retraite au-delà des Alpes, où le roi de France, conseillé par l'amiral de Bonnivet, décida de le poursuivre.

CHAPITRE VIII

L'épisode dramatique de Pavie et de ses lendemains constitue l'un des mieux « documentés » du règne. Je me suis borné, pour l'essentiel, à présenter ses différents aspects sous une forme subjective et concentrée. Par exemple, j'ai placé dans un même dialogue entre l'empereur et Montmorency, la matière de plusieurs conférences espacées dans le temps.

Quant à la mort de Charles d'Alençon, plus tard évoquée par sa veuve dans Les Prisons, *c'est tout juste si je l'ai romancée.*

22. Le 28 octobre 1524, François Ier établissait son camp au nord de Pavie qu'il assiégeait. Le 3 février 1525, les troupes impériales de Charles de Lannoy et du connétable de Bourbon volaient au secours de la garnison et, en quelque sorte, « assiégeaient les assiégeants ». La situation, dès lors, se figea. Bourbon et Lannoy passant à l'attaque, dans la nuit du 23 au 24 février, ils prirent les Français de surprise. François Ier n'attendit pas la fin des tirs de son artillerie ; il fit donner sa cavalerie à découvert... Décimée par les troupes du marquis de Pessaire, cette cavalerie tombera, véritable hécatombe, sous les tirs des arquebusiers espagnols, scellant la défaite de la France et la captivité du roi.

23. Pendant le siège de Pavie, en janvier, François avait reçu la visite inattendue d'un envoyé de Constantinople. Le sultan Soliman, jouant habilement du bras de fer entre l'empereur et le roi de France, offrait son soutien à ce dernier. Aussitôt après le désastre, la régente en profita pour lui envoyer une ambassade qui périt, massacrée par le pacha de Bosnie ; mais deux autres missions, menées respectivement par le Hongrois Frangepani et par Antoine de Rincon, permettront d'établir une alliance entre la Cour de France et la Sublime Porte, prélude à la victoire ottomane de Mohacs sur le roi de Hongrie.

24. En dépit de la consonance française de son nom, Charles de Lannoy était issu d'une des plus grandes familles de Flandre. D'abord au service de Maximilien Ier, il offrit son épée à Charles Quint et devint vice-roi de Naples en 1522, avant de succéder au prince Colonna comme chef des armées impériales en Italie.

25. Ancien conseiller du duc de Savoie (le père de Louise), chancelier de Charles Quint dès avant son accession au trône du Saint Empire, Mercurin Gattinara allait être, auprès de l'empereur, le premier partisan de l'intransigeance à l'égard de la France.

26. Toutes ces négociations autour de deux princesses portugaises pourraient prêter à confusion. D'un côté, Charles Quint avait promis sa sœur, Éléonore, veuve du roi de Portugal Manuel Ier le Fortuné, à Charles de Bourbon – et François Ier se proposait de la prendre lui-même pour seconde épouse. D'un autre côté, l'empereur, négligeant la proposition du roi d'Angleterre d'épouser sa sœur, avait jeté son dévolu sur Isabelle de Portugal, fille de son défunt beau-frère, et très richement dotée...

Chapitre IX

De tous, ce chapitre me paraît le plus constamment fidèle à la réalité historique. L'odyssée de Marguerite, ses retrouvailles avec son frère à Madrid, ses entretiens de Tolède et jusqu'aux circonstances de son retour précipité, nous sont connus, ne serait-ce que par les propres écrits de la princesse, notamment sa Correspondance *– auxquels je n'ai eu qu'à me conformer.*

Tout au plus me suis-je permis de prêter à la régente des intentions imputables en fait à ses émissaires, et d'imaginer des dialogues, là où la chronique se contentait de relations moins incarnées.

27. Jean Le Clerc, maître cardeur à Meaux, avait été condamné, une première fois, dans sa ville d'origine, et promené trois jours de suite dans les rues, pour y être flagellé, et le front marqué au fer rouge. Réfugié à Metz par la suite, il avait commis un sacrilège sur une statue de la Vierge, ce qui devait, le 29 juillet 1525, le conduire au bûcher à l'issue d'affreuses tortures.

28. Un différend n'avait pas tardé à naître, en Italie, entre les représentants de Charles Quint, au premier rang desquels venait Lannoy, et les grands seigneurs de la péninsule, dont le marquis de Pessaire. Dès l'annonce du désastre de Pavie, Louise de Savoie avait

fait secrètement approcher ces derniers en vue de les rallier et de les dresser au plus vite contre l'empereur. Ce sont ces tractations secrètes qu'elle semble avoir autorisé sa fille à révéler au principal intéressé.

CHAPITRE X

Comme le précédent, ce chapitre s'éloigne fort peu des annales. Hormis la scène impliquant les frères de Coisay, la plupart de celles qui le composent appartiennent en effet à l'Histoire.

Une petite entorse, cependant : c'est moi qui ai pris la liberté d'attribuer à la régente elle-même l'idée d'échanger, à titre d'otages, ses petits-enfants contre les principaux capitaines du royaume.

On en sait peu, enfin, des origines de la liaison de François Ier avec Mlle de Pisseleu. Certains historiens la font commencer dès avant Pavie ; j'ai trouvé plus convaincant qu'elle n'éclose qu'après la libération du souverain – et sous les auspices actifs de Madame.

CHAPITRE XI

Dans sa biographie d'Henri II, M. Ivan Cloulas livre de précieux détails sur la captivité des Enfants de France. Je m'en suis abondamment inspiré.

La scène de retrouvailles, au manoir d'Anet, entre Diane et son père, relève sans doute un peu du théâtre… Elle ne s'appuie – faut-il le souligner – sur aucune source.

J'admets aussi avoir pris, depuis le début, une certaine liberté avec la biographie de Françoise de Longwy, devenue l'amirale de Brion en 1527. Dans cet ultime chapitre, je pousse la licence jusqu'à l'envoyer à Cambrai, à peine relevée de couches ; le personnage de papier me paraît y gagner en épaisseur, sans rien ôter à la personne de chair et d'os.

Enfin, le choix de Diane pour « éduquer » le prince Henri est une tradition tardive, lancée au XVIIe siècle par le commentateur des Mémoires *de Castelnau. Je m'y suis néanmoins conformé sans états d'âme.*

29. Ce roman contant les exploits d'Amadis, le « Beau Ténébreux », avait été écrit en espagnol et publié, en 1508, par García Ordóñez de Montalvo. Il ne sera traduit en français, par Nicolas Herberay des Essarts, et publié à Paris, qu'en 1540.

ÉPILOGUE

Le double affront infligé, lors du tournoi des Tournelles, à la nouvelle favorite Anne d'Heilly, est considéré comme authentique. De même que la course de Madame espérant échapper à la peste ! Je n'ai rien ajouté à sa mort, ni à ses funérailles. Il est ainsi des cas – fréquents en histoire – où, de quelque manière, l'imaginaire ne saurait faire jeu égal avec le réel.

Remerciements

De bons génies se sont penchés sur ce livre :
Cyrielle Claire m'en a donné l'idée,
Yves Chaffin l'a en partie documenté,
Gilles Haeri l'a inscrit dans une série,
Thierry Billard en a patiemment suivi la genèse.
À tous les quatre, un grand merci.

8665

Composition
NORD COMPO

Achevé d'imprimer en Espagne
par CPI (*Barcelone*)
le 18 avril 2016.

Dépôt légal avril 2016.
EAN 9782290130834
OTP L21EPLN001939N001

ÉDITIONS J'AI LU
87, quai Panhard-et-Levassor, 75013 Paris

Diffusion France et étranger : Flammarion